普通高等学校"十四五"规划土木专业精品教材

建 设 法 规
Construction Law

（第六版）

丛书审定委员会

王思敬　彭少民　石永久　白国良
李　杰　姜忻良　吴瑞麟　张智慧

本书主审　何佰洲

本书主编　顾永才

本书副主编　顾栗先　刘　茉　李素蕾

本书编写委员会

顾永才　顾栗先　刘　茉　李素蕾
刘　菁　彭绪娟　赵莹华　孙敬香

华中科技大学出版社
中国·武汉

内 容 提 要

本书主要讲解了与工程建设密切相关的法律、法规,以建筑法、招标投标法律制度、工程质量法律制度、工程安全法律制度为核心。为了使本书形成一个完整的体系,加入了民法等相关知识作为基础,而最新的司法解释的加入,更使本书具有前沿性与实用性。

本书在结构上力求贴近国家执业资格考试要求,表述上力求采用适合工程建设领域从业人员的语言。本书可作为普通高等院校工程管理专业本科生或高等职业院校相关专业学生的教材,也可以作为项目管理人员工作中的参考书。

图书在版编目(CIP)数据

建设法规/顾永才主编. —6版. —武汉:华中科技大学出版社,2021.8(2023.7重印)
ISBN 978-7-5680-7476-6

Ⅰ.①建… Ⅱ.①顾… Ⅲ.①建筑法-中国-高等学校-教材 Ⅳ.①D922.297

中国版本图书馆 CIP 数据核字(2021)第 162654 号

建设法规(第六版) 顾永才 主编
Jianshe Fagui(Di-liu Ban)

策划编辑:金　紫
责任编辑:金　紫
封面设计:原色设计
责任校对:陈　忠
责任监印:朱　玢

出版发行:华中科技大学出版社(中国·武汉)　　电话:(027)81321913
　　　　　武汉市东湖新技术开发区华工科技园　　邮编:430223
录　　排:华中科技大学惠友文印中心
印　　刷:武汉科源印刷设计有限公司
开　　本:850mm×1065mm　1/16
印　　张:15.75
字　　数:333 千字
版　　次:2023 年 7 月第 6 版第 4 次印刷
定　　价:49.80 元

本书若有印装质量问题,请向出版社营销中心调换
全国免费服务热线:400-6679-118　竭诚为您服务
版权所有　侵权必究

普通高等学校"十四五"规划土木专业精品教材

总　　序

　　教育可理解为教书与育人。所谓教书,不外乎是教给学生科学知识、技术方法和运作技能等,教学生以安身之本。所谓育人,则要教给学生做人的道理,提升学生的人文素质和科学精神,给学生以立命之本。我们教育工作者应该从中华民族振兴的历史使命出发,来从事教书与育人工作。作为教育本源之一的教材,必然要承载教书和育人的双重责任,体现两者的高度结合。

　　中国经济建设高速持续发展,国家对各类建筑人才需求与日俱增,对高校土建类高素质人才培养提出了新的要求,从而对土建类教材建设也提出了新的要求。这套教材正是为了适应当今时代对高层次建设人才培养的需求而编写的。

　　一部好的教材应该把人文素质和科学精神的培养放在重要位置。教材不仅要从内容上体现人文素质教育和科学精神教育,而且还要从科学严谨性、法规权威性、工程技术创新性来启发和促进学生科学世界观的形成。简而言之,这套教材有以下几个特点。

　　其一,从指导思想来讲,这套教材注意到"六个面向",即面向社会需求、面向建筑实践、面向人才市场、面向教学改革、面向学生现状、面向新兴技术。

　　其二,教材编写体系有所创新。结合具有土建类学科特色的教学理论、教学方法和教学模式,这套教材进行了许多新的教学方式的探索,如引入案例式教学、研讨式教学等。

　　其三,这套教材适应现在教学改革发展的要求,即适应"宽口径、少学时"的人才培养模式。在教学体系、教材内容和学时数量等方面也做了相应考虑,而且教学起点也可随着学生水平做相应调整。同时,在这套教材编写时,特别重视人才的能力培养和基本技能培养,注意适应土建专业特别强调实践性的要求。

　　我们希望这套教材能有助于培养适应社会发展需要的、素质全面的新型工程建设人才。我们也相信这套教材能达到这个目标,从形式到内容都成为精品,为教师和学生以及专业人士所喜爱。

中国工程院院士　王思敬

前　言

习近平总书记在二十大报告中指出,全面依法治国是国家治理的一场深刻革命,关系党执政兴国,关系人民幸福安康,关系党和国家长治久安。必须更好发挥法治固根本、稳预期、利长远的保障作用,在法治轨道上全面建设社会主义现代化国家。

随着我国工程建设的不断发展和法制建设的逐步健全,工程法律得到了越来越广泛的重视。规范建设行为、依法执业是我国提高建设工程项目管理水平的一项重要工作,而这项工作的完成质量与工程法律是否普及有着密切关系。因此,普及工程法律知识,让工程法律知识融入每一个工程项目的从业人员,尤其是每一个工程项目管理人员的思想之中,是提高我国建设工程项目管理水平的一项基础性工作。

2020年我国颁布了《中华人民共和国民法典》,2019年修正了《中华人民共和国建筑法》,本书的修订正是基于最新的法律法规所做的。

在编写本书的过程中始终贯彻着如下三个主导思想。

一、内容全面

工程法律是一个法律体系,各法律之间存在一定的内在联系。如果所涵盖的工程法律不全面,不仅会使读者在应用工程法律方面存在知识点的空白,而且也可能会由于对某一个法律的孤立理解而无法把握该法律的真正内涵。

内容全面还表现为本书在上一版的基础上加入了我国工程建设领域的最新法律、法规及司法解释,例如关于工程质量保证金的规定、关于工程合同纠纷的司法解释等。

二、语言通俗易懂

本书面对的读者并不是专业的法律人士,而是工程建设从业人员。这就要求本书在文字的表述上要做到通俗易懂,法律术语不能过于专业化。

三、与国家执业资格考试相衔接

本书的众多读者中将来会有一部分人参加国家执业资格考试,尤其是注册建造师执业资格考试。所以,在编写本书过程中注重与国家执业资格考试的内容相衔接,这将有助于本书的读者将来顺利通过相关的执业资格考试。

本书适用于普通高等院校工程管理专业的本科生或高等职业院校相关专业的专科生,也可供工程建设从业人员在工作中参考使用。

本书主编为顾永才,副主编为顾栗先、刘茉、李素蕾。各编委具体编写章节如下：

第1章:孙敬香(廊坊新奥房地产开发有限公司)

第2章:刘菁(北京交通大学)

第3章:顾永才(东北林业大学)

第4章:刘荣(北华大学)
第5章:李素蕾(山东理工大学)
第6章:李素蕾(山东理工大学)
第7章:彭绪娟(东北财经大学)
第8章:赵莹华(东北财经大学)
第9章:顾永才(东北林业大学)
第10章:赵莹华(东北财经大学)
第11章:顾栗先(墨尔本大学)
第12章:顾永才(东北林业大学)

本书承蒙北京建筑大学何佰洲教授审阅并提出宝贵意见,在此表示感谢!

由于作者知识的局限性,本书难免存在不足之处,恳请读者批评指正!

编者
2023年6月

目 录

第1章 工程建设法律的结构和作用 (1)
  1.1 工程建设法律体系的结构 (1)
  1.2 工程建设法律的作用 (3)
  【本章小结】 (4)
  【思考与练习】 (4)

第2章 工程建设法律基础 (5)
  2.1 民法典总则基础 (5)
  2.2 民法典合同法律基础 (22)
  2.3 民事诉讼法基础 (38)
  2.4 仲裁法基础 (50)
  2.5 法律责任的承担方式 (57)
  【本章小结】 (64)
  【思考与练习】 (64)

第3章 建筑法 (66)
  3.1 建筑法概述 (66)
  3.2 建筑许可 (66)
  3.3 资质管理 (69)
  3.4 建设工程发包与承包 (71)
  3.5 建设工程监理 (77)
  【本章小结】 (80)
  【思考与练习】 (80)

第4章 招标投标法律制度 (81)
  4.1 招标投标法律体系 (81)
  4.2 招标 (83)
  4.3 投标 (92)
  4.4 开标 (96)
  4.5 评标 (97)
  4.6 中标 (101)
  4.7 法律责任 (102)
  【本章小结】 (106)
  【思考与练习】 (106)

第5章 建设工程勘察设计法律制度 (107)
  5.1 建设工程勘察设计法律体系 (107)

5.2 建设工程勘察设计市场管理 ……………………………………………… (108)
5.3 建设工程勘察质量管理 …………………………………………………… (115)
5.4 建设工程勘察设计文件的编制与实施 …………………………………… (117)
5.5 建设工程勘察设计监督管理 ……………………………………………… (121)
5.6 法律责任 …………………………………………………………………… (122)
【本章小结】 ……………………………………………………………………… (123)
【思考与练习】 …………………………………………………………………… (124)

第6章 工程质量法律制度 …………………………………………………… (125)
6.1 工程质量法律体系 ………………………………………………………… (125)
6.2 工程质量责任和义务 ……………………………………………………… (127)
6.3 建设工程质量保修 ………………………………………………………… (136)
6.4 工程质量管理的基本制度 ………………………………………………… (140)
6.5 法律责任 …………………………………………………………………… (142)
【本章小结】 ……………………………………………………………………… (146)
【思考与练习】 …………………………………………………………………… (146)

第7章 工程安全法律制度 …………………………………………………… (147)
7.1 工程安全法律体系 ………………………………………………………… (147)
7.2 安全生产许可 ……………………………………………………………… (148)
7.3 工程安全责任和义务 ……………………………………………………… (150)
7.4 建设工程安全生产监督管理 ……………………………………………… (159)
7.5 安全事故的处理 …………………………………………………………… (160)
7.6 法律责任 …………………………………………………………………… (165)
【本章小结】 ……………………………………………………………………… (174)
【思考与练习】 …………………………………………………………………… (174)

第8章 环境保护法律制度 …………………………………………………… (175)
8.1 环境保护法律体系 ………………………………………………………… (175)
8.2 环境影响评价 ……………………………………………………………… (176)
8.3 水污染防治法 ……………………………………………………………… (179)
8.4 固体废物污染环境防治法 ………………………………………………… (181)
8.5 大气污染防治法 …………………………………………………………… (182)
8.6 环境噪声污染防治法 ……………………………………………………… (184)
8.7 民用建筑节能管理规定 …………………………………………………… (185)
8.8 法律责任 …………………………………………………………………… (187)
【本章小结】 ……………………………………………………………………… (192)
【思考与练习】 …………………………………………………………………… (192)

第 9 章 劳动法 (193)
9.1 劳动合同制度 (193)
9.2 劳动保护的规定 (200)
9.3 劳动争议的处理 (201)
9.4 违反《劳动法》的法律责任 (203)
【本章小结】 (205)
【思考与练习】 (205)

第 10 章 城乡规划法 (206)
10.1 城乡规划管理的原则 (206)
10.2 城乡规划的制定 (207)
10.3 城乡规划的实施 (210)
10.4 城乡规划的修改 (213)
【本章小结】 (214)
【思考与练习】 (214)

第 11 章 其他相关法律 (215)
11.1 消防法 (215)
11.2 反不正当竞争法 (217)
11.3 土地管理法 (220)
11.4 法律责任 (222)
【本章小结】 (224)
【思考与练习】 (225)

第 12 章 相关司法解释 (226)
12.1 相关司法解释概述 (226)
12.2 最高人民法院关于审理建设工程施工合同纠纷案件适用法律问题的解释(一) (227)
【本章小结】 (235)
【思考与练习】 (235)

本书引用法律、法规 (236)

参考文献 (240)

第1章 工程建设法律的结构和作用

1.1 工程建设法律体系的结构

工程建设法律指的是规范工程建设行为的法律。它不仅包括直接规范工程建设行为的法律,也包括与工程建设行为密切相关的法律。

法律有广义和狭义之分,狭义上的法律,仅指全国人民代表大会及其常务委员会制定的规范性文件;广义上的法律,泛指《中华人民共和国立法法》调整的各类法的规范性文件。

工程建设法律体系的结构可分为纵向的结构与横向的结构。

1.1.1 工程建设法律的纵向结构

工程建设法律的纵向结构指的是工程建设法律的层次,也就是广义的法律所包含的各种规范性文件的效力的层次。具体包括如下几类。

1. 宪法

当代中国法的渊源主要是以宪法为核心的各种制定法。宪法是每一个民主国家最根本的法的渊源,其法律地位和效力是最高的。

2. 法律

这里的法律指的是狭义上的法律。法律的效力低于宪法,但高于其他的广义上的法律。

按照法律制定的机关及调整的对象和范围不同,法律可分为基本法律和一般法律。

基本法律是由全国人民代表大会制定和修改的,规定和调整国家和社会生活中某一方面带有基本性和全面性的社会关系的法律,如《中华人民共和国民法典》《中华人民共和国刑法》和《中华人民共和国民事诉讼法》等。

一般法律是由全国人民代表大会常务委员会制定或修改的,规定和调整除由基本法律调整以外的,涉及国家和社会生活某一方面的关系的法律,如《中华人民共和国建筑法》《中华人民共和国招标投标法》《中华人民共和国安全生产法》和《中华人民共和国仲裁法》等。

3. 行政法规

行政法规是最高国家行政机关,即国务院制定的规范性文件,如《建设工程质量管理条例》《建设工程勘察设计管理条例》《建设工程安全生产管理条例》《安全生产许可证条例》和《建设项目环境保护管理条例》等。行政法规的效力低于宪法和法律。

4. 地方性法规

地方性法规是指省、自治区、直辖市以及省、自治区人民政府所在地的市和经国务院批准的较大的市的人民代表大会及其常委会，在其法定权限内制定的法律规范性文件，如《黑龙江省建筑市场管理条例》《内蒙古自治区建筑市场管理条例》《北京市招标投标条例》《深圳经济特区建设工程施工招标投标条例》等。地方性法规只在本辖区内有效，其效力低于法律和行政法规。

地方性法规仅适用于其辖区，不具有共性，本书不作介绍。

5. 行政规章

行政规章是由国家行政机关指定的法律规范性文件，包括部门规章和地方政府规章。

部门规章是由国务院各部委制定的法律规范性文件，如《工程建设项目施工招标投标办法》《评标委员会和评标方法暂行规定》《建筑业企业资质管理规定》等。部门规章的效力低于法律、行政法规。

地方政府规章是由省、自治区、直辖市以及省、自治区人民政府所在地的市和国务院批准的市人民政府所制定的法律规范性文件。地方政府规章的效力低于法律、行政法规，低于同级或上级地方性法规。

地方政府规章由于其仅适用于其行政区域，不具有共性，所以，本书不作介绍。

《中华人民共和国立法法》第95条规定，地方性法规、规章之间不一致时，由有关机关依照下列规定的权限作出裁决。

①同一机关制定的新的一般规定与旧的特别规定不一致时，由制定机关裁决。

②地方性法规与部门规章之间对同一事项的规定不一致，不能确定如何适用时，由国务院提出意见。国务院认为应当适用地方性法规的，应当决定在该地方适用地方性法规的规定；认为应当适用部门规章的，应当提请全国人民代表大会常务委员会裁决。

③部门规章之间、部门规章与地方政府规章之间对同一事项的规定不一致时，由国务院裁决。

6. 最高人民法院司法解释规范性文件

最高人民法院对于法律的系统性解释文件和对法律适用的说明，对法院审判有约束力，具有法律规范的性质，在司法实践中具有重要的地位和作用。在民事领域，最高人民法院制定的司法解释文件有很多，例如，《最高人民法院关于审理建设工程施工合同纠纷案件适用法律问题的解释（一）》等。

7. 国际条约

国际条约是指我国作为国际法主体同外国缔结的双边、多边协议和其他具有条约、协定性质的文件，如《建筑业安全卫生公约》等。国际条约是我国法的一种形式，具有法律效力。

此外，自治条例和单行条例、特别行政区法律等，也属于我国法的形式。自治条例和单行条例依法对法律、行政法规、地方性法规作变通规定的，在本自治地方适用自治条例和单行条例的规定。经济特区法规根据授权对法律、行政法规、地方性法规作变通规定的，在本经济特区适用经济特区法规的规定。

1.1.2 工程建设法律的横向结构

工程建设法律的横向结构指的是工程建设法律的涵盖范围，主要包括如下部分。

1. 决策阶段

规范决策阶段的工程法律主要有《中华人民共和国城乡规划法》《中华人民共和国土地管理法》《中华人民共和国环境保护法》。

2. 招标投标阶段

规范招标投标阶段的工程法律主要有《中华人民共和国招标投标法》《招标投标法实施条例》《工程建设项目施工招标投标办法》《工程建设项目勘察设计招标投标办法》《工程建设项目货物招标投标办法》。

3. 勘察设计阶段

规范勘察设计阶段的工程法律主要有《建设工程勘察设计管理条例》《建设工程勘察设计资质管理规定》。

4. 施工阶段

规范施工阶段的工程法律主要有《安全生产许可证条例》《建设工程质量管理条例》《建设工程安全生产管理条例》。

除上述涉及建设工程各主要阶段的主要法律、法规外，工程建设法律还涵盖了整个建设工程的《中华人民共和国建筑法》以及与工程建设活动相关的法律、法规。这些有着各自调整范围的法律、法规构成了工程建设法律的横向结构。

1.2 工程建设法律的作用

工程建设法律的作用表现为五方面。

1. 指引作用

指引作用是指法对本人的行为具有引导作用。通过法律的规定，明确了工程建设行为的正确方向，可以引导工程建设从业人员按照正确的行为规范进行活动。

2. 评价作用

评价作用是指法律作为一种行为标准，具有判断、衡量他人行为合法与否的评判作用。通过与工程建设法律中的具体规定相对比，可以判断某人或某行为是否正确，是否应当为其行为承担法律责任。

3. 教育作用

教育作用是指通过法的实施使法律对一般人的行为产生影响。这种作用具体表现为示警作用和示范作用。通过对违法案例的处理和对守法案例的褒奖,可以对人们产生守法的教育作用。

4. 预测作用

预测作用是指凭借法律的存在,可以预先估计人们相互之间的行为。工程建设法律作为规范的存在,为预测人们的行为提供了依据。因为,一般情况下,人们都会依法行事。

5. 强制作用

强制作用是指法可以通过制裁违法犯罪行为来强制人们遵守法律。强制作用的对象是违法行为。对违法犯罪分子的制裁,能够使得法律的规定得以落实。

【本章小结】

本章主要对工程法律进行了概括性说明,从纵向、横向对我国工程法律体系的构成进行了说明,同时也指出了工程法律在我国工程建设进程中的作用。

【思考与练习】

1-1 广义的法律与狭义的法律有何不同?
1-2 狭义的法律与法规、规章之间的相对效力如何?
1-3 工程建设法律的作用有哪些?

第 2 章　工程建设法律基础

2.1　民法典总则基础

2.1.1　概述

1. 民法的概念和调整对象

民法是调整平等主体的自然人、法人和非法人组织之间的人身关系、财产关系的法律规范。

在《中华人民共和国民法典》(以下简称《民法典》)施行前,我国的民法是一个笼统的概念,其内容涉及多部法律。2021 年 1 月 1 日施行的《民法典》是在吸纳了原《中华人民共和国婚姻法》《中华人民共和国继承法》《中华人民共和国民法通则》《中华人民共和国收养法》《中华人民共和国担保法》《中华人民共和国合同法》《中华人民共和国物权法》《中华人民共和国侵权责任法》《中华人民共和国民法总则》等多部法律的基础上形成的一部完整的民事法律规范。

民法所调整的人身关系,是指平等主体之间基于人格和身份而发生的,不具有直接经济内容的社会关系。民法调整的人身关系表现为人身权,包括人格权和身份权。人身权无直接经济内容,但又与财产关系密切相关,是人们能够具有民事主体资格、获取经济利益所不可缺少的,是财产关系的前提。

民法所调整的财产关系,是指人们在占有、使用、交换和分配物质财富的过程中形成的具有经济内容的社会关系。这种关系表现为两种:一是财产的所有关系,二是财产的流转关系。它们反映在民法上,形成了所有权、使用权、经营权、相邻权、债权、知识产权和继承权等法律关系。

2. 我国民法的基本原则

民法的基本原则反映民法的本质,是贯穿在民事法律中的基本指导思想,是民事活动必须遵循的准则。

(1)平等原则

民事主体在民事活动中的法律地位一律平等。民事主体的人身权利、财产权利以及其他合法权益受法律保护,任何组织或者个人不得侵犯。

(2)自愿原则

民事主体从事民事活动,应当遵循自愿原则,按照自己的意思设立、变更、终止民事法律关系。

(3) 公平原则

民事主体应当遵循公平原则,合理确定各方的权利和义务。

(4) 诚信原则

民事主体从事民事活动,应当遵循诚信原则,秉持诚实,恪守承诺。

(5) 守法原则

民事主体从事民事活动,不得违反法律,不得违背公序良俗。

(6) 环保原则

民事主体从事民事活动,应当有利于节约资源、保护生态环境。

对于民事纠纷的处理原则,《民法典》规定应当依照法律;法律没有规定的,可以适用习惯,但是不得违背公序良俗。

2.1.2 民事法律关系

1. 民事法律关系的构成要素

法律关系,是指由法律规范调整一定社会关系而形成的权利与义务关系。法律关系的种类很多,如民事法律关系、婚姻家庭法律关系、行政法律关系、劳动法律关系、刑事法律关系和经济法律关系等。

民事法律关系,是指当事人之间由民事法律规范调整而具有民事权利和民事义务的社会关系。它是民法所调整的财产关系和法律关系在法律上的体现。所有权关系、债权关系、著作权关系、继承权关系等均是民事法律关系。

民事法律关系是由主体、客体和内容三个要素所组成。

1) 民事法律关系主体

民事法律关系主体是指参加民事活动,受民事法律规范调整,在法律上享有权利、承担义务的自然人、法人和其他组织。

(1) 自然人

自然人,是指基于出生而依法成为民事法律关系主体的人。在我国的《民法典》中,公民与自然人在法律地位上是相同的。但实际上,自然人的范围要比公民的范围广。公民是指具有本国国籍,依法享有宪法和法律所赋予的权利并承担宪法和法律所规定的义务的人。在我国,公民是社会中具有我国国籍的一切成员,包括成年人、未成年人和儿童。自然人则既包括公民,又包括外国人和无国籍的人。各国的法律一般对自然人都没有条件限制。

(2) 法人

法人是具有民事权利能力和民事行为能力,依法独立享有民事权利和承担民事义务的组织。

法人应当依法成立。法人应当有自己的名称、组织机构、住所、财产或者经费。法人成立的具体条件和程序,依照法律、行政法规的规定。设立法人,法律、行政法规规定须经有关机关批准的,依照其规定。

法人以其全部财产独立承担民事责任。

法人分为营利法人、非营利法人和特别法人。

①营利法人。以取得利润并分配给股东等出资人为目的成立的法人,为营利法人。营利法人包括有限责任公司、股份有限公司和其他企业法人等。

②非营利法人。为公益目的或者其他非营利目的成立,不向出资人、设立人或者会员分配所取得利润的法人,为非营利法人。非营利法人包括事业单位、社会团体、基金会、社会服务机构等。

③特别法人。机关法人、农村集体经济组织法人、城镇农村的合作经济组织法人、基层群众性自治组织法人,为特别法人。

(3)非法人组织

非法人组织是不具有法人资格,但是能够依法以自己的名义从事民事活动的组织。非法人组织包括个人独资企业、合伙企业、不具有法人资格的专业服务机构等。

2)民事法律关系客体

民事法律关系客体,是指作为法律关系的主体享有的民事权利和承担的民事义务所共同指向的对象。在通常情况下,主体都是为了某一客体,彼此才设立一定的权利、义务,从而产生法律关系。法学理论上,客体一般表现为财、物、行为和非物质财富。

(1)财

财,一般指资金及各种有价证券。在工程建设法律关系中表现为财的客体主要是建设资金,如基本建设贷款合同的标的,即一定数量的货币。有价证券包括支票、汇票、期票、债券、股票、国库券、提单、抵押单等。

(2)物

物,是指可以为人们控制和支配,有一定经济价值并以物质形态表现出来的物体。物是我国应用最广泛的工程建设法律关系客体,如建筑物、建筑材料、设备等。

(3)行为

行为,是法律关系主体为达到一定的目的所进行的活动。在工程建设法律关系中,行为多表现为完成一定的工作,如勘察设计、施工安装、检查验收等活动。

(4)非物质财富

非物质财富,是指人们脑力劳动的成果或智力方面的创作,也称智力成果。如商标、专利、专有技术、设计图纸等。

3)民事法律关系的内容

民事法律关系的内容,是指民事法律关系的主体享有的民事权利和承担的民事义务。这是民事法律关系的核心,直接体现了主体的要求和利益。

(1)民事权利

民事权利,是指民事法律关系主体在法定范围内有权进行各种民事活动。权利主体可要求其他主体作出一定的行为或抑制一定的行为,以实现自己的民事权利,因其他主体的行为而使民事权利不能实现时,权利主体有权要求国家机关加以保护并予以制裁。

根据民事权利的标的不同,民事权利可以分为财产权、人身权和知识产权。财产权是以财产利益为客体的权利,如物权、债权。人身权是以民事主体的人身要素为客体的权利,如名誉权、身体权、亲属权。知识产权是以受保护的智力劳动成果为客体的权利,它体现了人格权和财产权两方面内容,如署名权、对作品的使用权等。

(2)民事义务

民事义务,是指民事法律关系主体必须按法律规定或约定承担应负的责任。民事义务和民事权利是相互对应的,相应主体应自觉履行民事义务,义务主体如果不履行或不适当履行,就要受到法律制裁。

2. 民事法律关系的产生、变更与终止

1)法律事实

民事法律关系的发生、变更与终止,必须以法律事实为根据,没有法律事实,不可能形成任何法律关系。

法律事实,是指能够引起法律关系发生、变更和终止的客观情况。法律关系则是法律事实的结果。法律事实可以分为法律事件和法律行为两类。

(1)法律事件

法律事件,是指不以当事人意志为转移的法律事实。法律事件包括自然事件(如地震、台风、水灾、火灾等自然灾害)、社会事件(如战争、暴乱、政府禁令等)、意外事件(如失火、爆炸、触礁等)。

(2)法律行为

法律行为,是指人的有意识的活动,是能够引起法律关系发生、变更、终止和产生法律后果的行为。法律行为包括积极的作为和消极的不作为。法律行为通常表现为民事法律行为、违法行为、行政行为、立法行为、司法行为等。

在社会经济生活中,法律行为和法律事件这两类不同的法律事实,由于出现的原因不同,其社会效果和作用也有显著的差别。法律行为是以对社会产生积极的效果为主的,因此是处于主导和主动地位的法律事实;法律事件是以对社会产生消极作用为主的,因而是一种处于次要和被动地位的法律事实。

并不是所有的自然现象和人的活动都可以成为法律事实。客观事实只有由法律规定将它和一定法律后果联系起来,才能成为法律事实。这就是法律关系的产生、变更或消灭的原因。如由于自然原因发生的火灾、水灾、风灾等而引起保险合同中当事人的赔偿责任;再如由于战争可能引起民事法律关系的变更或消灭。

法律规范、法律事实和法律关系是三个既不相同又相互联系的概念。三者的关系如下:法律规范是确定法律事实的依据;法律事实是引起法律关系产生、变更、终止的原因;法律关系则是法律事实引起的结果。

2)民事法律关系的产生

民事法律关系的产生,是指民事法律关系的主体之间形成了一定的权利和义务关系。如某单位与其他单位签订了合同,主体双方就产生了相应的权利和义务。此时,受民事法律规范调整的民事法律关系即告产生。

3)民事法律关系的变更

民事法律关系的变更,是指构成民事法律关系的三个要素发生变化。

(1)主体变更

主体变更,既可以表现为民事法律关系主体数目增多或减少,也可以表现为主体改变。在合同中,客体不变,相应的权利和义务也不变,此时主体改变也称为合同转让。

(2)客体变更

客体变更,是指民事法律关系中权利义务所指向的事物发生变化。客体的变更可以是数量、质量以及范围大小的变更,也可以是不同性质的变更,从而引起权利与义务,即民事法律关系内容的变更。

(3)内容变更

民事法律关系主体与客体的变更,将会导致相应的权利和义务,即内容的变更。民事法律关系主体与客体不变,内容也可以变更,表现为双方权利或义务的增加或减少。

4)民事法律关系的终止

民事法律关系的终止,是指民事法律关系主体之间的权利义务不复存在,彼此丧失了约束力。

(1)自然终止

民事法律关系自然终止,是指某类民事法律关系所规范的权利义务顺利得到履行,各方取得了各自的利益,从而使该法律关系完结。

(2)协议终止

民事法律关系协议终止,是指民事法律关系主体之间协商解除某类法律关系所规范的权利义务,致使该法律关系归于消灭。

(3)违约终止

民事法律关系违约终止,是指民事法律关系主体一方违约,或发生不可抗力,致使某类民事法律关系规范的权利不能实现。

3. 民事法律行为的要件

民事法律行为是民事主体通过意思表示设立、变更、终止民事法律关系的行为。民事法律行为可以基于双方或多方的意思表示一致成立,也可以基于单方的意思表示成立。

民事法律行为的成立与民事法律行为的生效不同,民事法律行为的成立是民事法律行为生效的前提,已成立的民事法律行为未必发生法律效力。《民法典》规定,民事法律行为自成立时生效,但是法律另有规定或者当事人另有约定的除外。

《民法典》规定,具备下列条件的民事法律行为有效。

1)行为人具有相应的民事行为能力

民事行为能力是指民事主体通过自己的行为取得民事权利、承担民事义务的资格。民事行为能力分为完全民事行为能力、限制民事行为能力和无民事行为能力三种,相对应的自然人称为完全民事行为能力人、限制民事行为能力人和无民事行为能力人。

(1)完全民事行为能力人

完全民事行为能力人包括两类:

①成年人为完全民事行为能力人,可以独立实施民事法律行为;

②十六周岁以上的未成年人,以自己的劳动收入为主要生活来源的,视为完全民事行为能力人。

(2)限制民事行为能力人

限制民事行为能力人也包括两类:

①八周岁以上的未成年人为限制民事行为能力人,实施民事法律行为由其法定代理人代理或者经其法定代理人同意、追认;但是,可以独立实施纯获利益的民事法律行为或者与其年龄、智力相适应的民事法律行为;

②不能完全辨认自己行为的成年人为限制民事行为能力人,实施民事法律行为由其法定代理人代理或者经其法定代理人同意、追认;但是,可以独立实施纯获利益的民事法律行为或者与其智力、精神健康状况相适应的民事法律行为。

(3)无民事行为能力人

无民事行为能力人也包括两类:

①不满八周岁的未成年人为无民事行为能力人,由其法定代理人代理实施民事法律行为;

②不能辨认自己行为的成年人和不能辨认自己行为的八周岁以上的未成年人均为无民事行为能力人,由其法定代理人代理实施民事法律行为。

2)意思表示真实

意思表示真实是指行为人表现于外部的表示与其内在的真实意志相一致。如果行为人的意思表示是基于欺诈、胁迫的原因而作出的,则不能反映行为人的真实意志,就不能产生法律上的效力。如果行为人故意作出不真实的意思表示,则该行为人无权主张行为无效,而善意的相对人或第三人,则可根据情况主张行为无效。如果行为人基于某种错误认识而导致意思表示与内在意志不一致,则只有在存在重大错误的情况下,才有权请求人民法院或者仲裁机构予以撤销。

3)不违反法律、行政法规的强制性规定,不违背公序良俗

这个要件要求民事法律行为不仅内容要合法,其行为的形式也要合法。

行为内容合法表现为不违反法律和社会公共利益、公序良俗。行为形式合法表

现为在程序上、表现形式上要符合法律的规定。凡属要式民事法律行为,必须要采用法律规定的特定形式才为合法,而不要式民事法律行为,则当事人在法律允许范围内选择口头形式、书面形式或其他形式作为民事法律行为的形式皆为合法。如法律规定不动产交易应当登记,未经登记,即使其他条件都符合要求,该行为也不能产生物权转移的法律效力。

2.1.3 代理

1. 代理的概念与特征

代理,是指代理人在代理权限范围内,以被代理人的名义与第三人实施的民事法律行为,由此产生的法律后果直接归属于被代理人的法律制度。代理关系的主体包括代理人、被代理人和第三人(亦称相对人)。代理具有以下特征。

(1)代理行为是民事法律行为

代理行为以意思表示为核心,能够在被代理人与第三人之间设立、变更和终止民事权利和民事义务。如订立合同等。

(2)代理人以被代理人的名义实施民事法律行为

不以被代理人的名义而以自己的名义代替他人实施的民事法律行为,不属于代理行为。如行纪、寄售等受托处分财产的行为。

(3)代理人在代理权限内独立地向第三人进行意思表示

代理人在代理关系中具有独立的地位,代理人在实施代理行为时,有权根据情况独立地进行判断,并自主地作出意思表示。

(4)代理行为的法律效果直接归属于被代理人

该法律后果既包括对被代理人有利的法律后果,也包括不利的法律后果。

《民法典》第161条规定:"民事主体可以通过代理人实施民事法律行为。依照法律规定、当事人约定或者民事法律行为的性质,应当由本人亲自实施的民事法律行为,不得代理。"

2. 代理的种类

代理有委托代理和法定代理两种形式。

(1)委托代理

委托代理,是指根据被代理人的委托而产生的代理。如公民委托律师代理诉讼即属于委托代理,是适用最广泛的代理形式。

①授权委托书的内容。

《民法典》第165条规定:"委托代理授权采用书面形式的,授权委托书应当载明代理人的姓名或者名称、代理事项、权限和期限,并由被代理人签名或者盖章。"

②共同代理。

《民法典》第166条规定:"数人为同一代理事项的代理人的,应当共同行使代理权,但是当事人另有约定的除外。"

③代理事项违法或代理行为违法的责任承担。

《民法典》第167条规定:"代理人知道或者应当知道代理事项违法仍然实施代理行为,或者被代理人知道或者应当知道代理人的代理行为违法未作反对表示的,被代理人和代理人应当承担连带责任。"

④需要追认的代理行为。

《民法典》第168条规定:"代理人不得以被代理人的名义与自己实施民事法律行为,但是被代理人同意或者追认的除外。代理人不得以被代理人的名义与自己同时代理的其他人实施民事法律行为,但是被代理的双方同意或者追认的除外。"

《民法典》第169条规定:"代理人需要转委托第三人代理的,应当取得被代理人的同意或者追认。转委托代理经被代理人同意或者追认的,被代理人可以就代理事务直接指示转委托的第三人,代理人仅就第三人的选任以及对第三人的指示承担责任。

转委托代理未经被代理人同意或者追认的,代理人应当对转委托的第三人的行为承担责任;但是,在紧急情况下代理人为了维护被代理人的利益需要转委托第三人代理的除外。"

⑤对单位的代理。

《民法典》第170条规定:"执行法人或者非法人组织工作任务的人员,就其职权范围内的事项,以法人或者非法人组织的名义实施的民事法律行为,对法人或者非法人组织发生效力。法人或者非法人组织对执行其工作任务的人员职权范围的限制,不得对抗善意相对人。"

(2)法定代理

法定代理,是基于法律的直接规定而产生的代理。如父母作为监护人代理未成年人进行民事活动就是属于法定代理。法定代理是为了保护无行为能力人或限制行为能力人的合法权益而设立的一种代理形式,适用范围比较窄。

3.无权代理

1)无权代理的概念

无权代理,是指行为人没有代理权或超越代理权限而进行的"代理"活动。

2)无权代理的表现形式

无权代理的表现形式具体有以下几种。

(1)无合法授权的"代理"行为

无合法授权的"代理"行为通常表现为以下两种情况:第一,无合法的授权而以他人名义进行"代理"活动;第二,假冒法定代理人身份代理未成年人或丧失行为能力人参与民事活动。

(2)代理人超越代理权限所为的"代理"行为

在代理关系产生的过程中,关于代理人的代理权范围都有所界定,特别是在委托代理中,代理权的权限范围必须明确地加以规定,代理人应依据代理权限进行代理活动,超越代理权进行的活动就属于越权代理。代理人越权代理所进行的民事行为是没有法律依据的。因此,代理人越权代理就属于无权代理。

(3)代理权终止后的"代理"行为

代理人在代理权已经终止的情况下,仍以他人的名义进行代理活动,也属于无权代理。

3)无权代理的法律后果

(1)"被代理人"的追认权

"被代理人"的追认权,是指"被代理人"对无权代理行为所产生的法律后果表示同意和认可。按照法律规定,无权代理行为不对被代理人发生法律效力,但是如果被代理人认为无权代理行为对自己有利,则有权追认。"被代理人"行使追认权是一项重要的民事法律行为,当其作出追认的意思表示后,无权代理便产生了与合法的代理行为相同的法律后果。

(2)"被代理人"的拒绝权

"被代理人"的拒绝权,是指"被代理人"为了维护自身的合法权益,对无权代理行为及其所产生的法律后果,享有拒绝的权利。被拒绝的无权代理行为所产生的法律后果,由行为人承担民事责任。

此外,在无权代理活动中,无权代理相对人也享有一定的权利,即催告权和撤销权。无权代理相对人可以催告"被代理人"对无权代理行为追认,也可以在"被代理人"追认前撤销自己在无权代理活动中的意思表示。

4)表见代理

表见代理是指虽无代理权,但表面上有足以使人相信有代理权而须由被代理人负授权之责的代理。

(1)表见代理的表现形式

表见代理在本质上是无权代理,依据无权代理的表现形式,表见代理也可以分为如下几种:

①未予授权的表见代理;

②超越权限的表见代理;

③代理权终止的表见代理。

(2)表见代理的构成要件

表见代理的构成要件如下:

①行为人没有代理权;

②没有代理权的代理人实施了代理的行为;

③善意相对人有正当理由相信行为人有代理权。

(3)表见代理的法律后果

《民法典》第172条规定:"行为人没有代理权、超越代理权或者代理权终止后,仍然实施代理行为,相对人有理由相信行为人有代理权的,代理行为有效。"

4. 代理权的终止

由于代理的种类不同,代理关系终止的原因也不尽相同。

(1) 委托代理的终止

《民法典》第 173 条规定,有下列情形之一的,委托代理终止:

① 代理期限届满或者代理事务完成;

② 被代理人取消委托或者代理人辞去委托;

③ 代理人丧失民事行为能力;

④ 代理人或者被代理人死亡;

⑤ 作为代理人或者被代理人的法人、非法人组织终止。

《民法典》第 174 条规定,被代理人死亡后,有下列情形之一的,委托代理人实施的代理行为有效:

① 代理人不知道且不应当知道被代理人死亡;

② 被代理人的继承人予以承认;

③ 授权中明确代理权在代理事务完成时终止;

④ 被代理人死亡前已经实施,为了被代理人的继承人的利益继续代理。

作为被代理人的法人、非法人组织终止的,参照适用前款规定。

(2) 法定代理的终止

《民法典》第 175 条规定,有下列情形之一的,法定代理终止:

① 被代理人取得或者恢复完全民事行为能力;

② 代理人丧失民事行为能力;

③ 代理人或者被代理人死亡;

④ 法律规定的其他情形。

2.1.4 民事权利

1. 物权

1) 物权的概念

物权,是指民事主体依法对特定的物进行直接支配,享有利益并排除他人干涉的权利。所有权、经营权、使用权、抵押权、质权、留置权等都是物权。物权具有以下特征。

(1) 物权是权利人对于特定物的权利

物权的客体一般为物,行为和无体财产均不是物权的标的。

(2) 物权是权利人直接支配物的权利

物权人可以按照自己的意志对其标的物直接行使权利,无须他人的意思或义务人的行为的介入。例如,房屋所有人对于自己的房屋可以依自己的意思自行居住、出卖、出租、抵押等。而债权的实现必须依赖于债务人履行债务的行为。

(3) 物权是权利人直接享受物的利益的权利

物权的内容在于享受物的利益,这里的利益可分为三种:一是物的归属,二是物的利用,三是就物的价值而设立的债务的担保。

(4)物权是排他性的权利

物权为权利人直接行使的对于物的权利,因此必然具有排他性,即物权人有权排除他人对于他行使的物上权利的干涉,而且同一物上不允许有内容不相容的物权并存。例如,一间房屋不能同时有两个所有权。而债权不具有排他性,同一客体可以有多个债权存在。

2)物权的种类

物权包括所有权、用益物权、担保物权和占有。

(1)所有权

所有权是所有人依法对自己财产所享有的占有、使用、收益和处分的权利。它是一种财产权,又称财产所有权。所有权是物权中最重要也最完整的一种权利。

(2)用益物权

用益物权是权利人对他人所有的不动产或者动产依法享有占有、使用和收益的权利。用益物权包括土地承包经营权、建设用地使用权、宅基地使用权和地役权。

其中,地役权是指为使用自己不动产的便利或提高其效益而按照合同约定利用他人不动产的权利。

(3)担保物权

担保物权是权利人在债务人不履行到期债务或者发生当事人约定的实现担保物权的情形,依法享有就担保财产优先受偿的权利。

(4)占有

占有是指占有人对占有的不动产或动产享有的权利和承担的义务。

3)物权的设立

(1)不动产物权的设立

不动产物权的设立、变更、转让和消灭,经依法登记,发生效力;未经登记,不发生效力,但法律另有规定的除外。依法属于国家所有的自然资源,所有权可以不登记。

(2)动产物权的设立

动产物权的设立和转让,自交付时发生效力,但法律另有规定的除外。船舶、航空器和机动车等物权的设立、变更、转让和消灭,未经登记,不得对抗善意第三人。

4)物权的保护方法

物权受到侵害的,权利人可以通过和解、调解、仲裁、诉讼等途径解决。

(1)请求确认物权

因物权的归属、内容发生争议的,利害关系人可以请求确认权利。

(2)请求排除妨碍

妨害物权或者可能妨害物权的,权利人可以请求排除妨害或者消除危险。

(3)请求恢复原状

造成不动产或者动产毁损的,权利人可以依法请求修理、重作、更换或者恢复原状。

(4)请求返还原物

无权占有不动产或者动产的,权利人可以请求返还原物。

(5)请求损失赔偿

侵害物权,造成权利人损害的,权利人可以依法请求损害赔偿,也可以依法请求承担其他民事责任。

2. 债权

1)债的概念

债是按照合同约定或依照法律规定,在当事人之间产生的特定的权利和义务关系。债是特定的当事人之间的一种民事法律关系,如买卖、供应、租赁、提供劳务、不实施某种行为等都是债的关系。享有权利的人称为债权人,负有义务的人称为债务人。债的客体为债务人应为的特定行为,即给付。债的内容包括债权和债务。债权人有权要求债务人按照合同的约定或者依照法律的规定履行义务。

2)债的发生根据

债的发生,必须有一定的法律事实。引起债发生的法律事实就是债发生的根据。发生债的法律事实有很多,其中主要的有以下几种。

(1)合同

合同是指民事主体之间关于设立、变更和终止民事关系的协议。合同是引起债权债务关系发生的最主要、最普遍的根据。企业之间的协作、供需等关系,主要是通过合同来建立的。

(2)侵权行为

侵权行为,是指行为人不法侵害他人的财产权或人身权的行为。当事人一方因过错侵害他方当事人人身、财产或知识产权,造成他方损失时,加害人与受害人之间就发生了债的关系。受害人有权要求加害人赔偿损失,而加害人负有赔偿受害人损失的义务。

(3)不当得利

得利人没有法律根据取得不当利益的,受损失的人可以请求得利人返还取得的利益。它可能表现为得利人财产的增加,致使他人不应减少的财产减少了;也可能表现为得利人应支付的费用没有支付,致使他人应当增加的财产没有增加。不当得利的法律事实发生后,即在不当得利人与利益所有人之间发生了债的关系,不当得利人负有返还的义务。比如,买货人多付了货款,出卖人多收的部分款项即是不当得利,应该返还给买受人。

(4)无因管理

管理人没有法定的或者约定的义务,为避免他人利益受损失而管理他人事务的,可以请求受益人偿还因管理事务而支出的必要费用;管理人因管理事务受到损失的,可以请求受益人给予适当补偿。管理事务不符合受益人真实意思的,管理人不享有前款规定的权利;但是,受益人的真实意思违反法律或者违背公序良俗的除外。无因管理包括法律行为,如收养迷路的幼童;事实行为,如救护人命;保存行为,如修缮房屋;处分行为,如出卖不易久藏的物品。无因管理行为一经发生,便会在管理人和其事务被管理人之间产生债权债务关系,其事务被管理者负有赔偿管理者在管理过程中所支付的合理的费用及直接损失的义务。

(5)债的其他发生根据

债的发生根据除前述几种外,遗赠、抢救公物、扶养、发现埋藏物等,也是债的发生根据。

3)债的消灭

因一定的法律事实的出现而使既存的债权债务关系在客观上不复存在,叫作债的消灭。债因以下事实而消灭。

(1)债因履行而消灭

债务人履行了债务,债权人的利益得到了实现,当事人间设立债的目的已达到,债的关系也就自然消灭了。

(2)债因抵销而消灭

抵销,是指同类已到履行期限的对等债务,因当事人相互抵充其债务而同时消灭。当事人互负债务,该债务的标的物种类、品质相同的,任何一方可以将自己的债务与对方的到期债务抵销;但是,根据债务性质、按照当事人约定或者依照法律规定不得抵销的除外。当事人互负债务,标的物种类、品质不相同的,经协商一致,也可以抵销。

(3)债因提存而消灭

提存,是指债权人无正当理由拒绝接受履行或其下落不明,或死亡尚未确定继承人、遗产管理人,丧失民事行为能力尚未确定监护人,侵权人一时无法确定,致使债务人一时难以履行债务,债务人可以将履行的标的物提交有关部门保存的行为。提存是债务履行的一种方式。如果超过法律规定的期限,债权人仍不领取提存标的物的,应收归国库所有。

(4)债因混同而消灭

混同,是指某一具体之债的债权人和债务人合为一体。如两个相互订有合同的企业合并,则产生混同的法律效果。

(5)债因免除而消灭

免除,是指债权人放弃债权,从而免除债务人所承担的义务。债务人的债务一经债权人解除,债的关系自行解除。

4)物权与债权的区别

物权与债权都是与财产有密切联系的法律关系,但它们却有着明显的不同。

(1)物权与债权的主体不同

物权的权利主体是特定的人,而义务主体却是除物权人之外的一切非特定的人,是对世权;债权的权利主体和义务主体都是特定的,是对人权。在债的关系中,债权人只能向负有义务的特定人主张其权利,债务人也只能向享有该项权利的特定人尽其义务,它的效力只及于特定的当事人。

(2)债权与物权的内容不同

物权的实现不需要他人的协助,是绝对权;债权的实现需要义务主体的积极行为的协助,是相对权。物权性质是支配权,而债权性质是请求权。

(3)债权与物权的客体不同

物权的客体只能是物;债权的客体可以是物、行为和智力成果。

3. 知识产权

知识产权又称为智慧财产权,是指人们对其智力劳动成果所享有的民事权利。它的主要内容是著作权(即版权)、专利权、商标权、商业秘密及其他有关知识产权。

知识产权具有四大基本特征:具有人身权和财产权的双重性质;专有性(独占性或排他性);地域性;时间性。

(1)著作权

《著作权法》制订的目的在于保护文学、艺术和科学作品作者的著作权,以及与著作权有关的权益,鼓励有益于社会主义精神文明、物质文明建设的作品和传播,促进社会主义文化和科学事业的发展与繁荣。

①著作权法的保护对象。

著作权法保护的对象是作品,即文学、艺术和科学领域内具有独创性并能以一定形式表现的智力成果。根据《著作权法》及其实施条例的规定,作品的种类有很多种。其中,在工程建设领域较为常见的,除文字作品外,还包括如下四类。

a.美术作品,是指绘画、书法、雕塑等以线条、色彩或者其他方式构成的有审美意义的平面或立体的造型艺术作品。

b.建筑作品,是指以建筑物或者构筑物形式表现的有审美意义的作品。

c.图形作品,是指为施工、生产绘制的工程设计图、产品设计图,以及反映地理现象、说明事物原理或者结构的地图、示意图等作品。

d.模型作品,是指为展示、试验或者观测等用途,根据物体的形式和结构,按照一定比例制成的立体作品。

②著作权的内容。

《著作权法》第10条规定,著作权包括下列人身权和财产权:

a.发表权,即决定作品是否公之于众的权利;

b.署名权,即表明作者身份,在作品上署名的权利;

c.修改权,即修改或者授权他人修改作品的权利;

d.保护作品完整权,即保护作品不受歪曲、篡改的权利;

e.复制权,即以印刷、复印、拓印、录音、录像、翻录、翻拍、数字化等方式将作品制作一份或者多份的权利;

f.发行权,即以出售或者赠与方式向公众提供作品的原件或者复制件的权利;

g.出租权,即有偿许可他人临时使用视听作品、计算机软件的原件或者复制件的权利,计算机软件不是出租的主要标的的除外;

h.展览权,即公开陈列美术作品、摄影作品的原件或者复制件的权利;

i.表演权,即公开表演作品,以及用各种手段公开播送作品的表演的权利;

j.放映权,即通过放映机、幻灯机等技术设备公开再现美术、摄影、视听作品等的权利;

k.广播权,即以有线或者无线方式公开传播或者转播作品,以及通过扩音器或者其他传送符号、声音、图像的类似工具向公众传播广播的作品的权利,但不包括本款第十二项规定的权利;

l.信息网络传播权,即以有线或者无线方式向公众提供,使公众可以在其选定的时间和地点获得作品的权利;

m.摄制权,即以摄制视听作品的方法将作品固定在载体上的权利;

n.改编权,即改变作品,创作出具有独创性的新作品的权利;

o.翻译权,即将作品从一种语言文字转换成另一种语言文字的权利;

p.汇编权,即将作品或者作品的片段通过选择或者编排,汇集成新作品的权利;

q.应当由著作权人享有的其他权利。

著作权人可以许可他人行使前款第五项至第十七项规定的权利,并依照约定或者本法有关规定获得报酬。

著作权人可以全部或者部分转让本条第一款第五项至第十七项规定的权利,并依照约定或者本法有关规定获得报酬。

③职务作品与委托作品。

《著作权法》第二章第二节规定了各种作品著作权的归属。其中,与工程建设领域关系最为密切的当属职务作品。

《著作权法》第18条规定,自然人为完成法人或者非法人组织工作任务所创作的作品是职务作品,除本条第二款的规定以外,著作权由作者享有,但法人或者非法人组织有权在其业务范围内优先使用。作品完成两年内,未经单位同意,作者不得许可第三人以与单位使用的相同方式使用该作品。

有下列情形之一的职务作品,作者享有署名权,著作权的其他权利由法人或者非法人组织享有,法人或者非法人组织可以给予作者奖励:

a.主要是利用法人或者非法人组织的物质技术条件创作,并由法人或者非法人组织承担责任的工程设计图、产品设计图、地图、示意图、计算机软件等职务作品;

b.报社、期刊社、通讯社、广播电台、电视台的工作人员创作的职务作品;

c.法律、行政法规规定或者合同约定著作权由法人或者非法人组织享有的职务作品。

除职务作品外,委托作品也是工程建设领域较为常见的著作权。委托作品是指作者接受他人委托而创作的作品。例如,设计单位接受建设单位委托而编制的工程设计图纸。根据《著作权法》第19条的规定,受委托创作的作品,著作权的归属由委托人和受托人通过合同约定。合同未作明确约定或者没有订立合同的,著作权属于受托人。

(2)专利权

《专利权法》制订的目的在于保护专利权人的合法权益,鼓励发明创造,推动发明创造的应用,提高创新能力,促进科学技术进步和经济社会发展。

①发明创造的含义。

《专利权法》第2条规定,本法所称的发明创造是指发明、实用新型和外观设计。

发明,是指对产品、方法或者其改进所提出的新的技术方案。

实用新型,是指对产品的形状、构造或者其结合所提出的适于实用的新的技术方案。

外观设计,是指对产品的整体或者局部的形状、图案或者其结合以及色彩与形状、图案的结合所作出的富有美感并适于工业应用的新设计。

②职务发明创造与委托发明创造。

a. 职务发明创造。

《专利权法》第6条规定,执行本单位的任务或者主要是利用本单位的物质技术条件所完成的发明创造为职务发明创造。职务发明创造申请专利的权利属于该单位,申请被批准后,该单位为专利权人。该单位可以依法处置其职务发明创造申请专利的权利和专利权,促进相关发明创造的实施和运用。

非职务发明创造,申请专利的权利属于发明人或者设计人;申请被批准后,该发明人或者设计人为专利权人。

利用本单位的物质技术条件所完成的发明创造,单位与发明人或者设计人订有合同,对申请专利的权利和专利权的归属作出约定的,从其约定。

b. 委托发明创造。

《专利权法》第8条规定,两个以上单位或者个人合作完成的发明创造、一个单位或者个人接受其他单位或者个人委托所完成的发明创造,除另有协议的以外,申请专利的权利属于完成或者共同完成的单位或者个人;申请被批准后,申请的单位或者个人为专利权人。

(3)商标权

商标,是指生产经营者在其生产、制造、加工、拣选或者经销的商品或者服务上采用的,区别商品或者服务来源的,由文字、图形及其组合构成的,具有显著特征的标志。

商标权的主体,是指企业、事业单位和个体工商业者,自然人也可以成为商标权主体。

商标权的客体,是指注册商标。根据《中华人民共和国商标法》的规定,经商标局核准注册的商标为注册商标,包括商品商标、服务商标和集体商标、证明商标。

商标侵权行为,是指侵害他人注册商标专用权的行为。商标侵权行为包括非法使用他人注册商标的,销售明知是假冒他人注册商标的商品的,伪造、擅自制造他人注册商标标识或者销售伪造、擅自制造的商标标识的,给他人的注册商标专用权造成其他损害的行为等。由工商行政管理机关或人民法院严格依照《中华人民共和国商标法》及其实施细则的规定处理。

2.1.5 诉讼时效

1. 诉讼时效的概念

诉讼时效,是指权利人在法定期间内,未向人民法院提起诉讼请求保护其权利,法律规定消灭其胜诉权的制度。此法定期间即是诉讼时效期间。依据《民法典》的规定,向人民法院请求保护民事权利的诉讼时效期间为三年。法律另有规定的,依照其规定。诉讼时效期间自权利人知道或者应当知道权利受到损害以及义务人之日起计算。法律另有规定的,依照其规定。但是自权利受到损害之日起超过二十年的,人民法院不予保护;有特殊情况的,人民法院可以根据权利人的申请决定延长。但人民法院不得主动适用诉讼时效的规定。

2018年7月23日施行的《最高人民法院关于适用〈中华人民共和国民法总则〉诉讼时效制度若干问题的解释》规定:"民法总则施行之日,诉讼时效期间尚未满民法通则规定的二年或者一年,当事人主张适用民法总则关于三年诉讼时效期间规定的,人民法院应予支持。"

《民法典》第198条规定:"法律对仲裁时效有规定的,依照其规定;没有规定的,适用诉讼时效的规定。"

2. 诉讼时效的特殊起算点

依据《民法典》第189~191条,有如下规定:

①当事人约定同一债务分期履行的,诉讼时效期间自最后一期履行期限届满之日起计算;

②无民事行为能力人或者限制民事行为能力人对其法定代理人的请求权的诉讼时效期间,自该法定代理终止之日起计算;

③未成年人遭受性侵害的损害赔偿请求权的诉讼时效期间,自受害人年满十八周岁之日起计算。

3. 诉讼时效中止与中断

(1)诉讼时效中止

《民法典》第194条规定,在诉讼时效期间的最后六个月内,因下列障碍,不能行使请求权的,诉讼时效中止:

①不可抗力;
②无民事行为能力人或者限制民事行为能力人没有法定代理人,或者法定代理人死亡、丧失民事行为能力、丧失代理权;
③继承开始后未确定继承人或者遗产管理人;
④权利人被义务人或者其他人控制;
⑤其他导致权利人不能行使请求权的障碍。
自中止时效的原因消除之日起满六个月,诉讼时效期间届满。

(2)诉讼时效中断
《民法典》第195条规定,有下列情形之一的,诉讼时效中断,从中断、有关程序终结时起,诉讼时效期间重新计算:
①权利人向义务人提出履行请求;
②义务人同意履行义务;
③权利人提起诉讼或者申请仲裁;
④与提起诉讼或者申请仲裁具有同等效力的其他情形。
《民法典》第197条规定:"诉讼时效的期间、计算方法以及中止、中断的事由由法律规定,当事人约定无效。当事人对诉讼时效利益的预先放弃无效。"

2.2 民法典合同法律基础

2.2.1 概述

1. 受民法典调整的合同类型

合同,亦称契约,是民事主体之间设立、变更、终止民事法律关系的协议。

合同有广义和狭义之分。广义的合同是指以确定权利、义务为内容的协议。广义的合同除了包括民事合同外,还包括行政合同、劳动合同等。而民事合同又包括债权合同、身份合同等。狭义的合同主要是指债权合同。《民法典》主要调整的是狭义合同,但《民法典》第464条也规定,婚姻、收养、监护等有关身份关系的协议,适用有关该身份关系的法律规定;没有规定的,可以根据其性质参照适用本编规定。

2. 合同的种类

根据不同的标准,可以对合同进行不同的分类。

(1)有名合同与无名合同

根据法律是否对合同规定有确定的名称与调整规则,合同分为有名合同与无名合同。有名合同又称为典型合同,是立法上规定有确定名称与规则的合同。无名合同又称为非典型合同,是立法上尚未规定有确定名称与规则的合同。《民法典》规定了19种典型合同。有名合同可以直接适用《民法典》中关于该合同的具体规定。无名合同则只能在适用《民法典》合同编通则的同时,参照典型合同中最相类似的规定执行。

(2)单务合同与双务合同

根据合同当事人是否互相享有权利、负有义务,可将合同分为单务合同与双务合同。单务合同是指仅有一方当事人承担义务的合同,如赠与合同。在单务合同中,双方当事人的权利义务关系并不对等,一方享有权利而另一方承担义务,不存在具有对等给付性质的权利义务关系。双务合同是指双方当事人相互享受权利、承担义务的合同,如买卖合同、建设工程合同、承揽合同、租赁合同等。在双务合同中,双方的权利义务具有对等关系,一方的义务即另一方的权利,一方承担义务的目的是获取对应的权利。

(3)有偿合同与无偿合同

根据合同当事人是否为从合同中得到的利益支付对价,可将合同分为有偿合同与无偿合同。有偿合同是指当事人为从合同中得到利益要支付相应对价的合同,如买卖合同。无偿合同是指当事人不需为从合同中得到的利益支付相应对价的合同,如赠与合同。

(4)诺成合同与实践合同

根据合同是在当事人意思表示一致时成立,还是在当事人意思表示一致后,仍须有实际交付标的物的行为才能成立,可将合同分为诺成合同与实践合同。诺成合同是在当事人意思表示一致时即告成立的合同。实践合同是在当事人意思表示一致后,仍须有实际交付标的物的行为才能成立的合同。

(5)要式合同与不要式合同

根据法律是否要求合同必须符合一定的形式才能成立,可将合同分为要式合同与不要式合同。要式合同是必须按照法律规定的特定形式订立方可成立的合同,如成立公司、不动产所有权的转移、结婚、立遗嘱等都需要履行一定的手续。不要式合同是法律对合同订立未规定特定形式的合同。通常,合同除有法律特别规定者外,均属不要式合同。

(6)主合同与从合同

根据合同是否以其他合同的存在为前提而存在,可将合同分为主合同与从合同。主合同是无须以其他合同存在为前提即可独立存在的合同。从合同是必须以其他合同的存在为前提才可存在的合同。从合同不能独立存在,所以又称附属合同。主合同的成立与效力直接影响从合同的成立与效力。主合同和从合同的关系如下:主合同和从合同并存时,两者发生互补作用;主合同无效或者被撤销,从合同也将失去法律效力,而从合同无效或者被撤销一般不影响主合同的法律效力。

(7)转移财产合同、完成工作合同和提供服务合同

按照给付内容和性质的不同,合同可以分为转移财产合同、完成工作合同和提供服务合同。转移财产合同是指以转移财产权利为内容的合同。此合同标的为物质客体。《民法典》规定的买卖合同,供用电、水、气、热力合同,赠与合同,借款合同,

租赁合同和部分技术合同等均属于转移财产合同。完成工作合同是指当事人一方按照约定完成一定的工作并将工作成果交付给对方,另一方接受成果并给付报酬的合同。《民法典》规定的承揽合同、建设工程合同均属于完成工作合同。提供服务合同是指依照约定,当事人一方提供一定方式的服务,另一方给付报酬的合同。《民法典》中规定的运输合同、行纪合同、中介合同和部分技术合同均属于提供服务合同。

2.2.2 合同的订立

1. 合同的形式

当事人订立合同,可以采用书面形式、口头形式或者其他形式。书面形式是合同书、信件、电报、电传、传真等可以有形地表现所载内容的形式。以电子数据交换、电子邮件等方式能够有形地表现所载内容,并可以随时调取查用的数据电文,视为书面形式。

2. 合同的主要条款

合同的内容由当事人约定,一般包括下列条款:

①当事人的姓名或者名称和住所;
②标的;
③数量;
④质量;
⑤价款或者报酬;
⑥履行期限、地点和方式;
⑦违约责任;
⑧解决争议的方法。

当事人可以参照各类合同的示范文本订立合同。

3. 要约与承诺

当事人订立合同,可以采取要约、承诺方式或者其他方式。

1)要约

(1)要约的概念

要约是希望与他人订立合同的意思表示,该意思表示应当符合下列条件:

①内容具体确定;
②表明经受要约人承诺,要约人即受该意思表示约束。

提出要约的一方称为要约人,其相对人称为受要约人。

(2)要约邀请

要约邀请是希望他人向自己发出要约的意思表示。要约邀请不发生行为人必须与对方订立合同的效力,拍卖公告、招标公告、招股说明书、债券募集办法、基金招募说明书、商业广告和宣传、寄送的价目表等为要约邀请。这些要约邀请的目的虽然也是为了订立合同,但它本身并不是一项要约而只是为了邀请对方向自己发出要约。但商业广告和宣传的内容符合要约条件的,构成要约。

(3)要约的生效

《民法典》第474条规定:"要约生效的时间适用本法第一百三十七条的规定。"

依据《民法典》第137条的规定,以对话方式作出的意思表示,相对人知道其内容时生效。以非对话方式作出的意思表示,到达相对人时生效。以非对话方式作出的采用数据电文形式的意思表示,相对人指定特定系统接收数据电文的,该数据电文进入该特定系统时生效;未指定特定系统的,相对人知道或者应当知道该数据电文进入其系统时生效。当事人对采用数据电文形式的意思表示的生效时间另有约定的,按照其约定。

(4)要约撤回与要约撤销

要约的撤回是指在要约发生法律效力之前,要约人使其不发生法律效力而取消要约的行为。《民法典》第475条规定:"要约可以撤回。要约的撤回适用本法第一百四十一条的规定。"

依据《民法典》第141条规定,行为人可以撤回意思表示。撤回意思表示的通知应当在意思表示到达相对人前或者与意思表示同时到达相对人。

要约的撤销是指在要约发生法律效力之后,要约人使其丧失法律效力而取消要约的行为。要约可以撤销,但是有下列情形之一的除外:

①要约人以确定承诺期限或者其他形式明示要约不可撤销;

②受要约人有理由认为要约是不可撤销的,并已经为履行合同做了合理准备工作。

撤销要约的意思表示以对话方式作出的,该意思表示的内容应当在受要约人作出承诺之前为受要约人所知道;撤销要约的意思表示以非对话方式作出的,应当在受要约人作出承诺之前到达受要约人。

(5)要约失效

要约失去效力后,无论是要约人还是受要约人均不再受要约的约束。依据《民法典》,要约失效的原因有四种:要约被拒绝;要约被依法撤销;承诺期限届满,受要约人未作出承诺;受要约人对要约的内容作出实质性变更。

2)承诺

(1)承诺的概念

承诺是受要约人同意要约的意思表示。

承诺的内容应当与要约的内容一致。受要约人对要约的内容作出实质性变更的,为新要约。有关合同标的、数量、质量、价款或者报酬、履行期限、履行地点和方式、违约责任和解决争议方法等的变更,是对要约内容的实质性变更。承诺对要约的内容作出非实质性变更的,除要约人及时表示反对或者要约表明承诺不得对要约的内容作出任何变更外,该承诺有效,合同的内容以承诺的内容为准。

(2)承诺的方式、期限和生效

①方式。

承诺应当以通知的方式作出;但是,根据交易习惯或者要约表明可以通过行为作出承诺的除外。

②期限。

承诺应当在要约确定的期限内到达要约人。要约没有确定承诺期限的,承诺应当依照下列规定到达:

要约以对话方式作出的,应当即时作出承诺;要约以非对话方式作出的,承诺应当在合理期限内到达。要约以信件或者电报作出的,承诺期限自信件载明的日期或者电报交发之日开始计算。信件未载明日期的,自投寄该信件的邮戳日期开始计算。要约以电话、传真、电子邮件等快速通信方式作出的,承诺期限自要约到达受要约人时开始计算。

③生效。

《民法典》第484条规定:"以通知方式作出的承诺,生效的时间适用本法第一百三十七条的规定。承诺不需要通知的,根据交易习惯或者要约的要求作出承诺的行为时生效。"

依据《民法典》第137条规定,以对话方式作出的意思表示,相对人知道其内容时生效。以非对话方式作出的意思表示,到达相对人时生效。以非对话方式作出的采用数据电文形式的意思表示,相对人指定特定系统接收数据电文的,该数据电文进入该特定系统时生效;未指定特定系统的,相对人知道或者应当知道该数据电文进入其系统时生效。当事人对采用数据电文形式的意思表示的生效时间另有约定的,按照其约定。

(3)承诺撤回、超期和延误

①承诺的撤回。

承诺的撤回是指承诺发出之后,生效之前,承诺人阻止承诺发生法律效力的行为。《民法典》第485条规定:"承诺可以撤回。承诺的撤回适用本法第一百四十一条的规定。"

依据《民法典》第141条规定,行为人可以撤回意思表示。撤回意思表示的通知应当在意思表示到达相对人前或者与意思表示同时到达相对人。

②承诺的超期。

承诺超期是指受要约人主观上超过承诺期限而发出承诺导致承诺迟延到达要约人。

受要约人超过承诺期限发出承诺,或者在承诺期限内发出承诺,按照通常情形不能及时到达要约人的,为新要约;但是,要约人及时通知受要约人该承诺有效的除外。

③承诺的延误。

承诺延误是指受要约人发出的承诺由于外界原因而延迟到达要约人。

受要约人在承诺期限内发出承诺，按照通常情形能够及时到达要约人，但是因其他原因致使承诺到达要约人时超过承诺期限的，除要约人及时通知受要约人因承诺超过期限不接受该承诺外，该承诺有效。

4. 合同的成立

1）合同成立的时间

《民法典》第 483 条规定："承诺生效时合同成立，但是法律另有规定或者当事人另有约定的除外。"

①当事人采用合同书形式订立合同的，自当事人均签名、盖章或者按指印时合同成立。在签名、盖章或者按指印之前，当事人一方已经履行主要义务，对方接受时，该合同成立。法律、行政法规规定或者当事人约定合同应当采用书面形式订立，当事人未采用书面形式但是一方已经履行主要义务，对方接受时，该合同成立。

②当事人采用信件、数据电文等形式订立合同要求签订确认书的，签订确认书时合同成立。当事人一方通过互联网等信息网络发布的商品或者服务信息符合要约条件的，对方选择该商品或者服务并提交订单成功时合同成立，但是当事人另有约定的除外。

2）合同成立的地点

《民法典》第 492 条～493 条规定："承诺生效的地点为合同成立的地点。"

①采用数据电文形式订立合同的，收件人的主营业地为合同成立的地点；没有主营业地的，其住所地为合同成立的地点。当事人另有约定的，按照其约定。

②当事人采用合同书形式订立合同的，最后签名、盖章或者按指印的地点为合同成立的地点，但是当事人另有约定的除外。

5. 订立合同的特殊方式

1）法定订立

正常情况下，合同应当遵循当事人自愿的原则订立，这也是原《合同法》（注：因《民法典》颁布而废止）的基本原则，但《民法典》中增加了因国家需要而不需征得当事人同意即可订立合同的条款。

《民法典》第 494 条规定："国家根据抢险救灾、疫情防控或者其他需要下达国家订货任务、指令性任务的，有关民事主体之间应当依照有关法律、行政法规规定的权利和义务订立合同。依照法律、行政法规的规定负有发出要约义务的当事人，应当及时发出合理的要约。依照法律、行政法规的规定负有作出承诺义务的当事人，不得拒绝对方合理的订立合同要求。"

2）预约合同

《民法典》第 495 条规定："当事人约定在将来一定期限内订立合同的认购书、订购书、预订书等，构成预约合同。当事人一方不履行预约合同约定的订立合同义务的，对方可以请求其承担预约合同的违约责任。"

这类特殊合同也是《民法典》相对于原《合同法》的突破。

6. 格式条款

1）格式条款的含义

格式条款是当事人为了重复使用而预先拟定，并在订立合同时未与对方协商的条款。

采用格式条款订立合同的，提供格式条款的一方应当遵循公平原则确定当事人之间的权利和义务关系，并采取合理的方式提示对方注意免除或者减轻其责任等与对方有重大利害关系的条款，按照对方的要求，对该条款予以说明。提供格式条款的一方未履行提示或者说明义务，致使对方没有注意或者理解与其有重大利害关系的条款的，对方可以主张该条款不成为合同的内容。

《民法典》第497条规定，有下列情形之一的，该格式条款无效：

①具有本法第一编第六章第三节和本法第506条规定的无效情形；

②提供格式条款一方不合理地免除或者减轻其责任、加重对方责任、限制对方主要权利；

③提供格式条款一方排除对方主要权利。

2）对歧义条款的解释

对格式条款的理解发生争议的，应当按照通常理解予以解释。对格式条款有两种以上解释的，应当作出不利于提供格式条款一方的解释。格式条款和非格式条款不一致的，应当采用非格式条款。

3）悬赏条款

悬赏人以公开方式声明对完成特定行为的人支付报酬的，完成该行为的人可以请求其支付。

7. 缔约过失责任

（1）概念

缔约过失责任是指在合同缔结过程中，当事人一方或双方因自己的过失而导致合同不成立、无效或被撤销，应对信赖其合同为有效成立的相对人赔偿基于此项信赖而发生的损害。缔约过失责任是针对合同尚未成立应当承担的责任，既不同于违约责任，也有别于侵权责任，是一种独立的责任。

（2）构成要件

缔约过失责任的成立必须具备一定的要件。

①缔约一方受有损失。损害事实是构成民事赔偿责任的首要条件，如果没有损害事实的存在，也就不存在损害赔偿责任。缔约过失责任的损失是一种信赖利益等损失，即缔约人信赖合同有效成立，但因法定事由发生，致使合同不成立、无效或被撤销等而造成的损失。

②缔约当事人有过错。承担缔约过失责任一方应当有过错，包括故意行为和过失行为导致的后果责任。这种过错主要表现在违反先合同义务。所谓先合同义务，

是指自缔约人双方为签订合同而相互接触磋商开始但合同尚未成立,逐渐产生的注意义务(或称附随义务),包括协助、通知、照顾、保护、保密等义务,它自要约生效开始产生。

③合同尚未成立。这是缔约过失责任有别于违约责任的最重要原因。合同一旦成立,当事人应当承担的是违约责任或者合同无效的法律责任。

④缔约当事人的过错行为与该损失之间有因果关系。该损失是由违反先合同义务引起的,与缔约当事人的过错行为有因果关系。

(3)承担缔约过失责任的情况

①假借订立合同,恶意进行磋商。恶意磋商是指一方没有订立合同的诚意,假借订立合同与对方磋商而导致另一方遭受损失的行为。

②故意隐瞒与订立合同有关的重要事实或提供虚假情况。故意隐瞒重要事实或者提供虚假情况,是指涉及合同成立与否的事实予以隐瞒或者提供与事实不符的情况而引诱对方订立合同的行为。如施工企业不具有相应资质等级却谎称具有而与建设单位订立合同的情况。

③有其他违背诚实信用原则的行为。其他违背诚实信用原则的行为主要指当事人一方对附随义务的违反,即违反了通知、保护、说明等义务。

2.2.3　合同的效力

关于合同效力问题,《民法典》第508条规定:"本编对合同的效力没有规定的,适用本法第一编第六章的有关规定。"

结合《民法典》合同编和《民法典》第一编第六章的规定,可以将合同效力分为以下几类。

1. 有效合同

有效合同,是指双方当事人订立的合同符合国家法律的规定,具有法律效力的合同。

1)合同生效的时间与前置条件

依法成立的合同,自成立时生效,但是法律另有规定或者当事人另有约定的除外。依照法律、行政法规的规定,合同应当办理批准等手续的,依照其规定。未办理批准等手续影响合同生效的,不影响合同中履行报批等义务条款以及相关条款的效力。应当办理申请批准等手续的当事人未履行义务的,对方可以请求其承担违反该义务的责任。

依照法律、行政法规的规定,合同的变更、转让、解除等情形应当办理批准等手续的,适用前款规定。

2)有效合同的成立要件

由于原《合同法》的内容被吸纳进《民法典》,所以《民法典》中并没有如原《合同法》对合同的效力进行规定,而是将订立合同视为一种民事法律行为,其效力适用于民事法律行为的效力分类。

依据《民法典》关于民事行为有效的要件,有效合同的成立要件包括:

①行为人具有相应的民事行为能力;

②意思表示真实;

③不违反法律、行政法规的强制性规定,不违背公序良俗;

④具备法律、行政法规规定的合同生效必须具备的形式要件。

2. 附条件、附期限合同

附条件合同,是指当事人以将来不确定实现的事件的发生与否限制合同是否发生法律效力的合同。

民事法律行为可以附条件,但是根据其性质不得附条件的除外。附生效条件的民事法律行为,自条件成就时生效。附解除条件的民事法律行为,自条件成就时失效。附条件的民事法律行为,当事人为自己的利益不正当地阻止条件成就的,视为条件已经成就;不正当地促成条件成就的,视为条件不成就。

附期限合同,是指当事人以将来确定到来的日期限制合同生效时间的合同。

民事法律行为可以附期限,但是根据其性质不得附期限的除外。附生效期限的民事法律行为,自期限届至时生效。附终止期限的民事法律行为,自期限届满时失效。

3. 无效合同

无效合同是指虽经合同当事人协商订立,但因其不具备或违反了法定条件,法律上不承认其效力的合同。无效的或者被撤销的民事法律行为自始没有法律约束力。

1) 无效的合同类型

依据《民法典》规定,以下行为属于无效的民事法律行为:

①无民事行为能力人实施的民事法律行为无效;

②行为人与相对人以虚假的意思表示实施的民事法律行为无效;以虚假的意思表示隐藏的民事法律行为的效力,依照有关法律规定处理;

③违反法律、行政法规的强制性规定的民事法律行为无效;但是,该强制性规定不导致该民事法律行为无效的除外。违背公序良俗的民事法律行为无效;

④行为人与相对人恶意串通,损害他人合法权益的民事法律行为无效。

《民法典》第156条规定:"民事法律行为部分无效,不影响其他部分效力的,其他部分仍然有效。"

2) 无效的免责条款

免责条款是指合同中免除或减轻一方当事人应承担的法律责任的条款。《民法典》规定,合同中的下列免责条款无效:

①造成对方人身损害的;

②因故意或者重大过失造成对方财产损失的。

4. 效力待定合同

效力待定合同是指合同虽然已经成立,但因其不完全符合合同生效要件的规定,其法律效力能否发生还不能确定,一般需经权利人确认才能生效的合同。效力待定合同主要是因为当事人缺乏缔约能力、处分能力和代理资格所造成的。

效力待定合同可分为如下几种。

1)限制民事行为能力人订立的合同

限制民事行为能力人实施的纯获利益的民事法律行为或者与其年龄、智力、精神健康状况相适应的民事法律行为有效;实施的其他民事法律行为经法定代理人同意或者追认后有效。

相对人可以催告法定代理人自收到通知之日起三十日内予以追认。法定代理人未作表示的,视为拒绝追认。民事法律行为被追认前,善意相对人有撤销的权利。撤销应当以通知的方式作出。

此处"纯获利益"指的是无需支付对价而获得利益,典型的有无条件的赠与、免除债务等。

2)无权代理人订立的合同

行为人没有代理权、超越代理权或者代理权终止后,仍然实施代理行为,未经被代理人追认的,对被代理人不发生效力。但如果经过本人追认,则性质转化为有权代理,若其他要件具备,则合同生效。

无权代理人以被代理人的名义订立合同,被代理人已经开始履行合同义务或者接受相对人履行的,视为对合同的追认。

3)越权订立的合同

此处的越权订立合同既包括组织中的工作人员超越权限订立合同,也包括单位超越经营范围订立合同。

法人的法定代表人或者非法人组织的负责人超越权限订立的合同,除相对人知道或者应当知道其超越权限外,该代表行为有效,订立的合同对法人或者非法人组织发生效力。

当事人超越经营范围订立的合同的效力,应当依照《民法典》第一编第六章第三节和本编的有关规定确定,不得仅以超越经营范围确认合同无效。

5. 可撤销合同

可撤销合同,是指合同当事人订立的合同欠缺生效条件时,一方当事人可以按照自己的意思,请求人民法院或者仲裁机构作出裁定,从而使合同的内容变更或使合同的效力归于消灭的合同。

1)撤销合同的类型

依据《民法典》规定,以下行为属于可撤销的民事法律行为:

①基于重大误解实施的民事法律行为,行为人有权请求人民法院或者仲裁机构予以撤销;

②一方以欺诈手段,使对方在违背真实意思的情况下实施的民事法律行为,受欺诈方有权请求人民法院或者仲裁机构予以撤销;

③第三人实施欺诈行为,使一方在违背真实意思的情况下实施的民事法律行为,对方知道或者应当知道该欺诈行为的,受欺诈方有权请求人民法院或者仲裁机构予以撤销;

④一方或者第三人以胁迫手段,使对方在违背真实意思的情况下实施的民事法律行为,受胁迫方有权请求人民法院或者仲裁机构予以撤销;

⑤一方利用对方处于危困状态、缺乏判断能力等情形,致使民事法律行为成立时显失公平的,受损害方有权请求人民法院或者仲裁机构予以撤销。

2)撤销权的消灭

对于上述可撤销的民事法律行为,当事人享有的撤销权并非一直存在,有下列情形之一的,撤销权消灭:

①当事人自知道或者应当知道撤销事由之日起一年内、重大误解的当事人自知道或者应当知道撤销事由之日起九十日内没有行使撤销权;

②当事人受胁迫,自胁迫行为终止之日起一年内没有行使撤销权;

③当事人知道撤销事由后明确表示或者以自己的行为表明放弃撤销权;当事人自民事法律行为发生之日起五年内没有行使撤销权的,撤销权消灭。

2.2.4 合同的履行

1. 合同履行的原则

当事人应当按照约定全面履行自己的义务。当事人应当遵循诚信原则,根据合同的性质、目的和交易习惯履行通知、协助、保密等义务。当事人在履行合同过程中,应当避免浪费资源、污染环境和破坏生态。

2. 合同条款空缺

合同条款空缺是指所签订的合同中约定的条款存在缺陷或者空白点,使得当事人无法按照所签订的合同履约的法律事实。

1)解决合同条款空缺的一般规定

合同生效后,当事人就质量、价款或者报酬、履行地点等内容没有约定或者约定不明确的,可以协议补充;不能达成补充协议的,按照合同相关条款或者交易习惯确定。

当事人就有关合同内容约定不明确,依据前条规定仍不能确定的,适用下列规定。

①质量要求不明确的,按照强制性国家标准履行;没有强制性国家标准的,按照推荐性国家标准履行;没有推荐性国家标准的,按照行业标准履行;没有国家标准、行业标准的,按照通常标准或者符合合同目的的特定标准履行。

②价款或者报酬不明确的,按照订立合同时履行地的市场价格履行;依法应当

执行政府定价或者政府指导价的,依照规定履行。

③履行地点不明确,给付货币的,在接受货币一方所在地履行;交付不动产的,在不动产所在地履行;其他标的,在履行义务一方所在地履行。

④履行期限不明确的,债务人可以随时履行,债权人也可以随时请求履行,但是应当给对方必要的准备时间。

⑤履行方式不明确的,按照有利于实现合同目的的方式履行。

⑥履行费用的负担不明确的,由履行义务一方负担;因债权人原因增加的履行费用,由债权人负担。

2)适用于政府定价或者政府指导价商品的规定

执行政府定价或者政府指导价的,在合同约定的交付期限内政府价格调整时,按照交付时的价格计价。逾期交付标的物的,遇价格上涨时,按照原价格执行;价格下降时,按照新价格执行。逾期提取标的物或者逾期付款的,遇价格上涨时,按照新价格执行;价格下降时,按照原价格执行。

3)适用电子类特殊商品或服务的规定

电子商务的快速发展也要求法律要与时俱进,《民法典》在原《合同法》基础上增加了对电子类特殊商品或服务交付时间的规定,《民法典》第512条规定:"通过互联网等信息网络订立的电子合同的标的为交付商品并采用快递物流方式交付的,收货人的签收时间为交付时间。电子合同的标的为提供服务的,生成的电子凭证或者实物凭证中载明的时间为提供服务时间;前述凭证没有载明时间或者载明时间与实际提供服务时间不一致的,以实际提供服务的时间为准。

电子合同的标的物为采用在线传输方式交付的,合同标的物进入对方当事人指定的特定系统且能够检索识别的时间为交付时间。

电子合同当事人对交付商品或者提供服务的方式、时间另有约定的,按照其约定。"

3. 抗辩权

抗辩权是指在双务合同中,在符合法定条件时,当事人一方可以暂时拒绝对方当事人履行要求的权利,包括同时履行抗辩权、先履行抗辩权和不安抗辩权。

1)同时履行抗辩权

同时履行是指合同订立后,在合同有效期限内,当事人双方不分先后地履行各自义务的行为。此处的"不分先后"指的是没有约定先后履行顺序,而不是指实际履行的时间在同一时刻。

同时履行抗辩权是指在没有规定履行顺序的双务合同中,当事人一方在当事人另一方未为对待给付以前,有权拒绝先为给付的权利。此处的"对待给付"指的是为了获得对方的给付,自己所为的给付。

《民法典》第525条规定:"当事人互负债务,没有先后履行顺序的,应当同时履行。一方在对方履行之前有权拒绝其履行请求。一方在对方履行债务不符合约定时,有权拒绝其相应的履行请求。"

2) 先履行抗辩权

先履行抗辩权是指当事人互负债务,有先后履行顺序,先履行一方未履行债务或者履行债务不符合约定,后履行一方有权拒绝先履行一方履行请求的权利。所以,先履行抗辩权也被称为"后履行一方的抗辩权"。

《民法典》第526条规定:"当事人互负债务,有先后履行顺序,应当先履行债务一方未履行的,后履行一方有权拒绝其履行请求。先履行一方履行债务不符合约定的,后履行一方有权拒绝其相应的履行请求。"

3) 不安抗辩权

不安抗辩权是指具有先给付义务的一方当事人,当相对人财产明显减少或欠缺信用,不能保证对待给付时,拒绝自己给付的权利。所以,不安抗辩权也被称为"先履行一方的抗辩权"。

应当先履行债务的当事人,有确切证据证明对方有下列情形之一的,可以中止履行:

①经营状况严重恶化;

②转移财产、抽逃资金,以逃避债务;

③丧失商业信誉;

④有丧失或者可能丧失履行债务能力的其他情形。

当事人没有确切证据中止履行的,应当承担违约责任。

当事人依据前条规定中止履行的,应当及时通知对方。对方提供适当担保的,应当恢复履行。中止履行后,对方在合理期限内未恢复履行能力且未提供适当担保的,视为以自己的行为表明不履行主要债务,中止履行的一方可以解除合同并可以请求对方承担违约责任。

4. 其他规则

1) 债务人对第三人履行债务

当事人约定由债务人向第三人履行债务,债务人未向第三人履行债务或者履行债务不符合约定的,应当向债权人承担违约责任。法律规定或者当事人约定第三人可以直接请求债务人向其履行债务,第三人未在合理期限内明确拒绝,债务人未向第三人履行债务或者履行债务不符合约定的,第三人可以请求债务人承担违约责任;债务人对债权人的抗辩,可以向第三人主张。

2) 由第三人向债权人履行债务

当事人约定由第三人向债权人履行债务,第三人不履行债务或者履行债务不符合约定的,债务人应当向债权人承担违约责任。

3) 提前履行债务

债权人可以拒绝债务人提前履行债务,但是提前履行不损害债权人利益的除外。债务人提前履行债务给债权人增加的费用,由债务人负担。

4）部分履行债务

债权人可以拒绝债务人部分履行债务,但是部分履行不损害债权人利益的除外。债务人部分履行债务给债权人增加的费用,由债务人负担。

2.2.5 合同的变更、转让和终止

1. 合同的变更

(1) 合同变更的概念

合同变更,是指合同依法成立后,在尚未履行或尚未完全履行时,当事人依法经过协商,对合同内容进行修订或调整所达成的协议。合同变更后,原合同确定的当事人的权利和义务就发生了变化。

合同变更有广义和狭义两种,广义的合同变更是指合同的内容和主体发生变更,狭义的合同变更是指合同的内容发生变更。《民法典》所称的合同变更是指合同内容的变更,合同主体的变更则为合同的转让。

(2) 合同变更的条件

①当事人之间原已存在合同关系。

②合同变更必须有当事人的变更协议。

③原合同内容发生变化。

④合同变更必须按照法定的方式。

(3) 合同变更的效力

合同变更的法律效力应包括:变更后原有的合同内容失去效力,当事人应按照变更后的合同内容履行;合同的变更只对合同未履行的部分有效,不对合同已履行的内容发生效力;合同的变更不影响当事人请求损害赔偿的权利,若因合同的变更而使一方当事人受到经济损失的,受损一方可向另一方当事人要求赔偿损失。

2. 合同转让

1) 合同转让的概念

合同转让,是指合同成立后,当事人一方将合同权利和义务全部或部分向第三方(受让方)转移的法律行为。合同转让是合同主体发生了变化,由新的合同当事人代替了原合同当事人,而合同的内容没有改变。

合同转让分为权利转让和义务转移,《民法典》还规定了当事人将自己在合同中的权利和义务一并转入时适用的法律条款。

2) 债权转让

债权转让是指在不改变合同权利义务内容的基础上,享有合同权利的当事人将其权利转让给第三人享有。合同权利转让包括合同权利部分转让和合同权利全部转让。

(1) 可以转让的债权

债权人可以将债权的全部或者部分转让给第三人,但是有下列情形之一的除外:

①根据债权性质不得转让；
②按照当事人约定不得转让；
③依照法律规定不得转让。

当事人约定非金钱债权不得转让的，不得对抗善意第三人。当事人约定金钱债权不得转让的，不得对抗第三人。

依《民法典》的规定，若约定的是"非金钱债权"不得转让，不得对抗"善意第三人"，也就是只有第三人是善意取得的情况下，第三人所获得的债权才受到保护，这与物权的相关规定相符，而如果约定的是"金钱债权"不得转让，不存在物权的转移问题，则不管第三人是否是善意取得，第三人所获得的债权都会受到保护。第三人的债权是否受到保护不影响合同当事人的"约定不得转让"的效力，约定不得转让而转让依然要承担违约责任。

(2) 通知债务人

债权人转让债权，未通知债务人的，该转让对债务人不发生效力。债权转让的通知不得撤销，但是经受让人同意的除外。

(3) 债权转让的法律后果

《民法典》规定了债权转让的法律后果如下。

①债权人转让债权的，受让人取得与债权有关的从权利，但是该从权利专属于债权人自身的除外。受让人取得从权利不因该从权利未办理转移登记手续或者未转移占有而受到影响。

②债务人接到债权转让通知后，债务人对让与人的抗辩，可以向受让人主张。

③有下列情形之一的，债务人可以向受让人主张抵销：

债务人接到债权转让通知时，债务人对让与人享有债权，且债务人的债权先于转让的债权到期或者同时到期；债务人的债权与转让的债权是基于同一合同产生的。

④因债权转让增加的履行费用，由让与人负担。

3) 债务转移

债务转移是指在不改变合同权利义务内容的基础上，承担合同义务的当事人将其义务转由第三人承担。债务转移可以分为债务全部转移和债务部分转移。

(1) 征得债权人同意

债务人将债务的全部或者部分转移给第三人的，应当经债权人同意。债务人或者第三人可以催告债权人在合理期限内予以同意，债权人未作表示的，视为不同意。

(2) 第三人加入债务

第三人与债务人约定加入债务并通知债权人，或者第三人向债权人表示愿意加入债务，债权人未在合理期限内明确拒绝的，债权人可以请求第三人在其愿意承担的债务范围内和债务人承担连带债务。

(3) 债务转移的法律后果

债务人转移债务的，新债务人可以主张原债务人对债权人的抗辩；原债务人对债权人享有债权的,新债务人不得向债权人主张抵销。

债务人转移债务的,新债务人应当承担与主债务有关的从债务,但是该从债务专属于原债务人自身的除外。

4)债权债务的概括转移

合同权利义务概括转让是指合同当事人一方将其合同权利义务一并转让给第三方,由该第三方继受这些权利义务。合同权利义务概括转让包括全部转让和部分转让。全部转让是指合同当事人原来一方将其权利义务全部转让给第三人。部分转让是指合同当事人原来一方将其权利义务的一部分转让给第三人。

当事人一方经对方同意,可以将自己在合同中的权利和义务一并转让给第三人。合同的权利和义务一并转让的,适用债权转让、债务转移的有关规定。

3. 合同的解除与终止

1)合同的解除

合同解除并没有让合同的履行走到"终点",而是"提前结束了"。

(1)约定解除

当事人协商一致,可以解除合同。当事人可以约定一方解除合同的事由。解除合同的事由发生时,解除权人可以解除合同。

(2)法定解除

《民法典》第563条规定,有下列情形之一的,当事人可以解除合同:

①因不可抗力致使不能实现合同目的;

②在履行期限届满前,当事人一方明确表示或者以自己的行为表明不履行主要债务;

③当事人一方迟延履行主要债务,经催告后在合理期限内仍未履行;

④当事人一方迟延履行债务或者有其他违约行为致使不能实现合同目的;

⑤法律规定的其他情形。

以持续履行的债务为内容的不定期合同,当事人可以随时解除合同,但是应当在合理期限之前通知对方。

(3)解除权行使期限

法律规定或者当事人约定解除权行使期限,期限届满当事人不行使的,该权利消灭。法律没有规定或者当事人没有约定解除权行使期限,自解除权人知道或者应当知道解除事由之日起一年内不行使,或者经对方催告后在合理期限内不行使的,该权利消灭。

(4)合同解除的时间

当事人一方依法主张解除合同的,应当通知对方。合同自通知到达对方时解除。通知载明债务人在一定期限内不履行债务则合同自动解除,债务人在该期限内未履行债务的,合同自通知载明的期限届满时解除。对方对解除合同有异议的,任何一方当事人均可以请求人民法院或者仲裁机构确认解除行为的效力。

当事人一方未通知对方,直接以提起诉讼或者申请仲裁的方式依法主张解除合同,人民法院或者仲裁机构确认该主张的,合同自起诉状副本或者仲裁申请书副本送达对方时解除。

(5)合同解除的后果

合同解除后,尚未履行的,终止履行;已经履行的,根据履行情况和合同性质,当事人可以请求恢复原状或者采取其他补救措施,并有权请求赔偿损失。

合同因违约解除的,解除权人可以请求违约方承担违约责任,但是当事人另有约定的除外。

主合同解除后,担保人对债务人应当承担的民事责任仍应当承担担保责任,但是担保合同另有约定的除外。

2)合同的终止

(1)债权债务终止的情形

有下列情形之一的,债权债务终止:

①债务已经履行;

②债务相互抵销;

③债务人依法将标的物提存;

④债权人免除债务;

⑤债权债务同归于一人;

⑥法律规定或者当事人约定终止的其他情形。

合同解除的,该合同的权利义务关系终止。合同的权利义务关系终止,不影响合同中结算和清理条款的效力。

(2)当事人的义务

债权债务终止后,当事人应当遵循诚信等原则,根据交易习惯履行通知、协助、保密、旧物回收等义务。

(3)从权利同时消灭

债权债务终止时,债权的从权利同时消灭,但是法律另有规定或者当事人另有约定的除外。

2.3 民事诉讼法基础

2.3.1 民事诉讼的基本特征与民事诉讼法律基本制度

1. 民事诉讼的基本特征

民事诉讼,是指人民法院在当事人和其他诉讼参与人的参加下,以审理、裁判、执行等方式解决民事纠纷的活动,以及由此产生的各种诉讼关系的总和。诉讼参与人包括原告、被告、第三人、证人、鉴定人、勘验人等。

在我国,《中华人民共和国民事诉讼法》(以下简称《民事诉讼法》)是调整和规范法院和诉讼参与人的各种民事诉讼活动的基本法律。

民事诉讼具有以下特征。

1)公权性

民事诉讼是由人民法院代表国家意志行使司法审判权,通过司法手段解决平等民事主体之间的纠纷,这使得民事诉讼与具有民间性质的调解和仲裁有所不同。

2)强制性

民事诉讼的公权性,决定了其在案件的受理和执行等方面具有强制性。调解、仲裁均建立在当事人自愿的基础上,如果一方当事人不愿意进行调解、仲裁,调解和仲裁将不会发生。但民事诉讼则不同,只要原告起诉符合法定的条件,无论被告是否愿意,诉讼都会发生。此外,民间的和解、调解协议的履行依靠当事人的自觉,不具有强制执行的效力,但法院的裁判则具有强制执行的效力,当事人不自动履行生效裁判,法院依另一方当事人申请可依法强制执行。

3)程序性

民事诉讼是依照法定程序进行的诉讼活动,无论是法院,还是当事人和其他诉讼参与人,均须按照民事诉讼法律规定的程序实施诉讼行为。与民事诉讼相比,民间调解通常没有严格的程序规则,虽然仲裁也要按照预先确定的程序进行,但相对灵活,当事人的选择权也较大。

2. 民事诉讼法律基本制度

《民事诉讼法》第10条规定:"人民法院审理民事案件,依照法律规定实行合议、回避、公开审判和两审终审制度。"

1)合议制度

合议制度是指由三人以上单数的审判人员组成合议庭,对民事案件进行审理的制度。合议庭评议案件,实行少数服从多数的原则。实行合议制度,是为了发挥集体的力量,弥补个人能力的不足,以保证案件的审判质量。

2)回避制度

回避制度是指为了保证案件的公正审判,而要求与案件有一定利害关系的审判人员或其他有关人员,不得参与本案的审理活动或诉讼活动的审判制度。

3)公开审判制度

公开审判制度是指人民法院审理民事案件,除法律规定的情况外,审判过程及结果应当向社会公开,允许群众旁听庭审和宣判过程,允许新闻媒体对庭审过程进行采访、报道,并将案件向社会披露。

4)两审终审制度

两审终审制度是指一个民事诉讼案件经过两级法院审判后即告终结的制度。根据两审终审制度,对于一般民事诉讼案件,当事人不服一审法院的判决或裁定,可上诉至二审法院。二审法院所作的判决、裁定为生效判决、裁定,当事人不得再上诉。最高人民法院所作的一审判决、裁定为终审判决、裁定,当事人不得上诉。

2.3.2 诉讼管辖

民事诉讼中的管辖,是指各级法院之间和同级法院之间受理第一审民事案件的分工和权限。

1. 级别管辖

级别管辖,是指按照一定的标准,划分上下级法院之间受理第一审民事案件的分工和权限。我国法院有四级,分别是基层人民法院、中级人民法院、高级人民法院和最高人民法院,每一级均受理一审民事案件。我国《民事诉讼法》主要根据案件的性质、复杂程度和案件影响来确定级别管辖。在实践中,争议标的金额的大小,往往是确定级别管辖的重要依据,但各地人民法院确定的级别管辖的争议标的数额标准不尽相同。

2. 地域管辖

地域管辖,是指按照各法院的辖区和民事案件的隶属关系,划分同级法院受理第一审民事案件的分工和权限。地域管辖实际上是以法院与当事人、诉讼标的以及法律事实之间的隶属关系和关联关系来确定的,主要包括如下几种情况。

1)一般地域管辖

一般地域管辖,是以当事人与法院的隶属关系来确定诉讼管辖,通常实行"原告就被告"原则,即以被告住所地作为确定管辖的标准。根据《民事诉讼法》第21条,对于一般地域管辖有如下规定。

①对公民提起的民事诉讼,由被告住所地人民法院管辖;被告住所地与经常居住地不一致的,由经常居住地人民法院管辖。

②对法人或者其他组织提起的民事诉讼,由被告住所地人民法院管辖。

③同一诉讼的几个被告住所地、经常居住地在两个以上人民法院辖区的,各该人民法院都有管辖权。

2)特殊地域管辖

特殊地域管辖,是指以被告住所地、诉讼标的所在地、法律事实所在地为标准确定的管辖。我国《民事诉讼法》规定的特殊地域管辖的诉讼,其中与工程建设领域关系最为密切的是因合同纠纷提起的诉讼。

《民事诉讼法》第23条规定:"因合同纠纷提起的诉讼,由被告住所地或者合同履行地人民法院管辖。"该规定中"合同履行地"是指合同约定的履行义务的地点,主要是指合同标的的交付地点。合同履行地应当在合同中明确约定,没有约定或约定不明的,当事人既不能协商确定,又不能按照合同有关条款和交易习惯确定的,按照《合同法》第62条的有关规定确定。

3. 协议管辖

发生合同纠纷的,我国《民事诉讼法》还规定了协议管辖制度。所谓协议管辖,是指合同当事人在纠纷发生前后,在法律允许的范围内,以书面形式约定案件的管辖法院。协议管辖仅适用于合同纠纷。《民事诉讼法》第 34 条规定:"合同或者其他财产权益纠纷的当事人可以书面协议选择被告住所地、合同履行地、合同签订地、原告住所地、标的物所在地等与争议有实际联系的地点的人民法院管辖,但不得违反本法对级别管辖和专属管辖的规定。"

《民事诉讼法》第 35 条规定:"两个以上人民法院都有管辖权的诉讼,原告可以向其中一个人民法院起诉;原告向两个以上有管辖权的人民法院起诉的,由最先立案的人民法院管辖。"

4. 专属管辖

专属管辖,是指法律规定某些特殊类型的案件由特定的法院管辖。专属管辖是排他性管辖,排除了诉讼当事人协议选择管辖法院的权利。专属管辖与一般地域管辖和特殊地域的关系是:凡法律规定为专属管辖的诉讼,均适用专属管辖。

我国《民事诉讼法》第 33 条规定了三种适用专属管辖的案件。其中,因不动产纠纷提起的诉讼,由不动产所在地人民法院管辖,如房屋买卖纠纷、土地使用权转让纠纷等。

《最高人民法院关于适用〈中华人民共和国民事诉讼法〉的解释》第 28 条规定,建设工程施工合同纠纷按照不动产纠纷确定管辖。不动产已登记的,以不动产登记簿记载的所在地为不动产所在地;不动产未登记的,以不动产实际所在地为不动产所在地。

5. 移送管辖和指定管辖

1) 移送管辖

《民事诉讼法》第 36 条规定:"人民法院发现受理的案件不属于本院管辖的,应当移送有管辖权的人民法院,受移送的人民法院应当受理。受移送的人民法院认为受移送的案件依照规定不属于本院管辖的,应当报请上级人民法院指定管辖,不得再自行移送。"

2) 指定管辖

《民事诉讼法》第 37 条规定:"有管辖权的人民法院由于特殊原因,不能行使管辖权的,由上级人民法院指定管辖。人民法院之间因管辖权发生争议,由争议双方协商解决;协商解决不了的,报请它们的共同上级人民法院指定管辖。"

6. 管辖权异议

管辖权异议,是指当事人向受诉法院提出的该法院对案件无管辖权的主张。《民事诉讼法》第 127 条规定:"人民法院受理案件后,当事人对管辖权有异议的,应当在提交答辩状期间提出。人民法院对当事人提出的异议,应当审查。异议成立的,裁定将案件移送有管辖权的人民法院;异议不成立的,裁定驳回。当事人未提出管辖异议,并应诉答辩的,视为受诉人民法院有管辖权,但违反级别管辖和专属管辖规定的除外。"

2.3.3 回避

1. 可以要求回避的情形

《民事诉讼法》第 44 条规定,审判人员有下列情形之一的,应当自行回避,当事人有权用口头或者书面方式申请他们回避:

① 是本案当事人或者当事人、诉讼代理人近亲属的;

② 与本案有利害关系的;

③ 与本案当事人、诉讼代理人有其他关系,可能影响对案件公正审理的。

审判人员接受当事人、诉讼代理人请客送礼,或者违反规定会见当事人、诉讼代理人的,当事人有权要求他们回避。审判人员有前款规定的行为的,应当依法追究法律责任。

前三款规定,适用于书记员、翻译人员、鉴定人、勘验人。

2. 回避的决定

依据《民事诉讼法》第 45~47 条,当事人提出回避申请,应当说明理由,在案件开始审理时提出;回避事由在案件开始审理后知道的,也可以在法庭辩论终结前提出。被申请回避的人员在人民法院作出是否回避的决定前,应当暂停参与本案的工作,但案件需要采取紧急措施的除外。

院长担任审判长时的回避,由审判委员会决定;审判人员的回避,由院长决定;其他人员的回避,由审判长决定。

人民法院对当事人提出的回避申请,应当在申请提出的三日内,以口头或者书面形式作出决定。申请人对决定不服的,可以在接到决定时申请复议一次。复议期间,被申请回避的人员,不停止参与本案的工作。人民法院对复议申请,应当在三日内作出复议决定,并通知复议申请人。

2.3.4 诉讼参加人

1. 当事人

民事诉讼中的当事人,是指因民事权利和义务发生争议,以自己的名义进行诉讼,请求人民法院进行裁判的公民、法人或其他组织。民事诉讼当事人主要包括原告和被告。原告,是指维护自己的权益或自己所管理的他人权益,以自己名义起诉,从而引起民事诉讼程序的当事人。被告,是指原告诉称侵犯原告民事权益而由法院通知其应诉的当事人。

《民事诉讼法》第 48 条规定:"公民、法人和其他组织可以作为民事诉讼的当事人。法人由其法定代表人进行诉讼。其他组织由其主要负责人进行诉讼。"

2. 诉讼代理人

诉讼代理人,是指根据法律规定或当事人的委托,代理当事人进行民事诉讼活动的人。在工程建设领域,最常见的是委托诉讼代理人。

《民事诉讼法》第 58 条规定,当事人、法定代理人可以委托一至二人作为诉讼代理人。下列人员可以被委托为诉讼代理人:

①律师、基层法律服务工作者;

②当事人的近亲属或者工作人员;

③当事人所在社区、单位以及有关社会团体推荐的公民。

《民事诉讼法》第 59 条规定:"委托他人代为诉讼,必须向人民法院提交由委托人签名或者盖章的授权委托书。授权委托书必须记明委托事项和权限。诉讼代理人代为承认、放弃、变更诉讼请求,进行和解,提起反诉或者上诉,必须有委托人的特别授权。"

针对实践中经常出现的授权委托书仅写"全权代理"而无具体授权的情形,最高人民法院《关于适用〈中华人民共和国民事诉讼法〉的解释》第 89 条还特别规定,在这种情况下不能认定为诉讼代理人已获得特别授权,即诉讼代理人无权代为承认、放弃、变更诉讼请求,进行和解,提起反诉或者上诉。

2.3.5 证据

1. 证据的种类

依据《民事诉讼法》第 63 条,证据包括以下内容:

①当事人的陈述;

②书证;

③物证;

④视听资料;

⑤电子数据;

⑥证人证言;

⑦鉴定意见;

⑧勘验笔录。

证据必须查证属实,才能作为认定事实的根据。

2. 证据的提交与取证

1)证据的提交

依据《民事诉讼法》第 65、66 条,当事人对自己提出的主张应当及时提供证据。

人民法院根据当事人的主张和案件审理情况,确定当事人应当提供的证据及其期限。当事人在该期限内提供证据确有困难的,可以向人民法院申请延长期限,人民法院根据当事人的申请适当延长。当事人逾期提供证据的,人民法院应当责令其说明理由;拒不说明理由或者理由不成立的,人民法院根据不同情形可以不予采纳该证据,或者采纳该证据但予以训诫、罚款。

人民法院收到当事人提交的证据材料,应当出具收据,写明证据名称、页数、份数、原件或者复印件以及收到时间等,并由经办人员签名或者盖章。

2)取证

《民事诉讼法》第67条规定:"人民法院有权向有关单位和个人调查取证,有关单位和个人不得拒绝。"

3. 证据的审查与质证

1)证据的审查

依《民事诉讼法》第67、71、75条,人民法院对有关单位和个人提出的证明文书,应当辨别真伪,审查确定其效力。人民法院对视听资料,应当辨别真伪,并结合本案的其他证据,审查确定能否作为认定事实的根据。

人民法院对当事人的陈述,应当结合本案的其他证据,审查确定能否作为认定事实的根据。当事人拒绝陈述的,不影响人民法院根据证据认定案件事实。

2)质证

《民事诉讼法》第68条规定:"证据应当在法庭上出示,并由当事人互相质证。对涉及国家秘密、商业秘密和个人隐私的证据应当保密,需要在法庭出示的,不得在公开开庭时出示。"

《民事诉讼法》第69条规定:"经过法定程序公证证明的法律事实和文书,人民法院应当作为认定事实的根据,但有相反证据足以推翻公证证明的除外。"

4. 对不同类型证据的规定

1)对书证和物证的规定

《民事诉讼法》第70条规定:"书证应当提交原件。物证应当提交原物。提交原件或者原物确有困难的,可以提交复制品、照片、副本、节录本。提交外文书证,必须附有中文译本。"

2)对证人的规定

依据《民事诉讼法》第72~74条,凡是知道案件情况的单位和个人,都有义务出庭作证。有关单位的负责人应当支持证人作证。不能正确表达意思的人,不能作证。经人民法院通知,证人应当出庭作证。有下列情形之一,经人民法院许可,可以通过书面证言、视听传输技术或者视听资料等方式作证:

①因健康原因不能出庭的;

②因路途遥远,交通不便不能出庭的;

③因自然灾害等不可抗力不能出庭的;

④其他有正当理由不能出庭的。

证人因履行出庭作证义务而支出的交通、住宿、就餐等必要费用以及误工损失,由败诉一方当事人负担。当事人申请证人作证的,由该当事人先行垫付;当事人没有申请,人民法院通知证人作证的,由人民法院先行垫付。

3)对鉴定的规定

依据《民事诉讼法》第76~79条,对于鉴定的规定如下。

①当事人可以就查明事实的专门性问题向人民法院申请鉴定。当事人申请鉴

定的,由双方当事人协商确定具备资格的鉴定人;协商不成的,由人民法院指定。当事人未申请鉴定,人民法院对专门性问题认为需要鉴定的,应当委托具备资格的鉴定人进行鉴定。

②鉴定人有权了解进行鉴定所需要的案件材料,必要时可以询问当事人、证人。鉴定人应当提出书面鉴定意见,在鉴定书上签名或者盖章。

③当事人对鉴定意见有异议或者人民法院认为鉴定人有必要出庭的,鉴定人应当出庭作证。经人民法院通知,鉴定人拒不出庭作证的,鉴定意见不得作为认定事实的根据;支付鉴定费用的当事人可以要求返还鉴定费用。

④当事人可以申请人民法院通知有专门知识的人出庭,就鉴定人作出的鉴定意见或者专业问题提出意见。

4)对勘验的规定

依据《民事诉讼法》第80条,勘验物证或者现场,勘验人必须出示人民法院的证件,并邀请当地基层组织或者当事人所在单位派人参加。当事人或者当事人的成年家属应当到场,拒不到场的,不影响勘验的进行。

有关单位和个人根据人民法院的通知,有义务保护现场,协助勘验工作。勘验人应当将勘验情况和结果制作笔录,由勘验人、当事人和被邀参加人签名或者盖章。

2.3.6 审判程序

审判程序是民事诉讼法规定的最为重要的内容,它是人民法院审理案件适用的程序,可以分为第一审程序、第二审程序和审判监督程序。

1. 第一审程序

第一审程序包括普通程序和简易程序,普通程序是指人民法院审理第一审民事案件通常适用的程序。普通程序是第一审程序中最基本的程序,具有独立性和广泛性,是整个民事审判程序的基础。本书主要介绍普通程序。

《民事诉讼法》第149条规定:"人民法院适用普通程序审理的案件,应当在立案之日起六个月内审结。有特殊情况需要延长的,由本院院长批准,可以延长六个月;还需要延长的,报请上级人民法院批准。"

1)起诉

根据《民事诉讼法》第119条规定,起诉必须符合下列条件:

①原告是与本案有直接利害关系的公民、法人和其他组织;

②有明确的被告;

③有具体的诉讼请求、事实和理由;

④属于人民法院受理民事诉讼的范围和受诉人民法院管辖。

2)受理

《民事诉讼法》第123条规定:"人民法院应当保障当事人依照法律规定享有的起诉权利。对符合本法第一百一十九条的起诉,必须受理。符合起诉条件的,应当在七日内立案,并通知当事人;不符合起诉条件的,应当在七日内作出裁定书,不予受理;原告对裁定不服的,可以提起上诉。"

3)审理前的主要准备工作

(1)送达起诉状副本和提出答辩状

《民事诉讼法》第125条规定,人民法院应当在立案之日起五日内将起诉状副本发送被告,被告应当在收到之日起十五日内提出答辩状。答辩状应当记明被告的姓名、性别、年龄、民族、职业、工作单位、住所、联系方式;法人或者其他组织的名称、住所和法定代表人或者主要负责人的姓名、职务、联系方式。人民法院应当在收到答辩状之日起五日内将答辩状副本发送给原告。被告不提出答辩状的,不影响人民法院审理。

(2)告知当事人诉讼权利义务及组成合议庭

《民事诉讼法》第126条规定,人民法院对决定受理的案件,应当在受理案件通知书和应诉通知书中向当事人告知有关的诉讼权利义务,或者口头告知。

普通程序的审判组织应当采用合议制。《民事诉讼法》第128条规定:"合议庭组成人员确定后,应当在三日内告知当事人。"

4)开庭审理

(1)法庭调查

法庭调查,是在法庭上出示与案件有关的全部证据,对案件事实进行全面调查并由当事人进行质证的程序。

(2)法庭辩论

法庭辩论,是当事人及其诉讼代理人在法庭上行使辩论权,针对有争议的事实和法律问题进行辩论的程序。法庭辩论的目的,是通过当事人及其诉讼代理人的辩论,对有争议的问题逐一进行审查和核实,借此查明案件的真实情况和正确适用法律。

(3)法庭笔录

《民事诉讼法》第147条规定,书记员应当将法庭审理的全部活动记入笔录,由审判人员和书记员签名。法庭笔录应当当庭宣读,也可以告知当事人和其他诉讼参与人当庭或者在5日内阅读。当事人和其他诉讼参与人认为对自己的陈述记录有遗漏或者差错的,有权申请补正。法庭笔录由当事人和其他诉讼参与人签名或者盖章。

(4)宣判

法庭辩论终结,应当依法作出判决。《民事诉讼法》第142条规定:"法庭辩论终结,应当依法作出判决。判决前能够调解的,还可以进行调解,调解不成的,应当及时判决。"

根据《民事诉讼法》第143、144条的规定,原告经传票传唤,无正当理由拒不到庭的,或者未经法庭许可中途退庭的,可以按撤诉处理;被告反诉的,可以缺席判决。

被告经传票传唤,无正当理由拒不到庭的,或者未经法庭许可中途退庭的,可以缺席判决。

人民法院一律公开宣告判决,同时必须告知当事人上诉权利、上诉期限和上诉的法院。最高人民法院的判决、裁定,以及超过上诉期限没有上诉的判决、裁定,是发生法律效力的判决、裁定。

2. 第二审程序

第二审程序,又称上诉程序或终审程序,是指由于民事诉讼当事人不服地方各级人民法院尚未生效的第一审判决或裁定,在法定上诉期间内,向上一级人民法院提起上诉而引起的诉讼程序。由于我国实行两审终审制,上诉案件经二审法院审理后,作出的判决、裁定为终审的判决、裁定,诉讼程序即告终结。

1) 上诉期间

《民事诉讼法》第164条规定,当事人不服地方人民法院第一审判决的,有权在判决书送达之日起15日内向上一级人民法院提起上诉;不服地方人民法院第一审裁定的,有权在裁定书送达之日起10日内向上一级人民法院提起上诉。

2) 上诉状

《民事诉讼法》规定当事人提起上诉,应当递交上诉状。上诉状应当通过原审法院提出,并按照对方当事人的人数提出副本。

3) 二审法院对上诉案件的处理

《民事诉讼法》第170条规定,第二审人民法院对上诉案件,经过审理,按照下列情形,分别处理:

①原判决、裁定认定事实清楚,适用法律正确的,以判决、裁定方式驳回上诉,维持原判决、裁定;

②原判决、裁定认定事实错误或者适用法律错误的,以判决、裁定方式依法改判、撤销或者变更;

③原判决认定基本事实不清的,裁定撤销原判决,发回原审人民法院重审,或者查清事实后改判;

④原判决遗漏当事人或者违法缺席判决等严重违反法定程序的,裁定撤销原判决,发回原审人民法院重审。

原审人民法院对发回重审的案件作出判决后,当事人提起上诉的,第二审人民法院不得再次发回重审。

第二审人民法院的判决、裁定是终审的判决、裁定。第二审法院作出的具有给付内容的判决,具有强制执行力,如果有履行义务的当事人拒不履行,对方当事人有权向法院申请强制执行。

对于发回原审法院重审的案件,原审法院仍将按照第一审程序进行审理。因此,当事人对重审案件的判决、裁定,仍然可以上诉。

3. 审判监督程序

1)审判监督程序的概念

审判监督程序即再审程序,是指由有审判监督权的法定机关和人员提起,或由当事人申请,由人民法院对发生法律效力的判决、裁定、调解书进行再次审理的程序。

2)审判监督程序的提起

(1)人民法院提起再审的程序

人民法院提起再审,必须是已经发生法律效力的判决、裁定确有错误。其程序如下:各级人民法院院长对本院已经发生法律效力的判决、裁定、调解书,发现确有错误,认为需要再审的,应当提交审判委员会讨论决定。最高人民法院对地方各级人民法院已经发生法律效力的判决、裁定、调解书,上级人民法院对下级人民法院已经发生法律效力的判决、裁定、调解书,发现确有错误的,有权提审或者指令下级人民法院再审。

(2)当事人申请再审的程序

当事人申请不一定引起审判监督程序,只有在同时符合下列条件的前提下,由人民法院依法决定,才可以启动再审程序。《民事诉讼法》第200条规定了当事人的申请符合哪些条件,人民法院应当再审。读者可以自行查阅。

《民事诉讼法》第205条规定:"当事人申请再审,应当在判决、裁定发生法律效力后六个月内提出。"

(3)人民检察院的抗诉

《民事诉讼法》第208条规定:"最高人民检察院对各级人民法院已经发生法律效力的判决、裁定,上级人民检察院对下级人民法院已经发生法律效力的判决、裁定,发现有本法第二百条规定情形之一的,或者发现调解书损害国家利益、社会公共利益的,应当提出抗诉。"

"地方各级人民检察院对同级人民法院已经发生法律效力的判决、裁定,发现有本法第二百条规定情形之一的,或者发现调解书损害国家利益、社会公共利益的,可以向同级人民法院提出检察建议,并报上级人民检察院备案;也可以提请上级人民检察院向同级人民法院提出抗诉。"

"各级人民检察院对审判监督程序以外的其他审判程序中审判人员的违法行为,有权向同级人民法院提出检察建议。"

2.3.7 执行程序

1. 执行案件的管辖

《民事诉讼法》第224条规定,发生法律效力的民事判决、裁定,以及刑事判决、裁定中的财产部分,由第一审人民法院或者与第一审人民法院同级的被执行的财产所在地人民法院执行。

法律规定由人民法院执行的其他法律文书,由被执行人住所地或者被执行的财产所在地人民法院执行。

2. 申请执行

《民事诉讼法》第226条规定,人民法院自收到申请执行书之日起超过六个月未执行的,申请执行人可以向上一级人民法院申请执行。上一级人民法院经审查,可以责令原人民法院在一定期限内执行,也可以决定由本院执行或者指定其他人民法院执行。

《民事诉讼法》第239条规定,申请执行的期间为两年。申请执行时效的中止、中断,适用法律有关诉讼时效中止、中断的规定。

前款规定的期间,从法律文书规定履行期间的最后一日起计算;法律文书规定分期履行的,从规定的每次履行期间的最后一日起计算;法律文书未规定履行期间的,从法律文书生效之日起计算。

3. 执行和解

《民事诉讼法》第230条规定,在执行中,双方当事人自行和解达成协议的,执行员应当将协议内容记入笔录,由双方当事人签名或者盖章。

申请执行人因受欺诈、胁迫与被执行人达成和解协议,或者当事人不履行和解协议的,人民法院可以根据当事人的申请,恢复对原生效法律文书的执行。

4. 执行中止和终结

1)执行中止

《民事诉讼法》第256条规定,有下列情形之一的,人民法院应当裁定中止执行:

①申请人表示可以延期执行的;
②案外人对执行标的提出确有理由的异议的;
③作为一方当事人的公民死亡,需要等待继承人继承权利或者承担义务的;
④作为一方当事人的法人或者其他组织终止,尚未确定权利义务承受人的;
⑤人民法院认为应当中止执行的其他情形。

中止的情形消失后,恢复执行。

2)执行终结

《民事诉讼法》第257条规定,有下列情形之一的,人民法院裁定终结执行:

①申请人撤销申请的;
②据以执行的法律文书被撤销的;
③作为被执行人的公民死亡,无遗产可供执行,又无义务承担人的;
④追索赡养费、扶养费、抚育费案件的权利人死亡的;
⑤作为被执行人的公民因生活困难无力偿还借款,无收入来源,又丧失劳动能力的;
⑥人民法院认为应当终结执行的其他情形。

2.4 仲裁法基础

2.4.1 概述

1. 仲裁的概念

仲裁,亦称"公断",是当事人双方在纠纷发生前或纠纷发生后达成协议,自愿将纠纷交给第三者,由第三者在事实上作出判断、在权利义务上作出裁决的一种解决纠纷的方式。这种纠纷解决方式必须是自愿的,因此必须有仲裁协议。如果当事人之间有仲裁协议,纠纷发生后又无法通过和解及调解解决,则应及时将纠纷提交仲裁机构仲裁。

2. 仲裁的特点

仲裁具有以下特点。

(1)体现当事人的意思自治

这种意思自治不仅体现在仲裁的受理应当以仲裁协议为前提,还体现在仲裁的整个过程,许多内容都可以由当事人自主确定。

(2)专业性

由于各仲裁机构的仲裁员都是由各方面的专业人士组成,当事人完全可以选择熟悉纠纷领域的专业人士担任仲裁员。

(3)保密性

保密和不公开审理是仲裁制度的重要特点,除当事人、代理人以及需要的证人和鉴定人外,其他人员不得出席和旁听仲裁开庭审理,仲裁庭和当事人不得向外界透露案件的任何实体及程序问题。

(4)裁决的终局性

仲裁裁决作出后是终局的,对当事人具有约束力。

(5)执行的强制性

仲裁裁决具有强制执行的法律效力,当事人可以向人民法院申请强制执行。由于中国是《承认及执行外国仲裁裁决公约》的缔约国,中国的涉外仲裁裁决可以在世界上100多个公约成员国得到承认和执行。

中华人民共和国成立以来,我国建立起独立的仲裁组织,完善了经济仲裁制度。1994年8月31日第八届全国人民代表大会常务委员会通过了《中华人民共和国仲裁法》(以下简称《仲裁法》)。这标志着我国已经基本建立了完善的经济仲裁制度。

目前,我国的经济仲裁制度包括国内经济仲裁和涉外经济仲裁制度。仲裁范围为平等主体的公民、法人和其他组织之间发生的合同纠纷和其他财产权益纠纷。有关婚姻、收养、监护、抚养、继承纠纷和依法应当由行政机关处理的行政争议,不能仲裁。有关劳动争议和农村承包合同纠纷的仲裁不适用《仲裁法》的有关规定。

3. 仲裁的基本原则

(1) 独立原则

仲裁机构在处理经济纠纷时,依法独立进行仲裁,不受行政机关、社会团体和个人的干涉,经济仲裁不实行级别管辖和地域管辖,仲裁委员会相互间无隶属关系,各自独立地对经济纠纷进行仲裁。

(2) 自愿原则

仲裁法根据自愿原则,作了以下规定。第一,当事人采用仲裁方式解决纠纷,应当双方自愿,达成仲裁协议。没有仲裁协议,一方申请仲裁的,仲裁委员会不予受理。第二,向哪个仲裁委员会申请仲裁,应由当事人协议选定。第三,仲裁员由当事人选定或者委托仲裁委员会主任指定。第四,当事人可以进行和解,达成和解协议的,可以请求仲裁庭根据和解协议作出裁决书,也可以撤回仲裁申请。

(3) 或裁或审的原则

《仲裁法》规定,当事人达成仲裁协议,一方向人民法院起诉的,人民法院不予受理,但仲裁协议无效的除外。这明确了合同争议实行或裁或审制度。

(4) 一裁终局原则

仲裁实行一裁终局的制度。裁决作出后,当事人就同一纠纷再申请仲裁或者向人民法院起诉的,仲裁委员会或人民法院不予受理。裁决被人民法院依法裁定撤销或者不予执行的,当事人就该纠纷可以根据双方重新达成的仲裁协议申请仲裁,也可以向人民法院起诉。一裁终局原则是仲裁法的重要原则。这一原则不仅赋予了仲裁裁决的有效性和权威性,同时也为快捷地处理合同纠纷提供了保证。

(5) 先行调解的原则

先行调解就是仲裁机构先于裁决之前,根据争议的情况或双方当事人自愿而进行说服教育和劝导工作,以便双方当事人自愿达成调解协议,解决合同争议。

2.4.2 仲裁委员会和仲裁协会

1. 仲裁委员会

对于国内经济纠纷,行使仲裁权的机构是仲裁委员会。仲裁委员会是依法成立的仲裁机构。仲裁委员会可以在直辖市或省、自治区人民政府所在地的市设立,也可以根据需要在其他设区的市设立,不按行政区划层层设立。

(1) 仲裁委员会的条件

仲裁委员会应当具备下列条件:有自己的名称、住所和章程;有必要的财产;有该委员会的组成人员;有聘任的仲裁员;仲裁委员会的章程应当依照《中华人民共和国仲裁法》制定。

仲裁委员会由主任一人、副主任二至四人和委员七至十一人组成。仲裁委员会的主任、副主任和委员由法律、经济贸易专家和有实际工作经验的人员担任。仲裁委员会的组成人员中,法律、经济贸易专家不得少于总人数的三分之二。仲裁委员会应当从公道正派的人员中聘任仲裁员。

(2)仲裁员的条件

仲裁员应当符合下列条件之一:通过国家统一法律职业资格考试取得法律职业资格,从事仲裁工作满八年的;从事律师工作满八年的;曾任法官满八年的;从事法律研究、教学工作并具有高级职称的;具有法律知识、从事经济贸易等专业工作并具有高级职称或者具有同等专业水平的。

仲裁委员会按照不同专业设仲裁员名册。仲裁委员会独立于行政机关,与行政机关没有隶属关系。仲裁委员会之间也没有隶属关系。

2. 仲裁协会

中国仲裁协会是依法成立的社会团体法人。全国各地的仲裁委员会是中国仲裁协会的会员。中国仲裁协会的章程由全国会员大会制定。中国仲裁协会是仲裁委员会的自律性组织,根据章程对仲裁委员会及其组成人员、仲裁员的违纪行为进行监督。中国仲裁协会依照仲裁法和民事诉讼法的有关规定制定仲裁规则。

2.4.3 仲裁协议

1. 仲裁协议的概念及特点

(1)概念

仲裁协议,是指当事人自愿将争议提交仲裁机构进行仲裁达成协议的文书。我国《仲裁法》规定,仲裁协议包括合同中订立的仲裁条款和以其他书面方式在纠纷发生前或者纠纷发生后达成请求仲裁的协议。

(2)仲裁协议的特点

仲裁协议有以下特点。

①合同当事人均受仲裁协议的约束。

②仲裁协议是仲裁机构对纠纷进行仲裁的先决条件。

③仲裁协议排除了法院对纠纷的管辖权。

④仲裁机构应按照仲裁协议进行仲裁。

2. 仲裁协议的内容与效力

(1)仲裁协议的内容

仲裁协议是合同的组成部分,是合同的内容之一。仲裁协议的内容包括:请求仲裁的意思表示,仲裁事项,选定的仲裁委员会。

有下列情况的,仲裁协议无效:约定的事项超出法律规定的仲裁范围的;无民事行为能力人或者限制民事行为能力人订立的仲裁协议;一方采取胁迫手段,迫使对方订立仲裁协议的;在仲裁协议中,当事人对仲裁事项或者仲裁委员会没有约定或者约定不明确,当事人又达不成补充协议的,仲裁协议无效。

(2)仲裁协议的效力

仲裁协议独立存在,合同的变更、解除、终止或者无效,不影响仲裁协议的效力。

仲裁庭有权确认合同的效力。

当事人对仲裁协议的效力有异议的,可以请求仲裁委员会作出决定或者请求人民法院作出裁定。一方请求仲裁委员会作出决定,另一方请求人民法院作出裁定的,由人民法院裁定。当事人对仲裁协议的效力有异议,应当在仲裁庭首次开庭前提出。

2.4.4 仲裁的一般程序

1. 申请和受理

(1)申请

纠纷发生后,当事人申请仲裁应当符合下列条件:有仲裁协议;有具体的仲裁请求、事实和理由;属于仲裁委员会的受理范围。

(2)受理

仲裁委员会收到仲裁申请书之日起五日内,认为符合受理条件的,应当受理,并通知当事人;认为不符合受理条件的,应当书面通知当事人不予受理,并说明理由。

仲裁委员会受理仲裁申请后,应当在仲裁规则规定的期限内将仲裁规则和仲裁员名册送达申请人,并将仲裁申请书副本和仲裁规则、仲裁员名册送达被申请人。被申请人收到仲裁申请书副本后,应当在仲裁规则规定的期限内向仲裁委员会提交答辩书。仲裁委员会收到答辩书后,应当在仲裁规则规定的期限内将答辩书副本送达申请人。被申请人未提交答辩书的,不影响仲裁程序的进行。

2. 组成仲裁庭

(1)仲裁庭的组成

仲裁庭可以由三名仲裁员或者一名仲裁员组成。由三名仲裁员组成的,设首席仲裁员。

当事人约定由三名仲裁员组成仲裁庭的,应当各自选定或者各自委托仲裁委员会主任指定一名仲裁员,第三名仲裁员由当事人共同选定或者共同委托仲裁委员会主任指定。第三名仲裁员是首席仲裁员。当事人约定由一名仲裁员成立仲裁庭的,应当由当事人共同选定或者共同委托仲裁委员会主任指定仲裁员。

当事人没有在仲裁规则规定的期限内约定仲裁庭的组成方式或者选定仲裁员的,由仲裁委员会主任指定。

仲裁庭组成后,仲裁委员会应当将仲裁庭的组成情况书面通知当事人。

(2)回避申请

为了保证经济纠纷案件得到公正的处理,仲裁庭的组成人员如果与案件当事人有利害关系,或者与案件的处理结果有利害关系,应当自行回避,当事人也有权申请相关人员回避。

根据《仲裁法》规定,仲裁员有下列情形之一的,必须回避,当事人也有权提出回避申请:

①是本案当事人或者当事人、代理人的近亲属；
②与本案有利害关系；
③与本案当事人、代理人有其他关系，可能影响公正仲裁的；
④私自会见当事人、代理人，或者接受当事人、代理人的请客送礼的。

当事人提出回避申请，应当说明理由，在首次开庭前提出。回避事由在首次开庭后知道的，可以在最后一次开庭终结前提出。仲裁员是否回避，由仲裁委员会主任决定；仲裁委员会主任担任仲裁员时，由仲裁委员会集体决定。

仲裁员因回避或者其他原因不能履行职责的，应当依法重新选定或指定仲裁员。因回避而重新选定或指定仲裁员后，当事人可以请求已进行的仲裁程序重新进行，是否准许，由仲裁庭决定。仲裁庭也可以自行决定已进行的仲裁程序是否重新进行。

仲裁员有违法情形，情节严重的，应当依法承担法律责任，仲裁委员会应当将其除名。

3. 开庭和裁决

(1) 开庭与否的决定

仲裁应当开庭进行。当事人协议不开庭的，仲裁庭可以根据仲裁申请书、答辩书以及其他材料作出裁决。仲裁不公开进行，但当事人协议公开的，可以公开进行，但涉及国家秘密的除外。

(2) 不到庭或者未经许可中途退庭的处理

申请人经书面通知，无正当理由不到庭或者未经仲裁庭许可中途退庭的，可以视为撤回仲裁申请。被申请人经书面通知，无正当理由不到庭或者未经仲裁庭许可中途退庭的，可以缺席裁决。

(3) 证据的提供

当事人应当对自己的主张提供证据。仲裁庭认为有必要收集的证据，可以自行收集。仲裁庭对专门性问题认为需要鉴定的，可以交由当事人约定的鉴定部门鉴定，也可以由仲裁庭指定的鉴定部门鉴定。根据当事人的请求或者仲裁庭的要求，鉴定部门应当派鉴定人参加开庭。当事人经仲裁庭许可，可以向鉴定人提问。

(4) 开庭中的辩论

当事人在仲裁过程中有权进行辩论。辩论终结时，首席仲裁员或者独任仲裁员应当征询当事人的最后意见。

(5) 当事人自行和解

当事人申请仲裁后，可以自行和解。达成和解协议的，可以请求仲裁庭根据和解协议作出裁决书，也可以撤回仲裁申请。当事人达成和解协议，撤回仲裁申请后反悔的，可以根据仲裁协议申请仲裁。

(6) 仲裁庭主持下的调解

仲裁庭在作出裁决前，可以先行调解。调解达成协议的，仲裁庭应当制作调解书或者根据协议的结果制作裁决书。调解书与裁决书具有同等法律效力。调解书经双方当事人签收后,即发生法律效力。在调解书签收前当事人反悔的,仲裁庭应当及时作出裁决。

(7)仲裁裁决的作出

裁决应当按照多数仲裁员的意见作出,少数仲裁员的不同意见可以记入笔录。仲裁庭不能形成多数意见时,裁决应当按照首席仲裁员的意见作出。裁决书自作出之日起发生法律效力。

裁决书应当写明仲裁请求、争议事实、裁决理由、裁决结果、仲裁费用的负担和裁决日期。当事人协议不愿写明争议事实和裁决理由的,可以不写。裁决书由仲裁员签名,加盖仲裁委员会印章。对裁决持不同意见的仲裁员,可以签名,也可以不签名。

仲裁庭仲裁纠纷时,其中一部分事实已经清楚,可以就该部分先行裁决。对裁决书中的文字、计算错误或者仲裁庭已经裁决但在裁决书中遗漏的事项,仲裁庭应当补正;当事人自收到裁决书之日起三十日内,可以请求仲裁庭补正。

4. 执行

当事人一旦选择了仲裁解决争议,仲裁委员会所作出的裁决对双方都有约束力,双方都要认真履行,否则,权利人可以向法院申请强制执行。当事人应当履行裁决。一方当事人不履行的,另一方当事人可以依照民事诉讼法的有关规定向人民法院申请执行。受申请的人民法院应当执行。

2.4.5 法院对仲裁的协助和监督

根据《民事诉讼法》和《仲裁法》的规定,我国在仲裁和诉讼的关系方面采用"或裁或审"制度。在这种制度下,法院对仲裁活动不予干涉,但是仲裁活动需要法院的协助和监督,以保证仲裁活动得以顺利、合法地进行,从而保障当事人的合法权益。

1. 法院对仲裁活动的协助

法院对仲裁活动的协助,主要表现在财产保全、证据保全和强制执行仲裁裁决等方面。

(1)财产保全

财产保全,是指为了保证仲裁裁决能够得到实际执行,以免利害关系人的合法利益受到难以弥补的损失,在法定条件下所采取的限制另一方当事人、利害关系人处分财产的保障措施。财产保全措施包括查封、扣押、冻结以及法律规定的其他方法。

(2)证据保全

证据保全,是指在证据可能毁损、灭失或者以后难以取得的情况下,为保存其证明作用而采取一定的措施加以确定和保护的制度。证据保全是保证当事人承担举证责任的补救方法,在一定意义上也是当事人取得证据的一种手段。证据保全的目的就是保障仲裁的顺利进行,确保仲裁庭作出正确的裁决。

(3)强制执行仲裁裁决

我国《仲裁法》规定,裁定书自作出之日起发生法律效力。除非人民法院依照法定程序和条件裁定撤销或者不予执行仲裁裁决,当事人应当自觉履行裁决。由于仲裁机构没有强制执行仲裁裁决的权力,因此,为了保障仲裁裁决的实施,防止负有履行裁决义务的当事人逃避或者拒绝仲裁裁决确定的义务,我国《仲裁法》规定,一方当事人不履行仲裁裁决的,另一方当事人可以依照《民事诉讼法》的有关规定向人民法院申请执行,受申请的人民法院应当执行。

2. 法院对仲裁活动的监督

我国《仲裁法》不允许当事人在仲裁裁决作出后再向人民法院提起诉讼。但是,为了提高仲裁员的责任心,保证仲裁裁决的合法性、公正性,保护各方当事人的合法权益,《仲裁法》同时规定了人民法院对仲裁活动予以司法监督的制度。我国《仲裁法》有关司法监督的规定表明,对仲裁进行司法监督的范围是有限的,而且是事后的。如果当事人对仲裁裁决没有异议,不主动申请司法监督,法院对仲裁裁决采取不予干涉的做法。司法监督的实现方式主要是允许当事人向法院申请撤销仲裁裁决和不予执行仲裁裁决。

(1)撤销仲裁裁决

当事人提出证据证明裁决有下列情形之一的,可以在收到仲裁裁决书之日起6个月内向仲裁委员会所在地中级人民法院申请撤销仲裁裁决:

①没有仲裁协议的;
②裁决的事项不属于仲裁协议的范围或者仲裁委员会无权仲裁的;
③仲裁庭的组成或者仲裁的程序违反法定程序的;
④仲裁所依据的证据是伪造的;
⑤对方当事人隐瞒了足以影响公正裁决的证据的;
⑥仲裁员在仲裁该案时有索贿受贿、徇私舞弊、枉法裁决行为的。

(2)不予执行仲裁裁决

在仲裁裁决执行过程中,如果被申请人提出证据证明仲裁裁决有下列情形之一的,经人民法院组成合议庭审查核实,裁定不予执行该仲裁裁决:

①当事人在合同中没有订有仲裁条款或者事后没有达成书面仲裁协议的;
②裁决的事项不属于仲裁协议的范围或者仲裁机构无权仲裁的;
③仲裁庭的组成或者仲裁的程序违反法定程序的;
④认定事实的主要证据不足的;
⑤适用法律确有错误的;
⑥仲裁员在仲裁该案时有贪污受贿、徇私舞弊、枉法裁决行为的;
⑦人民法院认定执行该裁决违背社会公共利益的,裁定不予执行。

裁定书应当送达双方当事人和仲裁机构。

人民法院裁定不予执行仲裁裁决的,当事人可以根据双方达成的书面仲裁协议重新申请仲裁,也可以向人民法院起诉。

一方当事人申请执行裁决,另一方当事人申请撤销裁决的,人民法院应当裁定中止执行。人民法院裁定撤销裁决的,应当裁定终结执行。撤销裁决的申请被人民法院裁定驳回的,人民法院应当裁定恢复执行原仲裁委员会的裁决。

2.5 法律责任的承担方式

2.5.1 法律责任概述

1. 法律责任的概念

法律责任,是指行为人对其违法行为所承担的法律后果。法律责任是法律规范的重要组成部分。按照违法的内容不同,法律责任分为民事法律责任、刑事法律责任和行政法律责任。

2. 法律责任的构成要件

通常,有违法行为就要承担法律责任,受到法律制裁。但是,并不是每一个违法行为都要引起法律责任,只有符合一定条件的违法行为才能引起法律责任。这种能够引起法律责任的各种条件的总和称为法律责任的构成要件。法律责任的构成要件有两种:一种是一般构成要件,即只要具备了这些条件就可以引起法律责任,法律无需明确规定这些条件;另一种是特殊要件,即只有具备法律规定的要件时,才能构成法律责任。特殊要件必须在法律中明确规定。

1)法律责任的一般构成要件

法律责任的一般构成要件包括以下四个条件,它们之间互为联系、互为作用,缺一不可。

(1)有损害事实发生

损害事实,就是违法行为对法律所保护的社会关系和社会秩序造成的侵害。这种损害事实首先具有客观性,即已经存在;没有存在损害事实,则不构成法律责任。其次,损害事实不同于损害结果。损害结果是违法行为对行为指向的对象所造成的实际损害。由此可见,有些违法行为尽管没有损害结果,但是已经侵犯了一定的社会关系或社会秩序,因而也要承担法律责任,如犯罪的预谋、未遂、中止等。

(2)存在违法或违约行为

法律规范中规定法律责任的目的就在于让国家的政治生活和社会生活符合统治阶级的意志,以国家强制力来树立法律的威严,制裁违法行为,减少犯罪的发生。如果没有违法行为,就无需承担法律责任,而且合法的行为还要受到法律的保护。行为没有违法或违约,尽管造成了一定的损害结果,也不承担法律责任。如正当防卫、紧急避险和执行公务的行为,就不应承担法律责任。

(3) 违法行为与损害事实之间有因果关系

违法行为与损害事实之间的因果关系,是违法行为与损害事实之间存在着客观的、必然的因果关系。就是说,一定损害事实是该违法行为所引起的必然结果,该违法行为正是引起损害事实的原因。

(4) 违法者主观上有过错

所谓过错,是指行为人对其行为及由此引起的损害事实所抱的主观态度,包括故意和过失。如果行为人在主观上既没有故意也没有过失,则行为人对损害结果不必承担法律责任。如企业在施工中遇到严重的暴风雨,造成停工,从而延误了工期,在这种情况下,停工行为和延误工期造成损失的结果并非出自施工者的故意和过失,而属于不可抗力,因而不应承担法律责任。

2) 法律责任的特殊构成要件

特殊构成要件,是指由法律特殊规定的法律责任的构成要件,它们不是有机地结合在一起的,而是分别同一般要件构成法律责任。它主要包括特殊主体、特殊结果、无过错责任以及转承责任。

(1) 特殊主体

在一般构成要件中对违法者即承担责任的主体没有特殊规定,只要具备了相应的行为能力即可成为责任主体。而特殊主体则不同,它是指法律规定违法者必须具备一定的身份和职务时才能承担法律责任。此类违法主要指刑事责任中的职务犯罪,如贪污、受贿等,以及行政责任中的职务违法,如徇私舞弊、以权谋私等。当违法者不具备这一条件时,则不承担这类责任。

(2) 特殊结果

在一般构成要件中,只要有损害的事实发生就要承担相应的法律责任,而在特殊结果中则要求后果严重、损失重大,否则不能构成法律责任。如质量监督人员对工程的质量监督工作粗心大意、不负责任,致使应当发现的隐患没有发现,造成严重的质量事故,那么他就要承担玩忽职守的法律责任。

(3) 无过错责任

一般构成要件都要求违法者主观上必须有过错,但许多民事责任的构成要件则不要求行为者主观上是否有过错,只要有损害事实的发生,那么,受益人就要承担一定的法律责任。这种责任主要反映了法律责任的补偿性,而不具有法律制裁意义。

(4) 转承责任

一般构成要件都是要求实施违法行为者承担法律责任,但在民法和行政法中,有些法律责任则要求与违法者有一定关系的第三人来承担。如未成年人将他人打伤的侵权赔偿责任,应由未成年人的监护人来承担。

2.5.2 民事责任

1. 概念及特点

1) 民事责任的概念及特征

民事责任即民事法律责任,是指民事主体对自己在民事活动中违反民事法律规范的行为所引起的法律后果应当承担的法律责任。民事责任主要包括违约责任、侵权责任、不履行法定义务的民事责任。

民事责任是法律责任中的一种,与行政责任、刑事责任一样,具有国家法律所赋予的强制性和约束力。但民事责任除具有法律责任的一般特征外,还有以下特点:

①民事责任是违反民事法律规范而应承担的法律责任,以民事义务的存在为前提;

②民事责任是违反或违约的行为人对受害人承担的一种法律责任;

③民事责任主要是经济的或财产的责任;

④民事责任的程度和范围与其行为所造成的损失或损害相适应。

2) 承担民事责任的原则

(1) 过错原则

没有过错就不承担责任,谁有过错谁就承担责任;双方都有过错,则按照过错大小各自承担相应的民事责任;如果是当事人以外的第三人的过错,则应该由第三人承担民事责任。

(2) 无过错原则

法律特别规定,造成他人损害虽然无过错,也应承担民事责任,但必须是法律规定的特定范围。

(3) 公平责任原则

造成他人损害,当事人双方都无过错,他人的损害由当事人双方来分担的原则。这种情况往往在行为人均无过错,而又不属于适用无过错原则的范围,在解决损害问题时就适用公平责任原则。

3) 承担民事责任的方式

承担民事责任的方式主要有:停止侵害;排除妨碍;消除危险;返还财产;恢复原状;修理、重做、更换;继续履行;赔偿损失;支付违约金;消除影响、恢复名誉;赔礼道歉等。以上承担民事责任的方式,可以单独适用,也可以合并适用。

2. 违约责任

1) 违约责任的概念

违约责任,即违反合同的责任,是指当事人一方不履行合同义务或者履行合同义务不符合约定的,除依法可以免除责任的外,应当承担违反合同的责任。当事人都违反合同的,应当各自承担相应的责任。

2)违约责任的归责原则

违约责任的归责原则有两项:过错责任原则和严格责任原则。

违约责任,除另有规定者外,总体上实行严格责任原则。合同当事人,在履行合同中不论其主观上是否有过错,只要造成违约的事实,均应承担违约法律责任,只有在发生不可抗力的情况下才能免责。

《民法典》规定了严格责任原则,但并不排斥过错责任原则。违约责任以严格责任为主,过错责任为辅。比如,《民法典》规定,在运输过程中旅客随身携带物品毁损、灭失,承运人有过错的,应当承担赔偿责任。这就意味着,若承运人没有过错,则不需承担赔偿责任。

3)承担违约责任的方式

《民法典》第577条规定:"当事人一方不履行合同义务或者履行合同义务不符合约定的,应当承担继续履行、采取补救措施或者赔偿损失等违约责任。"

虽然《民法典》将承担违约责任的方式确定为这三种方式,但实际上,定金也应列入承担违约责任的方式。

(1)继续履行

当事人一方未支付价款、报酬、租金、利息,或者不履行其他金钱债务的,对方可以请求其支付。

当事人一方不履行非金钱债务或者履行非金钱债务不符合约定的,对方可以请求履行,但是有下列情形之一的除外:

①法律上或者事实上不能履行;

②债务的标的不适于强制履行或者履行费用过高;

③债权人在合理期限内未请求履行。

有前款规定的除外情形之一,致使不能实现合同目的的,人民法院或者仲裁机构可以根据当事人的请求终止合同权利义务关系,但是不影响违约责任的承担。

当事人一方不履行债务或者履行债务不符合约定,根据债务的性质不得强制履行的,对方可以请求其负担由第三人替代履行的费用。

(2)采取补救措施

履行不符合约定的,应当按照当事人的约定承担违约责任。对违约责任没有约定或者约定不明确,依据《民法典》第510条的规定仍不能确定的,受损害方根据标的的性质以及损失的大小,可以合理选择请求对方承担修理、重作、更换、退货、减少价款或者报酬等违约责任。

(3)赔偿损失

当事人一方不履行合同义务或者履行合同义务不符合约定的,在履行义务或者采取补救措施后,对方还有其他损失的,应当赔偿损失。

当事人一方不履行合同义务或者履行合同义务不符合约定,造成对方损失的,损失赔偿额应当相当于因违约所造成的损失,包括合同履行后可以获得的利益;但是,不得超过违约一方订立合同时预见到或者应当预见到的因违约可能造成的损失。

当事人可以约定一方违约时应当根据违约情况向对方支付一定数额的违约金,也可以约定因违约产生的损失赔偿额的计算方法。约定的违约金低于造成的损失的,人民法院或者仲裁机构可以根据当事人的请求予以增加;约定的违约金过分高于造成的损失的,人民法院或者仲裁机构可以根据当事人的请求予以适当减少。

当事人就迟延履行约定违约金的,违约方支付违约金后,还应当履行债务。

(4)定金

当事人可以约定一方向对方给付定金作为债权的担保。定金合同自实际交付定金时成立。定金的数额由当事人约定;但是,不得超过主合同标的额的百分之二十,超过部分不产生定金的效力。实际交付的定金数额多于或者少于约定数额的,视为变更约定的定金数额。

债务人履行债务的,定金应当抵作价款或者收回。给付定金的一方不履行债务或者履行债务不符合约定,致使不能实现合同目的的,无权请求返还定金;收受定金的一方不履行债务或者履行债务不符合约定,致使不能实现合同目的的,应当双倍返还定金。

当事人既约定违约金,又约定定金的,一方违约时,对方可以选择适用违约金或者定金条款。定金不足以弥补一方违约造成的损失的,对方可以请求赔偿超过定金数额的损失。

4)违约责任的免除

(1)不可抗力

《民法典》规定:"不可抗力是不能预见、不能避免且不能克服的客观情况。"

不可抗力的事件范围一般包括以下两大类:一类是自然事件,如水灾、火灾、地震、瘟疫等;另一类是社会事件,如战争、动乱等。但是,《民法典》并没有规定上述事件就一定是不可抗力,所以,上述事件是否能确定为不可抗力还要根据能否预见、能否避免以及能否克服这三方面具体分析。

(2)不可抗力与免责

当事人一方因不可抗力不能履行合同的,根据不可抗力的影响,部分或者全部免除责任,但是法律另有规定的除外。因不可抗力不能履行合同的,应当及时通知对方,以减轻可能给对方造成的损失,并应当在合理期限内提供证明。当事人迟延履行后发生不可抗力的,不免除其违约责任。

3. 侵权责任

1)侵权责任的概念及特征

侵权责任,是指行为人侵犯国家、集体和公民的财产权利以及侵犯法人名称权和自然人的人身权时所产生的民事责任。

其法律特征如下:侵权行为是一种由侵权人实施的单方事实行为;侵权行为是一种违法行为;侵权行为是侵害公民、法人和国家的民事权利的行为,侵害的对象为所有权和与所有权有关的财产权、知识产权和人身权。

2)侵权责任的种类

侵权责任可分为一般侵权责任和特殊侵权责任。

一般侵权责任,是指行为人对侵权责任一般构成要件的侵权行为应当承担的民事责任。依据侵权行为侵害的对象不同,可以分为侵害财产所有权的民事责任、侵害知识产权的民事责任、侵害公民人身权的民事责任。

特殊侵权责任,是指在特殊情况下,即使行为不具备侵权责任的全部构成要件,法律规定行为人仍需承担由此而产生的损害后果的一种民事责任。

2.5.3 行政责任

1. 行政责任概念及特征

1)行政责任的概念

行政责任,是指行政主体及其工作人员因违反行政法律规范而依法必须承担的法律责任。它是行政违法及部分行政不当所引起的否定性法律后果。有权追究行政责任的机关有国家权力机关、国家行政机关和人民法院。

2)行政责任的特征

行政责任是一种独立的法律责任。它不同于政治责任、道义责任,也不同于违宪责任、民事责任或刑事责任,具有以下特点。

(1)行政责任是行政主体的责任

行政责任不是行政相对人或其他行政行为主体的责任。行政主体所享有的是行政职权,承担的是行政职责;而行政管理相对人的权利和义务则是一般性的,不是行政权性质的,行政相对人也不是行政责任的主体。

(2)行政责任是行政主体的行政违法或行政不当所引起的法律后果

行政违法和行政不当是行政责任得以形成的前提和根据。行政责任制度的直接目的便是纠正行政违法和行政不当,并补救由此而给行政管理相对人造成的损害以及督促行政主体及其工作人员依法行政。

行政违法是指行政主体所实施的、违反行政法律规范、侵害受法律保护的行政关系又未构成犯罪的有过错的行为。行政违法可以包括行政失职、行政越权、行政滥用职权、事实依据错误、适用法律法规错误、程序违法和行政侵权等。行政不当是指行政主体及其工作人员作出的虽然合法但却不合理的行为。行政不当并不总是引起行政责任,只是某些行政不当才会产生行政责任。

2. 行政责任的承担方式

(1)行政主体承担行政责任的方式

行政主体承担行政责任的方式有:通报批评;赔礼道歉,承认错误;恢复名誉,消除影响;返还权益,恢复原状;停止违法行政行为;撤销违法决定,撤销违法的抽象行政行为;履行职务,纠正行政不当等。

(2)行政主体工作人员承担行政责任的方式

行政主体工作人员承担行政责任的方式主要有：通报批评、赔礼道歉、承认错误、停止违法行为、赔偿损失、行政处分等。

3. 行政处罚和行政处分

(1)行政处罚

行政处罚，即由国家行政机关或授权的企事业单位、社会团体，对公民和法人违反行政管理法律、法规的行为所实施的制裁，主要包括如下各项：

①警告、通报批评；
②罚款、没收违法所得、没收非法财物；
③暂扣许可证件、降低资质等级、吊销许可证件；
④限制开展生产经营活动、责令停产停业、责令关闭、限制从业；
⑤行政拘留；
⑥法律、行政法规规定的其他行政处罚。

(2)行政处分

行政处分，即由国家行政机关对有违纪违法行为的国家机关公务人员的一种惩罚措施，包括警告、记过、记大过、降级、撤职、开除。

2.5.4 刑事责任

1. 概念及特征

(1)概念

刑事责任又称法律责任，是指行为人实施刑事法律禁止的行为所必须承担的刑事法律规定的责任。它是最严厉的一种国家强制方法，从本质上体现国家对犯罪人的惩罚和制裁。

(2)特征

刑事法律责任的特征如下。

①从性质上看，刑事责任具有强制性。刑事责任是法律对犯罪人规定得很严厉的强制方法之一。刑事责任是以国家强制力来保证执行的，刑事责任一经生效，就必须予以执行，是按照法律的规定，犯罪人对自己的犯罪行为应向国家承担的责任。

②从本质上看，刑事责任是在罪犯和国家之间形成的一定社会关系的总和，是刑事法律关系，它具有权利和义务的双向性。即在刑事法律关系中，刑事责任所体现的是国家对犯罪及其犯罪人予以惩罚和制裁的权利，犯罪人对其犯罪行为必须承担法律后果的义务。国家的权利与犯罪人的义务是相对的，国家享有惩罚犯罪人的权利而不是承担义务，犯罪人对国家承担义务而不是享有权利。

③从形式上看，刑事法律责任具有法定性和实体性。犯罪人对其犯罪行为必须承担法律责任，如何承担，是由法律来规定的，必须严格依照法律来实施对犯罪人的惩罚。犯罪人必须承担刑事责任，不仅体现在法律条文上，而且必须承担实际责任。

④从目的上看,刑事责任是为了维护国家的统治和社会秩序,保护公民合法的人身权利、财产权利不受非法侵犯。

刑事责任同时具有社会性。刑事责任是国家对犯罪的制裁,也是国家对犯罪行为所作出的评价,以警示他人不要重蹈覆辙,起到了预防他人犯罪的社会效应。

2. 刑事法律责任的形式

(1)刑事强制方法

刑事强制方法是刑罚。我国刑罚体系由主刑和附加刑组成,主刑包括管制、拘役、有期徒刑、无期徒刑、死刑。附加刑包括罚金、剥夺政治权利、没收财产。有些刑事责任可以根据犯罪的具体情况而免除刑事处罚。对免除刑事处罚的罪犯,有关部门可以根据法律的规定使其承担其他种类法律责任,如对贪污犯可以给予开除公职的行政处分等。

(2)刑事诉讼强制方法

刑事诉讼强制方法是实现刑事责任的形式。刑事诉讼的强制措施有拘传、取保候审、监视居住、拘留和逮捕。

(3)刑事执行强制方法

刑事执行强制方法是劳动改造。

3. 建设工程领域的刑事责任

实施犯罪行为是承担刑事责任的前提。工程建设犯罪是违反工程建设法律法规,造成人身健康或生命财产的严重损害,应受刑事处罚的行为。这类行为较之普通犯罪有自己的特点:工程建设领域的犯罪行为一般后果严重,损失巨大;工程建设犯罪的主体多为法人;工程建设犯罪多为过失犯罪;工程建设犯罪多附带有民事责任。

涉及建设工程领域的刑事责任有:重大责任事故罪,重大劳动安全事故罪,工程重大安全事故罪,公司、企业人员受贿罪,向公司、企业人员行贿罪,贪污罪,介绍贿赂罪,单位行贿罪,签订、履行合同失职罪,强迫职工劳动罪,挪用公款罪,重大环境污染事故罪,玩忽职守罪,滥用职权罪,徇私舞弊罪等。

【本章小结】

本章主要围绕《民法典》《民事诉讼法》《仲裁法》等对工程建设法律的基础知识进行介绍。这部分知识的学习可帮助读者了解工程建设法律基础的相关知识,为今后各章节内容的学习奠定了法律基础。

【思考与练习】

2-1 民事法律行为有效需要具备哪些条件?

2-2 什么是表见代理?

2-3 诉讼时效中止与诉讼时效中断有何不同?

2-4　要约与要约邀请有什么不同？
2-5　什么是格式条款？
2-6　什么是抗辩权？
2-7　什么是诉讼管辖？
2-8　合议仲裁庭的仲裁员是怎样产生的？
2-9　定金与违约金有何不同？
2-10　什么是不可抗力？

第3章 建 筑 法

3.1 建筑法概述

建筑法有广义和狭义之分,广义的建筑法包含了所有与工程建设相关的法律、法规、规章。狭义的建筑法仅指《中华人民共和国建筑法》(以下简称《建筑法》)。

《建筑法》于1997年11月1日由中华人民共和国第八届全国人民代表大会常务委员会第二十八次会议通过,自1998年3月1日起施行,后由中华人民共和国第十一届全国人民代表大会常务委员会第十二次会议于2011年4月22日修改,自2011年7月1日起施行,2019年进行了修正。

《建筑法》分为8章,包括85条,分别对建筑许可、建筑工程发包与承包、建筑工程监理、建筑安全生产管理、建筑工程质量管理进行了规定。由于建筑安全生产管理、建筑工程质量管理都已被《建设工程安全生产管理条例》《建设工程质量管理条例》细化,本章不作为重点内容进行介绍,相关内容可以参见本书的相关章节。

《建筑法》第2条规定:"在中华人民共和国境内从事建筑活动,实施对建筑活动的监督管理,应当遵守本法。本法所称建筑活动,是指各类房屋建筑及其附属设施的建造和与其配套的线路、管道、设备的安装活动。"

《建筑法》是之后颁发的一系列与工程建设相关的法规、规章的法律基础。所以,《建筑法》的一些主要规定在这些法规、规章中都有体现。

3.2 建筑许可

3.2.1 施工许可制度的概念

施工许可制度,是指由国家授权有关建设行政主管部门,在建筑工程施工前,依建设单位申请,对该项工程是否符合法定的开工条件进行审查,对符合条件的工程发放施工许可证,允许建设单位开工建设的制度。

我国实行建筑工程施工许可制度,一方面,有利于确保建筑工程在开工前符合法定条件,进而为其开工后顺利实施奠定基础;另一方面,也有利于有关行政主管部门全面掌握建筑工程的基本情况,依法及时有效地实施监督和指导,保证建筑活动依法进行。

3.2.2 建设单位申请领取施工许可证应具备的法定条件

《建筑法》第 7 条规定:"建筑工程开工前,建设单位应当按照国家有关规定向工程所在地县级以上人民政府建设行政主管部门申请领取施工许可证。"

1.《建筑法》规定的条件

①已经办理该建筑工程用地批准手续。

②依法应当办理建设工程规划许可证的,已经取得建设工程规划许可证。

③需要拆迁的,其拆迁进度符合施工要求。

④已经确定建筑施工企业。

⑤有满足施工需要的资金安排、施工图纸及技术资料。

⑥有保证工程质量和安全的具体措施。

建设行政主管部门应当自收到申请之日起七日内,对符合条件的申请颁发施工许可证。

2.《建筑工程施工许可管理办法》规定的条件

《建筑工程施工许可管理办法》第 4 条规定,建设单位申请领取施工许可证,应当具备下列条件,并提交相应的证明文件。

①依法应当办理用地批准手续的,已经办理该建筑工程用地批准手续。

②依当应当办理建设工程规划许可证的,已经取得建设工程规划许可证。

③施工场地已经基本具备施工条件,需要征收房屋的,其进度符合施工要求。

④已经确定施工企业,按照规定应当招标的工程没有招标,应当公开招标的工程没有公开招标,或者肢解发包工程,以及将工程发包给不具备相应资质条件的企业的,所确定的施工企业无效。

⑤有满足施工需要的资金安排、施工图纸及技术资料,建设单位应当提供建设资金已经落实承诺书,施工图设计文件已按规定审查合格。

⑥有保证工程质量和安全的具体措施。施工企业编制的施工组织设计中有根据建筑工程特点制定的相应质量、安全技术措施。建立工程质量安全责任制并落实到人。专业性较强的工程项目编制了专项质量、安全施工组织设计,并按照规定办理了工程质量、安全监督手续。

县级以上地方人民政府住房城乡建设主管部门不得违反法律法规规定,增设办理施工许可证的其他条件。

3.2.3 不需要申请施工许可证的工程类型

并不是所有的工程在开工前都需要办理施工许可证,下列工程不需要办理施工许可证。

1. 国务院建设行政主管部门确定的限额以下的小型工程

根据 2014 年 6 月 25 日住房和城乡建设部发布的《建筑工程施工许可管理办法》

(以下简称《办法》)第 2 条,所谓的限额以下的小型工程指的是:工程投资额在 30 万元以下或者建筑面积在 300 m² 以下的建筑工程。同时,该《办法》也进一步作出了说明,省、自治区、直辖市人民政府建设行政主管部门可以根据当地的实际情况,对限额进行调整,并报国务院住房和城乡建设主管部门备案。

2. 作为文物保护的建筑工程

《建筑法》第 83 条规定:"依法核定作为文物保护的纪念建筑物和古建筑等的修缮,依照文物保护的有关法律规定执行。"

3. 抢险救灾工程

由于此类工程的特殊性,《建筑法》明确规定,此类工程开工前不需要申请施工许可证。

4. 临时性建筑

工程建设中经常会出现临时性建筑,例如工人的宿舍、食堂等。这些临时性建筑由于其生命周期短,《建筑法》也明确规定此类工程不需要申请施工许可证。

5. 军用房屋建筑

由于此类工程涉及军事秘密,不宜过多公开信息,《建筑法》第 84 条明确规定:"军用房屋建筑工程建筑活动的具体管理办法,由国务院、中央军事委员会依据本法制定。"

6. 按照国务院规定的权限和程序批准开工报告的建筑工程

此类工程开工的前提是已有经批准的开工报告,而不是施工许可证,因此,此类工程不需要申请施工许可证。

3.2.4 施工许可证的管理

颁发给建设单位施工许可证意味着认可了建设单位的开工条件。当这些条件面临变化时,颁发施工许可证对开工条件的肯定就有可能与现实背离,因此就要废止施工许可证或者重新对其进行核验。

1. 施工许可证废止的条件

《建筑法》第 9 条规定:"建设单位应当自领取施工许可证之日起三个月内开工。因故不能按期开工的,应当向发证机关申请延期;延期以两次为限,每次不超过三个月。既不开工又不申请延期或者超过延期时限的,施工许可证自行废止。"

2. 重新核验施工许可证的条件

《建筑法》第 10 条规定:"在建的建筑工程因故中止施工的,建设单位应当自中止施工之日起一个月内,向发证机关报告,并按照规定做好建筑工程的维护管理工作。建筑工程恢复施工时,应当向发证机关报告;中止施工满一年的工程恢复施工前,建设单位应当报发证机关核验施工许可证。"

3. 重新办理开工报告的条件

按照国务院规定,办理开工报告的工程是施工许可制度的特殊情况。对于这类工程的管理,《建筑法》第 11 条规定:"按照国务院有关规定批准开工报告的建筑工程,因故不能按期开工或者中止施工的,应当及时向批准机关报告情况。因故不能按期开工超过六个月的,应当重新办理开工报告的批准手续。"

3.3 资质管理

3.3.1 企业资质管理

在我国,对从事建筑活动的建设工程企业——建筑施工企业、勘察单位、设计单位和工程监理单位,实行资质等级许可制度。

《建筑法》第 13 条规定:"从事建筑活动的建筑施工企业、勘察单位、设计单位和工程监理单位,按照其拥有的注册资本、专业技术人员、技术装备和已完成的建筑工程业绩等资质条件,划分为不同的资质等级,经资质审查合格,取得相应等级的资质证书后,方可在其资质等级许可的范围内从事建筑活动。"

1. 建筑业企业资质管理

建筑业企业,是指从事土木工程、建筑工程、线路管道设备安装工程的新建、扩建、改建等施工活动的企业。

建筑业企业资质分为施工总承包资质、专业承包资质、施工劳务资质三个序列。施工总承包资质、专业承包资质按照工程性质和技术特点分别划分为若干资质类别,各资质类别按照规定的条件划分为若干资质等级。施工劳务资质不分类别与等级。

(1)施工总承包企业可以承揽的业务范围

施工总承包工程应由取得相应施工总承包资质的企业承担,取得施工总承包资质的企业可以对所承接的施工总承包工程内各专业工程全部自行施工,也可以将专业工程依法进行分包。对设有资质的专业工程进行分包时,应分包给具有相应专业资质的企业。施工总承包企业将劳务作业分包时,应分包给具有施工劳务资质的企业。

取得施工总承包资质的企业,可以从事资质证书许可范围内的相应工程总承包、工程项目管理等业务。

(2)专业承包企业可以承揽的业务范围

设有专业承包资质的专业工程单独发包时,应由取得相应专业承包资质的企业承担。取得专业承包资质的企业可以承接具有施工总承包资质的企业依法分包的专业工程或建设单位依法发包的专业工程。取得专业承包资质的企业应对所承接的专业工程全部自行组织施工,劳务作业可以分包,但应分包给具有施工劳务资质的企业。

(3) 施工劳务企业可以承揽工程的业务范围

取得施工劳务资质的企业可以承接具有施工总承包资质或专业承包资质的企业分包的劳务作业。

2. 建设工程勘察设计单位资质管理（此处略，参见第 108 页 5.2.1）

3. 工程监理单位资质管理

工程监理企业资质分为综合资质、专业资质和事务所三个序列。综合资质只设甲级。专业资质原则上分为甲、乙、丙三个级别，并按照工程性质和技术特点划分为 14 个专业工程类别，除房屋建筑、水利水电、公路和市政公用四个专业工程类别设丙级资质外，其他专业工程类别不设丙级资质。事务所不分资质等级。

取得综合资质的监理企业可以承担所有专业工程类别建设工程项目的工程监理业务，以及建设工程的项目管理、技术咨询等相关服务。

取得专业甲级资质的监理企业可承担相应专业工程类别建设工程项目的工程监理业务，以及相应类别建设工程的项目管理、技术咨询等相关服务。取得专业乙级资质的监理企业可承担相应专业工程类别二级（含二级）以下建设工程项目的工程监理业务，以及相应类别和级别建设工程的项目管理、技术咨询等相关服务。取得专业丙级资质的管理企业可承担相应的专业工程类别三级建设工程项目的工程监理业务，以及相应类别和级别建设工程的项目管理、技术咨询等相关服务。

取得事务所资质的监理企业可承担三级建设工程项目的工程监理业务，以及相应类别和级别建设工程项目管理、技术咨询等相关服务。但是，国家规定必须实行强制监理的建设工程监理业务除外。

3.3.2 建筑业专业人员资质管理

《建筑法》第 14 条规定："从事建筑活动的专业技术人员，应当依法取得相应的执业资格证书，并在执业资格证书许可的范围内从事建筑活动。"

1. 建筑业专业人员执业资格制度的含义

建筑业专业人员执业资格制度指的是我国的建筑业专业人员在各自的专业范围内参加全国或行业组织的统一考试，获得相应的执业资格证书，经注册后在资格许可范围内执业的制度。建筑业专业人员执业资格制度是我国强化市场准入制度、提高项目管理水平的重要举措。

2. 目前我国主要的建筑业专业技术人员执业资格种类

我国目前有多种建筑业专业技术人员执业资格，其中主要有以下执业资格：

① 注册建筑师；
② 注册结构工程师；
③ 注册造价工程师；
④ 注册土木（岩土）工程师；
⑤ 注册房地产估价师；

⑥注册监理工程师;
⑦注册建造师。

3. 建筑业专业技术人员执业资格的共同点

这些不同岗位的执业资格存在许多共同点,这些共同点正是我国建筑业专业技术人员执业资格的核心内容。

(1)均需要参加统一考试

跨行业、跨区域执业的,就要参加全国统一考试;只在本行业内部执业的,要参加本行业统一考试;只在本区域内部执业的,要参加本区域统一考试。

(2)均需要注册

只有经过注册后才能成为注册执业人员。没有注册的,即使通过了统一考试,也不能执业。

每个不同的执业资格的注册办法均由相应的法规或者规章所规定。

(3)均有各自的执业范围

每个执业资格证书都限定了一定的执业范围,其范围也均由相应的法规或者规章所界定。注册执业人员不得超越范围执业。

(4)均须接受继续教育

由于知识在不断更新,每一位注册执业人员都必须要及时更新知识,因此都必须要接受继续教育。接受继续教育的频率和形式由相应的法规或者规章所规定。

上面这些相同点是宏观范围上的相同点,它们还有许多微观范围的相同点,例如,不得同时应聘于两家单位等。这些具体的相同点在相应的法规或者办法中都有详细的规定。

3.4 建设工程发包与承包

3.4.1 发包

1. 建设工程发包方式

建设工程的发包方式主要有两种:招标发包和直接发包。《建筑法》第19条规定:"建筑工程依法实行招标发包,对不适用于招标发包的可以直接发包。"

建设工程的招标发包,主要适用《招标投标法》及其有关规定。《招标投标法》第3条规定了必须进行招标的工程建设项目范围。在该范围内并且达到国家规定的规模标准的工程建设项目的勘察、设计、施工、监理、重要设备和材料的采购都必须依法进行招标。有关建设工程招标投标的具体规定,详见第4章。

对于不适于招标发包可以直接发包的建设工程,发包单位虽然可以不进行招标而直接发包,但应当将建设工程发包给具有相应资质条件的承包单位。《建筑法》第22条规定:"建筑工程实行直接发包的,发包单位应当将建筑工程发包给具有相应资质条件的承包单位。"

2. 提倡实行工程总承包

《建筑法》第 24 条第 1 款规定:"提倡对建筑工程实行总承包。"建设工程的总承包方式按承包的内容不同,分为工程总承包和施工(或勘察、设计)总承包。其中,施工总承包是我国常见且较为传统的工程承包方式,其主要特征是设计、施工分别由两家不同的承包单位承担;而工程总承包,则是指"从事工程总承包的企业受业主委托,按照合同约定对工程项目的勘察、设计、采购、施工、试运行(竣工验收)等实行全过程或若干阶段的承包"。《建筑法》第 24 条第 2 款规定:"建筑工程的发包单位可以将建筑工程的勘察、设计、施工、设备采购一并发包给一个工程总承包单位,也可以将建筑工程勘察、设计、施工、设备采购的一项或者多项发包给一个工程总承包单位。"

工程总承包的具体方式、工作内容和责任等,由发包单位(业主)与工程总承包企业在合同中约定。我国目前提倡的工程总承包主要有如下方式。

(1)设计-采购-施工(E-P-C)/交钥匙总承包

设计-采购-施工总承包是指工程总承包企业按照合同约定,承担工程项目的设计、采购、施工、试运行服务等工作,并对承包工程的质量、安全、工期、造价全面负责。

交钥匙总承包是设计-采购-施工总承包业务和责任的延伸,最终是向业主提交一个满足使用功能、具有使用条件的工程项目。

(2)设计-施工总承包(D-B)

设计-施工总承包是指工程总承包企业按照合同约定,承担工程项目设计和施工,并对承包工程的质量、安全、工期、造价全面负责。

(3)根据工程项目的不同规模、类型和业主要求,工程总承包还可采用设计-采购总承包(E-P)、采购-施工总承包(P-C)等方式。

3. 禁止将建设工程肢解发包和违约采购

1)禁止发包单位将建设工程肢解发包

肢解发包指的是建设单位将应当由一个承包单位完成的建设工程分解成若干部分发包给不同的承包单位的行为。

肢解发包的弊端有以下几点。

(1)肢解发包可能导致发包人变相规避招标

发包人可能会将大的工程项目肢解成若干小的工程项目,使得每一个小的工程项目都不满足关于招标规模和标准的规定,从而达到了变相规避招标的效果。

(2)肢解发包会不利于投资和进度目标的控制

肢解发包意味着本来应该由一家承包商完成的项目,现在由两家或者两家以上的承包商来完成。这就会使得一些岗位出现重复设置的人员,也不利于各工序的协调,难以形成流水作业。这些弊端造成的结果就是不利于投资和进度目标的控制。

(3) 肢解发包也会增加发包的成本

肢解发包必然会使得发包的次数增加,这就必然会导致发包的费用增加。

(4) 肢解发包增加了发包人管理的成本

肢解发包会导致合同数增加,必然会导致发包人在管理上的难度增加,进一步导致发包人在合同管理上的成本增加。

由于肢解发包存在上述弊端,所以,《建筑法》第 24 条规定,"禁止将建筑工程肢解发包","不得将应当由一个承包单位完成的建筑工程肢解成若干部分发包给几个承包单位"。

但是,不允许肢解发包并不意味着每个工程只能发包给一家承包商,只要不违背肢解发包的本质,是可以将一个项目发包给几个承包商的。这种发包的模式在项目管理上称为平行承发包模式。

2) 禁止违约采购

(1) 小规模材料设备的采购

工程建设项目不符合《必须招标的工程项目规定》规定的范围和标准的小规模的建筑材料、建筑构配件和设备的采购主要有三种形式:

① 由建设单位负责采购;

② 由承包商负责采购;

③ 由双方约定的供应商供应。

采用上面的何种采购形式,应由当事人自由约定。如果双方约定建筑材料、建筑构配件和设备是由承包商采购的,则建设单位就不得非法干预其采购过程,更不可以直接为承包商制定生产厂、供应商。

《建筑法》第 25 条规定:"按照合同约定,建筑材料、建筑构配件和设备由工程承包单位采购的,发包单位不得指定承包单位购入用于工程的建筑材料、建筑构配件和设备或者指定生产厂、供应商。"

(2) 大规模材料设备的采购

工程建设项目符合《必须招标的工程项目规定》规定的范围和标准的,必须通过招标选择货物供应单位。

《工程建设项目货物招标投标办法》第 5 条规定:"工程建设项目货物招标投标活动,依法由招标人负责。工程建设项目招标人对项目实行总承包招标时,未包括在总承包范围内的货物达到国家规定规模标准的,应当由工程建设项目招标人依法组织招标。工程建设项目招标人对项目实行总承包招标时,以暂估价形式包括在总承包范围内的货物达到国家规定规模标准的,应当由总承包中标人和工程建设项目招标人共同依法组织招标。双方当事人的风险和责任承担由合同约定。"

3.4.2 承包

1. 工程承包单位的资质等级许可制度

我国对工程承包单位(包括勘察、设计、施工单位)实行资质等级许可制度。不同的资质等级意味着其业务能力的不同,因此,《建筑法》第 26 条第 1 款规定:"承包建筑工程的单位应当持有依法取得的资质证书,并在其资质等级许可的业务范围内承揽工程。"

为了规范建筑施工企业的市场行为,严格建筑施工企业的市场准入,《建筑法》第 26 条第 2 款对违反资质许可制度的行为作出如下规定:

①禁止建筑施工企业超越本企业资质等级许可的业务范围承揽工程;

②禁止以任何形式用其他建筑施工企业的名义承揽工程;

③禁止建筑施工企业以任何形式允许其他单位或者个人使用本企业的资质证书、营业执照,以本企业的名义承揽工程。

外资建筑业企业只允许在其资质等级许可的范围内承包下列工程:

①全部由外国投资、外国赠款、外国投资及赠款建设的工程;

②由国际金融机构资助并通过根据贷款条款进行的国际招标授予的建设项目;

③外资等于或者超过 50%的中外联合建设项目,外资少于 50%,但因技术困难而不能由中国建筑企业独立实施,经省、自治区、直辖市人民政府建设行政主管部门批准的中外联合建设项目;

④由中国投资,但因技术困难而不能由中国建筑企业独立实施的建设项目,经省、自治区、直辖市人民政府建设行政主管部门批准,可以由中外建筑企业联合承揽。

中外合资经营建筑业企业、中外合作经营建筑业企业应当在其资质等级许可的范围内承包工程。

2. 联合承包

有一些工程项目并不是一家承包商就能够完成的,这就需要两家或者两家以上的承包商合作完成,其主要的模式就是组成联合体共同承包。

《建筑法》第 27 条规定:"大型建筑工程或者结构复杂的建筑工程,可以由两个以上的承包单位联合共同承包。共同承包的各方对承包合同的履行承担连带责任。两个以上不同资质等级的单位实行联合共同承包的,应当按照资质等级较低的单位的业务许可范围承揽工程。"

《招标投标法》及其相关规定对"联合体投标"问题作出了更具体规定,详见第 4 章。

3. 禁止转包

转包指的是承包单位承包建设工程后,不履行合同约定的责任和义务,将其承包的全部建设工程转给他人或者将其承包的全部建设工程肢解以后以分包的名义分别转给其他单位承包的行为。

转包与分包的主要区别在于分包是将一部分工程交由其他单位完成,而转包则是将所有工程全部交由其他单位完成。

转包的弊端有如下三点。

(1)导致工程款流失

每一次转包都会有一部分本来计划用于工程的工程款作为管理费被转包人截流,这就会导致可以用于工程的工程款数量减少。其结果自然是导致工程项目的质量目标难以实现。

(2)不可预见的风险增加

建设单位是对总承包商进行了资质审查后才决定将工程项目发包给总承包商的。建设单位对于转包后的实际施工人并不是很了解,这就自然加大了不可预见的风险。

(3)管理的难度增加

分包单位是不可以直接与建设单位建立工作联系的,所以分包的比例越大,建设单位在进行工程管理方面的难度自然也就会越大。

正是由于转包存在这些弊端,所以,《建筑法》第28条规定:"禁止承包单位将其承包的全部建筑工程转包给他人,禁止承包单位将其承包的全部建筑工程肢解以后以分包的名义分别转包给他人。"

3.4.3 分包

分包,是指建筑业企业将其所承包的工程中的专业工程或者劳务作业发包给其他建筑业企业完成的活动。分包必须依法进行。

1. 分包单位不可以超越其资质许可范围去承揽分包工程

《建筑法》第29条规定:"建筑工程总承包单位可以将承包工程中的部分工程发包给具有相应资质条件的分包单位。"对于这个条款,可以从三方面理解。

①允许对总承包单位所承揽的部分工程分包,但是有条件限制。

②只能将部分工程分包,而不能将总承包单位所承揽的全部工程分包。事实上,后文中会谈到即使将主体部位分包也是违法行为,当然就更不允许将全部工程分包了。

③分包单位也要在其资质许可的范围内承揽分包工程,即分包单位不能超越自身的资质去承揽分包工程。

2. 对分包单位的认可

《建筑法》第29条进一步规定:"除总承包合同中约定的分包外,必须经建设单位认可。"

这条规定实际上赋予了建设单位对分包商的否决权,即没有经过建设单位认可的分包商是违法的分包商。尽管《建筑法》将认可的范围局限于"总承包合同中约定的分包单位"以外的分包商,但是,由于总承包合同中的分包单位本身就已经得到了建设单位的认可,所以,实质上需要建设单位认可的分包单位的范围包含了所有的分包单位。

但是,认可分包单位与指定分包单位是不同的。认可是在总承包单位已经做出选择的基础上进行确认,而指定则是首先由建设单位作出选择。在国外,可以存在指定分包商,例如《FIDIC施工合同条件》中就有指定分包商。但是,指定分包商在国内是违法的。《房屋建筑和市政基础设施工程施工分包管理办法》第7条明确规定:"建设单位不得直接指定分包工程承包人。"

3. 禁止违法分包

《建筑法》禁止违法实施分包。《建设工程质量管理条例》将违法分包的情形界定如下:

①总承包单位将建设工程分包给不具备相应资质条件的单位的;

②建设工程总承包合同中未有约定,又未经建设单位认可,承包单位将其承包的部分建设工程交由其他单位完成的;

③施工总承包单位将建设工程主体结构的施工分包给其他单位的;

④分包单位将其承包的建设工程再分包的。

4. 总承包单位与分包单位的连带责任

《建筑法》第29条第2款规定:"建筑工程总承包单位按照总承包合同的约定对建设单位负责;分包单位按照分包合同的约定对总承包单位负责。总承包单位和分包单位就分包工程对建设单位承担连带责任。"

连带责任指的是任何一个负有连带责任的债务人都有义务首先、全部偿还债务,并就超过其应偿还份额的部分向其他债务人追偿的债务承担方式。

连带责任既可以依合同约定产生,也可以依法律规定产生。建设单位虽然和分包单位之间没有合同关系,但是当分包工程发生质量、安全、进度等方面问题给建设单位造成损失时,建设单位既可以根据总承包合同向总承包单位追究违约责任,也可以根据法律规定直接要求分包单位承担损害赔偿责任,分包单位不得拒绝。总承包单位和分包单位之间的责任划分,应当根据双方的合同约定或者各自过错大小确定;一方向建设单位承担的责任超过其应承担份额的,有权向另一方追偿。

5. 总承包单位与分包单位的关系

1)平等的合同当事人之间的关系

总承包单位与分包单位是分包合同的双方当事人,总承包单位不得超越法律与合同对分包单位的建设活动进行非法干涉。

2)局部的管理与被管理的关系

尽管总承包单位与分包单位在法律地位上是平等的,不存在总承包单位是分包单位的管理单位的关系,但是在以下两方面,分包单位还是要服从总承包单位的管理。

(1) 安全生产管理

《建筑法》第45条规定:"施工现场安全由建筑施工企业负责。实行施工总承包的,由总承包单位负责。分包单位向总承包单位负责,服从总承包单位对施工现场的安全生产管理。"

同时,《建设工程安全生产管理条例》第24条规定:"建设工程实行施工总承包的,由总承包单位对施工现场的安全生产负总责。分包单位应当服从总承包单位的安全生产管理,分包单位不服从管理导致生产安全事故的,由分包单位承担主要责任。"

(2) 质量管理

《建筑法》第55条规定:"建筑工程实行总承包的,工程质量由工程总承包单位负责,总承包单位将建筑工程分包给其他单位的,应当对分包工程的质量与分包单位承担连带责任。分包单位应当接受总承包单位的质量管理。"

3.5 建设工程监理

3.5.1 工程监理制度

建设工程监理,是指具有相应资质条件的工程监理单位依法接受建设单位的委托,依照法律、法规以及有关技术标准、设计文件和建设工程承包合同,对建设工程质量、建设工期和建设资金使用等实施的专业化监督管理。

《建筑法》第30条第1款规定,国家推行建筑工程监理制度。

根据《建筑法》的有关规定,建设单位与其委托的工程监理单位应当订立书面委托合同。工程监理单位应当根据建设单位的委托,客观、公正地执行监理业务。建设单位和工程监理单位之间是一种委托代理关系,适用《民法典》有关代理的法律规定。

实行建设工程监理制度,是我国工程建设领域管理体制改革的重大举措。我国自1988年开始推行建设工程监理制度。经过多年的探索总结,《建筑法》以法律形式正式确立了工程监理制度。国务院《建设工程质量管理条例》《建设工程安全生产管理条例》则进一步规定了工程监理单位的质量责任、安全责任。

《建筑法》第30条第2款规定:"国务院可以规定实行强制监理的建筑工程的范围。"国务院《建设工程质量管理条例》第12条规定了必须实行监理的建设工程范围,《建设工程监理范围和规模标准规定》(2001年1月17日建设部令第86号发布)则对必须实行监理的建设工程作出了更具体的规定。具体参见本书第6章。

3.5.2 工程监理单位资质等级许可制度

我国对工程监理单位实行资质等级许可制度。《建筑法》第31条规定,实行监理的建筑工程,由建设单位委托具有相应资质条件的工程监理单位监理。

《建设工程质量管理条例》第 34 条第 1 款进一步规定:"工程监理单位应当依法取得相应资质等级的证书,并在其资质等级许可的范围内承担工程监理业务。"目前,对有关工程监理企业的资质等级、业务范围等作出统一规定的是《工程监理企业资质管理规定》。

为了规范工程监理单位的市场行为,严格工程监理单位的市场准入,《建设工程质量管理条例》第 34 条第 2 款对违反工程监理单位资质许可制度的行为作出如下禁止性规定:

①禁止工程监理单位超越本单位资质等级许可的范围承担工程监理业务;

②禁止以其他工程监理单位的名义承担工程监理业务;

③禁止工程监理单位允许其他单位或者个人以本单位的名义承担工程监理业务。

3.5.3 工程监理的依据、内容和权限

1. 工程监理的依据

根据《建筑法》《建设工程质量管理条例》《建设工程安全生产管理条例》的有关规定,工程监理的依据包括以下几个方面。

(1)法律、法规

施工单位的建设行为受很多法律、法规的制约,如不可偷工减料等。工程监理在监理过程中首先就要监督检查施工单位是否存在违法行为,因此,法律、法规是工程监理单位的依据之一。

(2)有关的技术标准

技术标准分为强制性标准和推荐性标准。强制性标准是各参建单位都必须执行的标准,而推荐性标准则是可以自主决定是否采用的标准。通常情况下,建设单位若要求采用推荐性标准,应当与设计单位或施工单位在合同中予以明确约定。经合同约定采用的推荐性标准,对合同当事人同样具有法律约束力,设计或施工未达到该标准,将构成违约行为。

(3)设计文件

施工单位的任务是按图施工,也就是按照施工图设计文件进行施工。如果施工单位没有按照图纸的要求去修建工程,就构成违约,而擅自修改图纸则构成违法。因此,设计文件就是监理单位的依据之一。

(4)建设工程承包合同

建设单位和承包单位通过订立建设工程承包合同,明确双方的权利和义务。合同中约定的内容要远远大于设计文件的内容。例如,进度、工程款支付等都不是设计文件所能描述的,而这些内容也是当事人必须履行的义务。工程监理单位有权利也有义务监督检查承包单位是否按照合同约定履行这些义务。因此,建设工程承包

合同也是工程监理的一个依据。

2. 工程监理的内容

工程监理在本质上是项目管理,其监理的内容自然与项目管理的内容是一致的。其内容包括:①进度控制;②质量控制;③成本控制;④安全管理;⑤合同管理;⑥信息管理;⑦沟通协调。

由于监理单位是接受建设单位的委托代表建设单位进行项目管理的,其权限将取决于建设单位的授权。因此,其监理的内容也不尽相同。

因此,《建筑法》第33条规定:"实施建筑工程监理前,建设单位应当将委托的工程监理单位、监理的内容及监理权限,书面通知被监理的建筑施工企业。"

3. 工程监理的权限

《建筑法》第32条第2款、第3款分别规定了工程监理人员的监理权限和义务。

①工程监理人员认为工程施工不符合工程设计要求、施工技术标准和合同约定的,有权要求建筑施工企业改正。

②工程监理人员发现工程设计不符合建筑工程质量标准或者合同约定的质量要求的,应当报告建设单位要求设计单位改正。

《建设工程质量管理条例》第37条第2款规定:"未经监理工程师签字,建筑材料、建筑构配件和设备不得在工程上使用或者安装,施工单位不得进行下一道工序的施工。未经总监理工程师签字,建设单位不拨付工程款,不进行竣工验收。"

3.5.4 禁止工程监理单位实施的违法行为

根据《建筑法》第34条、第35条的规定,工程监理单位还应当遵守如下强制性法律规定。

①工程监理单位与被监理工程的承包单位以及建筑材料、建筑构配件和设备供应单位不得有隶属关系或者其他利害关系。

工程监理单位与被监理单位之间是监理与被监理的关系。工程监理单位应当根据建设单位的委托,客观、公正地执行监理任务。如果工程监理单位与承包单位或供应单位之间有隶属关系或其他利害关系,将很可能影响工程监理单位的客观性和公正性,并最终损害委托方建设单位的利益。鉴于此,《建筑法》第34条第3款作出了相应的禁止性规定。

②工程监理单位不得转让监理业务。

建设单位之所以将监理工作委托给某个工程监理单位,往往是出于对该单位综合能力的信任,而并不仅仅取决于其监理费报价是否较低。因此,和其他委托代理合同一样,建设工程委托监理合同通常是建立在信赖关系的基础上,具有较强的人身性。工程监理单位接受委托后,应当自行完成工程监理工作,不得转让监理业务。

③工程监理单位不按照委托监理合同的约定履行监理义务,对应当监督检查的项目不检查或者不按照规定检查,给建设单位造成损失的,应当承担相应的赔偿

责任。

工程监理单位应当与建设单位签订建设工程委托监理合同,明确双方的权利义务。工程监理单位不按照委托监理合同的约定履行监理义务,首先是对建设单位的违约,因此要承担相应的违约责任;如果给建设单位造成损失,这种违约责任将主要表现为赔偿损失。这与《民法典》的规定也是相吻合的。当然,工程监理单位不按约定或法律规定履行监理义务的行为,除应当对建设单位承担违约责任以外,还有可能依法承担罚款、降低资质等级等行政责任;构成犯罪的,还要承担刑事责任。

④工程监理单位与承包单位串通,为承包单位谋取非法利益,给建设单位造成损失的,应当与承包单位承担连带赔偿责任。

如前所述,工程监理单位与建设单位之间是代理与被代理的关系;而相对于建设工程委托监理合同,承包单位是第三人。《民法典》第164条规定,代理人和相对人恶意串通,损害被代理人合法权益的,代理人和相对人应当承担连带责任。《建筑法》第35条第2款规定的内容与《民法典》第164条规定的内容是一致的。

【本章小结】

本章主要介绍了《建筑法》的有关内容,其中重点介绍了建筑许可、资质管理、建筑工程发包与承包、建筑工程监理的内容。同时也指出了《建筑法》与相关的工程法律之间的关系。

【思考与练习】

3-1 申请建筑工程许可证的条件有哪些?

3-2 未申请施工许可证而擅自开工的法律责任有哪些?

3-3 总承包单位与分包单位就分包工程应承担怎样的责任?

3-4 为何不允许工程监理单位转让工程监理业务?

第4章 招标投标法律制度

4.1 招标投标法律体系

招标投标法律体系包含了以《中华人民共和国招标投标法》(以下简称《招标投标法》)为核心的一系列法律、法规、规章。

1.《招标投标法》

《招标投标法》由中华人民共和国第九届全国人民代表大会常务委员会第十一次会议于 1999 年 8 月 30 日通过,自 2000 年 1 月 1 日起施行,2017 年修订,共分为 5 章、68 条,分别对招标、投标、开标、评标和中标作出了规定。

《招标投标法》第 2 条规定:"在中华人民共和国境内进行招标投标活动,适用本法。"

《招标投标法》规定了招标投标活动的基本原则。《招标投标法》第 5 条规定:"招标投标活动应当遵循公开、公平、公正和诚实信用的原则。"

(1)公开原则

招标投标活动的公开原则,首先要求进行招标活动的信息公开。采用公开招标方式,应当发布招标公告,依法必须进行招标的项目的招标公告,必须通过国家指定的报刊、信息网络或者其他公共媒介发布。无论是招标公告、资格预审公告,还是招标邀请书,都应当载明能大体满足潜在投标人决定是否参加投标竞争所需要的信息。另外,开标的程序、评标的标准和程序、中标的结果等都应当公开。

(2)公平原则

招标投标活动的公平原则,要求招标人严格按照规定的条件和程序办事,平等地对待每一个投标竞争者,不得对不同的投标竞争者采用不同的标准。招标人不得以任何方式限制或者排斥本地区、本系统以外的法人或者其他组织参加投标。

(3)公正原则

在招标投标活动中招标人行为应当公正。招标人对每一个投标人应一视同仁,给予所有投标人平等的机会。特别是在评标时,评标标准应当明确、严格,对所有在投标截止日期以后送到的投标书都应拒收,与投标人有利害关系的人员都不得作为评标委员会的成员。招标人和投标人双方在招标投标活动中的地位平等,任何一方不得向另一方提出不合理的要求,不得将自己的意志强加给对方。

(4)诚实信用原则

诚实信用是民事活动的一项基本原则,它要求招标投标当事人应以诚实、守信的态度行使权利,履行义务,处理自身利益与社会利益的平衡。在当事人之间的利益关系中,诚信原则要求尊重他人利益,在招标投标人与社会的利益关系中,诚信原则要求招标投标各方不得通过自己的活动损害第三人和社会的利益,必须在法律范围内以符合其社会经济目的的方式行使自己的权利。

2.《招标投标法实施条例》

《中华人民共和国招标投标法实施条例》(以下简称《招标投标法实施条例》)于2011年11月30日国务院第183次常务会议通过,自2012年2月1日起施行,于2018年3月19日修订。

《招标投标法实施条例》分为7章,共85条,对《招标投标法》进行了补充,对其他有关招标投标活动的部门规章进行了部分修改。

3.《工程建设项目施工招标投标办法》

为了规范工程建设项目施工招标投标活动,根据《招标投标法》和国务院有关部门的职责分工,国家计委、建设部、铁道部、交通部、信息产业部、水利部、中国民用航空总局审议通过了《工程建设项目施工招标投标办法》,自2003年5月1日起施行,于2013年5月1日修订。

《工程建设项目施工招标投标办法》分为6章、92条,分别对工程施工的招标、投标、开标、评标和定标作出了规定。

《工程建设项目施工招标投标办法》第2条规定:"在中华人民共和国境内进行工程施工招标投标活动,适用本办法。"

4.《工程建设项目货物招标投标办法》

为了规范工程建设项目的货物招标投标活动,保护国家利益、社会公共利益和招标投标活动当事人的合法权益,保证工程质量,提高投资效益,根据《招标投标法》和国务院有关部门的职责分工,国家发改委、建设部、铁道部、交通部、信息产业部、水利部、中国民用航空总局审议通过了《工程建设项目货物招标投标办法》,自2005年3月1日起施行。

《工程建设项目货物招标投标办法》分为6章,共64条,分别对建设项目货物的招标、投标、开标、评标和定标作出了规定。

《工程建设项目货物招标投标办法》第2条规定:"本办法适用于在中华人民共和国境内依法必须进行招标的工程建设项目货物招标投标活动。前款所称货物,是指与工程建设项目有关的重要设备、材料等。"

5.《必须招标的工程项目规定》

经国务院批准,中华人民共和国国家发展和改革委员会发布《必须招标的工程项目规定》,于2018年6月1日起施行。该规定确定了必须进行招标的工程建设项目的具体范围和规模标准。

6.其他的部门规章

这些部门规章都有适用范围,一般在本行业范围内适用。这里主要介绍原建设部颁发的部门规章。

①2003年8月1日起施行的,由国家发展和改革委员会、建设部、铁道部、交通部、信息产业部、水利部、中国民用航空总局、国家广播电影电视总局联合发布《工程建设项目勘察设计招标投标办法》,该《办法》适用于在中华人民共和国境内进行工程建设项目勘察设计招标投标活动。

②2000年10月18日建设部颁布《建筑工程设计招标投标管理办法》,该《办法》适用于符合《工程建设项目招标范围和规模标准规定》的各类房屋建筑工程。

③2001年6月1日建设部颁布《房屋建筑和市政基础设施工程施工招标投标管理办法》,该《办法》适用于在中华人民共和国境内从事房屋建筑和市政基础设施工程施工招标投标活动,实施对房屋建筑和市政基础设施工程施工招标投标活动的监督管理。

除此之外,还有一些相关的部门规章,这里就不作介绍了。

4.2 招标

4.2.1 必须招标的工程范围与标准

招标,是指招标人为有偿获得货物、工程和服务等活动的交易资格,提出招标条件,公开或书面邀请投标人前来投标,从中择优选定中标人的单方行为。招标在建设领域主要应用于工程建设项目,包括项目的勘察、设计、施工、监理以及与工程建设有关的重要设备、材料的采购等方面。

招标人是依法提出招标项目、进行招标的法人或者其他组织。招标人依法负责招标投标活动,任何单位和个人不得以任何方式非法干涉招标投标活动。

1. 必须招标的工程建设项目范围

《招标投标法》第3条规定,在中华人民共和国境内进行下列工程建设项目包括项目的勘察、设计、施工、监理以及与工程建设有关的重要设备、材料等的采购,必须进行招标:

①大型基础设施、公用事业等关系社会公共利益、公众安全的项目;

②全部或者部分使用国有资金投资或者国家融资的项目;

③使用国际组织或者外国政府贷款、援助资金的项目。

2018年3月27日,经国务院批准,中华人民共和国国家发展和改革委员会发布了《必须招标的工程项目规定》,对于这三类必须招标的项目作了细化规定。

全部或者部分使用国有资金投资或者国家融资的项目包括:

①使用预算资金200万元人民币以上,并且该资金占投资额10%以上的项目;

②使用国有企业事业单位资金,并且该资金占控股或者主导地位的项目。

使用国际组织或者外国政府贷款、援助资金的项目包括:

①使用世界银行、亚洲开发银行等国际组织贷款、援助资金的项目;
②使用外国政府及其机构贷款、援助资金的项目。

对于大型基础设施、公用事业等关系社会公共利益、公众安全的项目,若不属于上述两种情形(即全部或者部分使用国有资金投资或者国家融资的项目、使用国际组织或者外国政府贷款、援助资金的项目),必须招标的具体范围由国务院发展改革部门会同国务院有关部门按照确有必要、严格限定的原则制订,报国务院批准。

2. 必须招标项目的规模标准

依据《必须招标的工程项目规定》的规定,上述规定范围内的项目,其勘察、设计、施工、监理以及与工程建设有关的重要设备、材料等的采购达到下列标准之一的,必须招标:

①施工单项合同估算价在 400 万元人民币以上;
②重要设备、材料等货物的采购,单项合同估算价在 200 万元人民币以上;
③勘察、设计、监理等服务的采购,单项合同估算价在 100 万元人民币以上。

同一项目中可以合并进行的勘察、设计、施工、监理以及与工程建设有关的重要设备、材料等的采购,合同估算价合计达到前款规定标准的,必须招标。

3. 必须招标的其他工程项目范围

2018 年 6 月 6 日,国家发展和改革委员会印发了《必须招标的基础设施和公用事业项目范围规定》,其第二条规定:不属于《必须招标的工程项目规定》第二条、第三条规定情形的大型基础设施、公用事业等关系社会公共利益、公众安全的项目,必须招标的具体范围包括:

①煤炭、石油、天然气、电力、新能源等能源基础设施项目;
②铁路、公路、管道、水运,以及公共航空和 A1 级通用机场等交通运输基础设施项目;
③电信枢纽、通信信息网络等通信基础设施项目;
④防洪、灌溉、排涝、引(供)水等水利基础设施项目;
⑤城市轨道交通等城建项目。

4. 可以不进行招标的项目

《招标投标法》第 66 条规定:"涉及国家安全、国家秘密、抢险救灾或者属于利用扶贫资金实行以工代赈、需要使用农民工等特殊情况,不适宜进行招标的项目,按照国家有关规定可以不进行招标。"第 67 条规定:"使用国际组织或者外国政府贷款、援助资金的项目进行招标,贷款方、资金提供方对招标投标的具体条件和程序有不同规定的,可以适用其规定,但违背中华人民共和国的社会公共利益的除外。"

《工程建设项目施工招标投标办法》第 12 条中进一步明确了可以不进行施工招标的项目:

①涉及国家安全、国家秘密、抢险救灾或者属于利用扶贫资金实行以工代赈需要使用农民工等特殊情况,不适宜进行招标;

②施工主要技术采用不可替代的专利或者专有技术;

③已通过招标方式选定的特许经营项目投资人依法能够自行建设;

④采购人依法能够自行建设;

⑤在建工程追加的附属小型工程或者主体加层工程,原中标人仍具备承包能力,并且其他人承担将影响施工或者功能配套要求;

⑥国家规定的其他情形。

《招标投标法实施条例》对此作了补充规定,有下列情形之一的,可以不进行招标:

①需要采用不可替代的专利或者专有技术;

②采购人依法能够自行建设、生产或者提供;

③已通过招标方式选定的特许经营项目投资人依法能够自行建设、生产或者提供;

④需要向原中标人采购工程货物或者服务,否则将影响施工或者功能配套要求;

⑤国家规定的其他特殊情形。

4.2.2 招标项目应具备的条件

《招标投标法》第9条规定,招标项目按照国家有关规定需要履行项目审批手续的,应当先履行审批手续,取得批准。招标人应当有进行招标项目的相应资金或者资金来源已经落实,并应当在招标文件中如实载明。

《工程建设项目施工招标投标办法》第10条规定,按照国家有关规定需要履行项目审批、核准手续的依法必须进行施工招标的工程建设项目,其招标范围、招标方式、招标组织形式应当报项目审批部门审批、核准。项目审批、核准部门应当及时将审批、核准确定的招标内容通报有关行政监督部门。同时,第8条进一步明确了依法必须招标的工程建设项目应当具备下列条件才能进行施工招标:

①招标人已经依法成立;

②初步设计及概算应当履行审批手续的,已经批准;

③有相应资金或资金来源已经落实;

④有招标所需的设计图纸及技术资料。

《工程建设项目货物招标投标办法》第8条规定,依法必须招标的工程建设项目,应当具备下列条件才能进行货物招标:

①招标人已经依法成立;

②按照国家有关规定应当履行项目审批、核准或者备案手续的,已经审批、核准或者备案;

③有相应资金或者资金来源已经落实;

④能够提出货物的使用与技术要求。

4.2.3 招标的组织实施

根据招标人是否组织招标活动,招标可以分为自行招标与委托招标两种情况。

1. 自行招标

《招标投标法》第 12 条规定:"招标人具有编制招标文件和组织评标能力的,可以自行办理招标事宜。任何单位和个人不得强制其委托招标代理机构办理招标事宜。依法必须进行招标的项目,招标人自行办理招标事宜的,应当向有关行政监督部门备案。"

《工程建设项目自行招标试行办法》规定,招标人自行办理招标事宜,应当具有编制招标文件和组织评标的能力,具体包括:

①具有项目法人资格(或者法人资格);

②具有与招标项目规模和复杂程度相适应的工程技术、概预算、财务和工程管理等方面专业技术力量;

③有从事同类工程建设项目招标的经验;

④拥有 3 名以上取得招标职业资格的专职招标业务人员;

⑤熟悉和掌握招标投标法及有关法规规章。

招标人自行招标的,项目法人或者组建中的项目法人应当在向国家发展改革委上报项目可行性研究报告或者资金申请报告、项目申请报告时,一并报送符合本法规定的书面材料。

书面材料应当至少包括以下内容:

①项目法人营业执照、法人证书或者项目法人组建文件;

②与招标项目相适应的专业技术力量情况;

③取得招标职业资格的专职招标业务人员的基本情况;

④拟使用的专家库情况;

⑤以往编制的同类工程建设项目招标文件和评标报告,以及招标业绩的证明材料;

⑥其他材料。

在报送可行性研究报告或者资金申请报告、项目申请报告前,招标人确需通过招标方式或者其他方式确定勘察、设计单位开展前期工作的,应当在前款规定的书面材料中说明。

国家发展改革委审查招标人报送的书面材料,核准招标人符合本办法规定的自行招标条件的,招标人可自行办理招标事宜。任何单位和个人不得限制其自行办理招标事宜,也不得拒绝办理工程建设有关手续。

2. 委托招标

(1)委托招标的概念

委托招标,是指招标人不具备自行招标条件,委托招标代理机构办理招标事宜的行为。《招标投标法》第12条规定:"招标人有权自行选择招标代理机构,委托其办理招标事宜。任何单位和个人不得以任何方式为招标人指定招标代理机构。"招标代理机构应当在招标人委托的范围内办理招标事宜,并遵守《招标投标法》关于招标人的规定。

(2)招标代理机构

招标代理机构,是依法设立、从事招标代理业务并提供相关服务的社会中介组织。招标代理机构与行政机关和其他国家机关不得存在隶属关系或者其他利益关系。招标代理机构应当具备下列条件:

①有从事招标代理业务的营业场所和相应资金;

②有能够编制招标文件和组织评标的相应专业力量。

(3)工程招标代理的业务范围

《工程建设项目施工招标投标办法》第22条规定,招标代理机构应当在招标人委托的范围内承担招标事宜。招标代理机构可以在其资格等级范围内承担下列招标事宜:

①拟订招标方案,编制和出售招标文件、资格预审文件;

②审查投标人资格;

③编制标底;

④组织投标人踏勘现场;

⑤组织开标、评标,协助招标人定标;

⑥草拟合同;

⑦招标人委托的其他事项。

招标代理机构不得无权代理、越权代理,不得明知委托事项违法而进行代理,招标代理机构不得在所代理的招标项目中投标或者代理投标,也不得为所代理的招标项目的投标人提供咨询;未经招标人同意,不得转让招标代理业务。

4.2.4 招标方式

《招标投标法》第10条规定,招标分为公开招标和邀请招标。

1. 公开招标

公开招标,是指招标人以招标公告的方式邀请不特定的法人或者其他组织投标。采用公开招标可为所有的承包商提供一个平等竞争的机会,业主有较大的选择余地,有利于降低工程造价,提高工程质量和缩短工期。

《中华人民共和国政府采购法》第26条规定:"公开招标应作为政府采购的主要采购方式。"

《招标投标法》第16条规定:"招标人采用公开招标方式的,应当发布招标公告。依法必须进行招标的项目的招标公告,应当通过国家指定的报刊、信息网络或者其他媒介发布。招标公告应当载明招标人的名称和地址、招标项目的性质、数量、实施地点和时间以及获取招标文件的办法等事项。"

《工程建设项目货物招标投标办法》第11条规定,"国务院发展改革部门确定的国家重点建设项目和各省、自治区、直辖市人民政府确定的地方重点建设项目,其货物采购应当公开招标。"

2. 邀请招标

邀请招标,是指招标人以投标邀请书的方式邀请特定的法人或者其他组织投标。采用邀请招标这种招标方式,由于被邀请参加竞标的投标者数目有限,不仅可以节省招标费用,而且还能提高每个投标者的中标概率,所以对招标、投标双方都有利。

《招标投标法》第17条规定:"招标人采用邀请招标方式的,应当向三个以上具备承担招标项目的能力、资信良好的特定的法人或者其他组织发出投标邀请书。"

国务院发展改革部门确定的国家重点项目和省、自治区、直辖市人民政府确定的地方重点项目不适宜公开招标的,经国务院发展改革部门或者省、自治区、直辖市人民政府批准,可以进行邀请招标。国家重点建设项目的邀请招标,应当经国务院发展改革部门批准;地方重点建设项目的邀请招标,应当经各省、自治区、直辖市人民政府批准。全部使用国有资金投资或者国有资金投资具有控股或者主导地位的并需要审批的工程建设项目的邀请招标,应当经项目审批部门批准,但项目审批部门只审批立项的,由有关行政监督部门批准。

《工程建设项目施工招标投标办法》第11条规定,依法必须进行公开招标的项目,有下列情形之一的,可以邀请招标:

①项目技术复杂或有特殊要求,或者受自然地域环境限制,只有少量潜在投标人可供选择;

②涉及国家安全、国家秘密或者抢险救灾,适宜招标但不宜公开招标;

③采用公开招标方式的费用占项目合同金额的比例过大。

全部使用国有资金投资或者国有资金投资占控股或者主导地位的并需要审批的工程建设项目的邀请招标,应当经项目审批部门批准,但项目审批部门只审批立项的,由有关行政监督部门批准。

《招标投标法实施条例》对可以邀请招标的项目作了部分修改,其第8条规定,国家资金控股或者占主导地位的依法必须进行招标的项目,应当公开招标;但有下列情形之一的,可以邀请招标:

①技术复杂、有特殊要求或者受自然环境限制,只有少量潜在投标人可供选择;

②采用公开招标方式的费用占项目合同金额的比例过大。

4.2.5 招标程序

招标程序主要包括:招标人办理审批手续、发布招标公告或投标邀请书、进行资格预审、编制招标文件、编制标底、组织现场考察、招标文件的澄清或者修改等环节。

1. 办理审批手续

《招标投标法》第9条规定:"招标项目按照国家有关规定需要履行项目审批手续的,应当先履行审批手续,取得批准。招标人应当有进行招标项目的相应资金或者资金来源已经落实,并应当在招标文件中如实载明。"

2. 发布招标公告或投标邀请书

《招标投标法》第16条规定:"招标人采用公开招标方式的,应当发布招标公告。依法必须进行招标的项目的招标公告,应当通过国家指定的报刊、信息网络或者其他媒介发布。招标公告应当载明招标人的名称和地址、招标项目的性质、数量、实施地点和时间以及获取招标文件的办法等事项。"招标人采用邀请招标方式的,投标邀请书应当载明招标公告规定的事项。

为了规范招标公告发布行为,根据《招标投标法》,国家计委于2000年7月1日发布第4号令《招标公告发布暂行办法》。该办法对依法必须招标项目的招标公告发布活动作出如下主要规定。

(1)指定的媒介

①国家发展改革委根据国务院授权,按照相对集中、适度竞争、受众分布合理的原则,指定发布依法必须招标项目招标公告的报纸、信息网络等媒介(以下简称指定媒介),并对招标公告发布活动进行监督。指定媒介的名单由国家发展改革委另行公告。指定媒介的名称、住所发生变更的,应及时公告并向国家发展改革委备案。

②依法必须招标项目的招标公告必须在指定媒介发布。招标公告的发布应当充分公开,任何单位和个人不得非法限制招标公告的发布地点和发布范围。

③依法必须指定媒介发布招标项目的招标公告,不得收取费用,但发布国际招标公告的除外。

④指定报纸和网络应当在收到招标公告文本之日起七日内发布招标公告。指定媒介应与招标人或其委托的招标代理机构就招标公告的内容进行核实,经双方确认无误后在前款规定的时间内发布。拟发布的招标公告文本有该办法第12条所列情形之一的,有关媒介可以要求招标人或其委托的招标代理机构及时予以改正、补充或调整。指定媒介发布的招标公告的内容与招标人或其委托的招标代理机构提供的招标公告文本不一致,并造成不良影响的,应当及时纠正,重新发布。

⑤指定媒介应当采取快捷的发行渠道,及时向订户或用户传递。

(2)招标公告

①招标公告应当载明招标人的名称和地址、招标项目的性质、数量、实施地点和时间、投标截止日期以及获取招标文件的办法等事项。招标人或其委托的招标代理机构应当保证招标公告内容的真实、准确和完整。

②拟发布的招标公告文本应当由招标人或其委托的招标代理机构的主要负责人签名并加盖公章。招标人或其委托的招标代理机构发布招标公告,应当向指定媒介提供营业执照(或法人证书)、项目批准文件的复印件等证明文件。

③招标人或其委托的招标代理机构应至少在一家指定的媒介发布招标公告。指定报纸在发布招标公告的同时,应将招标公告如实抄送指定网络。招标人或其委托的招标代理机构在两个以上媒介发布的同一招标项目的招标公告的内容应当相同。

《工程建设项目施工招标投标办法》第14条规定,招标公告或者投标邀请书应当至少载明下列内容:

①招标人的名称和地址;
②招标项目的内容、规模、资金来源;
③招标项目的实施地点和工期;
④获取招标文件或者资格预审文件的地点和时间;
⑤对招标文件或者资格预审文件收取的费用;
⑥对招标人资质等级的要求。

3. 资格审查

资格审查可分为资格预审和资格后审。资格预审是在投标前对潜在投标人进行的审查;资格后审是在开标后对投标人进行的资格审查。进行资格预审的,一般不再进行资格后审,但招标文件另有规定的除外。关于资格审查的规定主要是针对资格预审作出的。

《招标投标法》第18条规定:"招标人可以根据招标项目本身的要求,在招标公告或者投标邀请书中,要求潜在投标人提供有关资质证明文件和业绩情况,并对潜在投标人进行资格审查;国家对投标人的资格条件有规定的,依照其规定。招标人不得以不合理的条件限制或者排斥潜在投标人,不得对潜在投标人实行歧视待遇。"

资格审查程序是为了在招标过程中剔除资格条件不适合承担或履行合同的潜在投标人或投标人。《工程建设项目施工招标投标办法》第20条规定,资格审查应主要审查潜在投标人或者投标人是否符合下列条件:

①具有独立订立合同的权利;
②具有履行合同的能力,包括专业、技术资格和能力,资金、设备和其他物质设施状况,管理能力,经验、信誉和相应的从业人员;
③没有处于被责令停业,投标资格被取消,财产被接管、冻结、破产状态;
④在最近三年内没有骗取中标和严重违约及重大工程质量问题;
⑤法律、行政法规规定的其他资格条件。

资格审查时,招标人不得以不合理的条件限制、排斥潜在投标人或者投标人,不得对潜在投标人或者投标人实行歧视待遇。任何单位和个人不得以行政手段或者其他不合理方式限制投标人的数量。

4. 编制招标文件

(1)招标文件的内容

《招标投标法》第19条规定:"招标人应当根据招标项目的特点和需要编制招标

文件。招标文件应当包括招标项目的技术要求、对投标人资格审查的标准、投标报价要求和评标标准等所有实质性要求和条件以及拟签订合同的主要条款。国家对招标项目的技术、标准有规定的,招标人应当按照其规定在招标文件中提出相应要求。招标项目需要划分标段、确定工期的,招标人应当合理划分标段、确定工期,并在招标文件中载明。"

《工程建设项目施工招标投标办法》第 24 条规定,招标人根据施工招标项目的特点和需要编制招标文件。招标文件一般包括下列内容:

①招标公告或投标邀请书;
②投标人须知;
③合同主要条款;
④投标文件格式;
⑤采用工程量清单招标的,应当提供工程量清单;
⑥技术条款;
⑦设计图纸;
⑧评标标准和方法;
⑨投标辅助材料。

招标文件规定的各项技术标准应符合国家强制性标准。招标文件中规定的各项技术标准均不得要求或标明某一特定的专利、商标、名称、设计、原产地或生产供应者,不得含有倾向或者排斥潜在投标人的其他内容。如果必须引用某一生产供应者的技术标准才能准确或清楚地说明拟招标项目的技术标准,则应当在参照后面加上"或相当于"的字样。

(2)招标文件的澄清与修改

招标文件一经发售就不能随意变更修改。如果必须对招标文件进行补充或修改,则一定要在投标截止日期前的足够时间内进行,以便投标者能够采取适当的行动。

《招标投标法》第 23 条规定:"招标人对已发出的招标文件进行必要的澄清或者修改的,应当在招标文件要求提交投标文件截止时间至少十五日前,以书面形式通知所有招标文件收受人。该澄清或者修改的内容为招标文件的组成部分。"

依据《招标投标法实施条例》第 21 条,招标人可以对已发出的资格预审文件或者招标文件进行必要的澄清或修改。澄清或修改的内容可能影响资格预审申请文件或者投标文件编制的,招标人应当在提交资格预审文件截止时间至少 3 日前,或者投标截止时间至少 15 日前,以书面形式通知所有获取资格预审文件或者招标文件的潜在投标人;不足 3 日或 15 日的,招标人应当顺延提交资格预审申请文件或者投标文件的截止时间。

(3)确定编制投标文件所需要的合理时间

给予投标人编制投标文件的合理时间是投标人能够编制高质量标书的必要条

件。《招标投标法》第 24 条规定:"招标人应当确定投标人编制投标文件所需要的合理时间;但是,依法必须进行招标的项目,自招标文件开始发出之日起至投标人提交投标文件截止之日止,最短不得少于二十日。"

5. 编制标底

标底是招标人对该工程的预期价格,招标人可根据项目特点决定是否编制标底,招标项目可以不设标底,进行无标底招标。

《工程建设项目施工招标投标办法》第 34 条规定:"招标人可根据项目特点决定是否编制标底。编制标底的,标底编制过程和标底在开标前必须保密。招标项目编制标底的,应根据批准的初步设计、投资概算,依据有关计价办法,参照有关工程定额,结合市场供求状况,综合考虑投资、工期和质量等方面的因素合理确定。标底由招标人自行编制或委托中介机构编制。一个工程只能编制一个标底。任何单位和个人不得强制招标人编制或报审标底,或干预其确定标底。招标项目可以不设标底,进行无标底招标。"

6. 踏勘现场

招标人根据招标项目的具体情况,可以组织潜在投标人踏勘项目现场。设置这一程序的目的,一方面是让投标人了解工程项目的现场条件、自然条件、施工条件以及周围环境条件,以便于编制投标报价;另一方面也是要求投标人通过自己的实地考察,来确定投标原则和决定投标策略,避免合同履行过程中投标人以不了解现场情况为由推卸应承担的合同责任。

招标人组织项目现场时,介绍工程场地和相关环境的有关情况,潜在投标人依据招标人介绍情况作出的判断和决策,并由投标人自行负责。招标人不得组织单个或者部分潜在投标人踏勘项目现场。

7. 答疑

对于潜在投标人在阅读招标文件和现场踏勘中提出的疑问,招标人可以书面形式或召开投标预备会的方式解答,但需同时将解答以书面方式通知所有购买招标文件的潜在投标人,该解答的内容为招标文件的组成部分。

4.3 投标

4.3.1 投标人与投标文件

投标,是指符合招标文件规定资格的投标人根据招标人的招标条件,向招标人提交其依照招标文件的要求所编制的投标文件,即向招标人提出自己的报价,以期承包到该招标项目的行为。投标的本质是响应招标,响应招标是指潜在投标人获得了招标信息或者投标邀请书以后,购买招标文件,接受资格审查,编制投标文件,按照投标人的要求参加投标的活动。

1. 投标人

投标人是响应招标,参加投标竞争的法人或其他组织。依法招标的科研项目允许个人参加投标的,参加的个人也称作投标人。招标公告或者投标邀请书发出后,所有对招标公告或投标邀请书感兴趣并有可能参加投标的人,称为潜在投标人。那些响应招标并购买招标文件,参加投标的潜在投标人称为投标人。

投标人应当具备承担招标项目的能力,国家有关规定对投标人资格条件或者招标文件对投标人资格条件有规定的,投标人应当具备其规定的资格条件。

2. 投标文件

(1)投标文件的内容

《招标投标法》第 27 条规定:"投标人应当按照招标文件的要求编制投标文件。投标文件应当对招标文件提出的实质性要求和条件作出响应。招标项目属于建设施工的,投标文件的内容应当包括拟派出的项目负责人与主要技术人员的简历、业绩和拟用于完成招标项目的机械设备等。"

《招标投标法》的规定是一般性规定,因投标对象的不同,具体的投标文件所包含的内容也是不同的。

《工程建设项目施工招标投标办法》第 36 条规定,投标人应当按照招标文件的要求编制投标文件。投标文件应当对招标文件提出的实质性要求和条件作出响应。投标文件一般包括下列内容:

①投标函;

②投标报价;

③施工组织设计;

④商务和技术偏差表。

投标人根据招标文件载明的项目实际情况,拟在中标后将中标项目的部分非主体、非关键性工作进行分包的,应当在投标文件中载明。

(2)投标文件的补充、修改和撤回

《招标投标法》第 29 条和《工程建设项目施工招标投标办法》第 39 条规定:"投标人在招标文件要求提交投标文件的截止时间前,可以补充、修改或者撤回已提交的投标文件,并书面通知招标人。补充、修改的内容为投标文件的组成部分。"

4.3.2 投标担保

所谓投标担保,是指为了保护招标人免于投标人行为而带来的损失,要求投标人在提交投标书时提交的一种资金担保或其他担保形式。

《工程建设项目施工招标投标办法》第 37 条规定:"招标人可以在招标文件中要求投标人提交投标保证金。投标保证金除现金外,可以是银行出具的银行保函、保兑支票、银行汇票或现金支票。投标保证金一般不得超过项目估算价的百分之二,但最高不得超过八十万元人民币。投标保证金有效期应当与投标有效期一致。投标人应当按照招标文件要求的方式和金额,将投标保证金随投标文件提交给招标人或其委托的招标代理机构。"

投标保证金被没收的情形有如下两种：
①投标人在投标有效期内撤回其投标文件；
②中标人未能在规定期限内提交履约保证金或签署合同协议。

4.3.3 联合投标

1. 联合体资质的确定与责任的承担

《招标投标法》第31条规定："两个以上法人或者其他组织可以组成一个联合体,以一个投标人的身份共同投标。联合体各方均应当具备承担招标项目的相应能力,国家有关规定或者招标文件对投标人资格条件有规定的,联合体各方均应当具备规定的相应资格条件。由同一专业的单位组成的联合体,按照资质等级较低的单位确定资质等级。

联合体各方应当签订共同投标协议,明确约定各方拟承担的工作和责任,并将共同投标协议连同投标文件一并提交招标人。联合体中标的,联合体各方应当共同与招标人签订合同,就中标项目向招标人承担连带责任。

招标人不得强制投标人组成联合体共同投标,不得限制投标人之间的竞争。"

另外,《工程建设项目施工招标投标办法》第42条规定："两个以上法人或者其他组织可以组成一个联合体,以一个投标人的身份共同投标。联合体各方签订共同投标协议后,不得再以自己的名义单独投标,也不得组成新的联合体或参加其他联合体在同一项目中投标。"

《招标投标法实施条例》第37条规定："资格预审后联合体增减、更换成员的,其投标无效。"

《工程建设项目货物招标投标办法》第39条规定："联合体各方应当在招标人进行资格预审时,向招标人提出组成联合体的申请。没有提出联合体申请的,资格预审完成后,不得组成联合体投标。招标人不得强制资格预审合格的投标人组成联合体。"

2. 联合体牵头人

《工程建设项目施工招标投标办法》第44条规定："联合体各方应当指定牵头人,授权其代表所有联合体成员负责投标和合同实施阶段的主办、协调工作,并应当向招标人提交由所有联合体成员法定代表人签署的授权书。"

《工程建设项目施工招标投标办法》第45条规定："联合体投标的,应当以联合体各方或者联合体中牵头人的名义提交投标保证金。以联合体中牵头人名义提交的投标保证金,对联合体各成员具有约束力。"

4.3.4 投标人应当遵守法定义务

1. 不得串通投标

《招标投标法》第 32 条规定:"投标人不得相互串通投标报价。"

《工程建设项目施工招标投标办法》第 46 条规定,下列行为均属投标人串通投标报价:

①投标人之间相互约定抬高或压低投标报价;
②投标人之间相互约定,在招标项目中分别以高、中、低价位报价;
③投标人之间先进行内部竞价,内定中标人,然后再参加投标;
④投标人之间其他串通投标报价的行为。

《工程建设项目施工招标投标办法》第 47 条规定,下列行为均属招标人与投标人串通投标:

①招标人在开标前开启投标文件并将有关信息泄露给其他投标人,或者授意投标人撤换、修改投标文件;
②招标人向投标人泄露标底、评标委员会成员等信息;
③招标人明示或者暗示投标人压低或抬高投标报价;
④招标人明示或者暗示投标人为特定投标人中标提供方便;
⑤招标人与投标人为谋求特定中标人中标而采取的其他串通行为。

2. 禁止以行贿的手段谋取中标

对于属于串通行为的情形,在《招标投标法实施条例》中也作了补充规定,此处不一一列出,读者可以自己查阅。

《招标投标法》第 32 条规定:"禁止投标人以向招标人或者评标委员会成员行贿的手段谋取中标。"

3. 不得低于成本竞标或骗取中标

《招标投标法》第 33 条规定:"投标人不得以低于成本的报价竞标,也不得以他人名义投标或者以其他方式弄虚作假,骗取中标。"

此处的成本指的是依据投标人企业定额确定的投标人的个别成本。低于成本竞标意味着存在安全和质量的隐患。

以他人名义投标是指投标人挂靠其他施工单位,或从其他单位通过转让或租借的方式获取资格或资质证书,或者由其他单位及其法定代表人在自己编制的投标文件上加盖印章和签字等行为。

2012 年施行、2018 年修订的《招标投标法实施条例》对禁止性行为也有相应的规定,此处不再赘述,有兴趣的同学可以自行查阅。

4.4 开标

4.4.1 开标时间、地点与组织

1. 开标时间、地点

《招标投标法》第 34 条规定:"开标应当在招标文件确定的提交投标文件截止时间的同一时间公开进行;开标地点应当为招标文件中预先确定的地点。"

开标是招标人按照招标公告或者投标邀请函规定的时间、地点,当众开启所有投标人的投标文件,宣读投标人名称、投标价格和投标文件的其他主要内容的过程。通常开标有两种形式。第一种是公开开标,即招标人事先在报纸等媒介上公布开标信息,通知投标人,并在有投标人参加的情况下当众进行。第二种是秘密开标,即主要由招标单位和有关专家秘密进行开标,不通知投标人参加开标仪式。招标人可根据需要邀请政府代表或有关人员参加。

2. 开标组织

《招标投标法》第 35 条规定:"开标由招标人主持,邀请所有投标人参加。"

开标由招标人主持。招标人作为整个招标活动的发起者和组织者,应当负责开标的举行。开标应当按照规定的时间、地点公开进行并且通知所有的投标人参加。投标人参加开标是自愿的,但是招标人必须通知其参加,否则将因程序不合法而引起争议,甚至承担赔偿义务。招标人不得只通知一部分投标人参加开标。

《招标投标法》第 36 条规定:"开标时,由投标人或者其推选的代表检查投标文件的密封情况,也可以由招标人委托的公证机构检查并公证;经确认无误后,由工作人员当众拆封,宣读投标人名称、投标价格和投标文件的其他主要内容。

招标人在招标文件要求提交投标文件的截止时间前收到的所有投标文件,开标时都应当当众予以拆封、宣读。

开标过程应当记录,并存档备查。"

开标时,由投标人或者其推选的代表检查投标文件的密封情况,也可以由招标人委托的公证机构检查并公证。招标人委托公证机构公证的,应当遵守司法部 1992 年 10 月 19 日制定实施的《招标投标公证程序细则》的有关规定。开标机构应当事先准备好开标记录的登记表册,开标填写后作为正式记录,保存于开标机构。开标记录的内容包括项目名称、招标号、刊登招标公告的日期、发售招标文件的日期、购买招标文件的单位名称、投标人的名称及报价、截标后收到投标文件的处理情况等。

4.4.2 投标文件不予受理与无效的情形

1. 不予受理的情形

依据《工程建设项目施工招标投标办法》第 50 条,投标文件有下列情形之一的,

招标人应当拒收：

①逾期送达；

②未按招标文件要求密封。

2. 投标文件无效的情形

《招标投标法实施条例》第 50 条作了补充规定，有下列情形之一的，评标委员会应当否决其投标：

①投标文件未经投标单位盖章和单位负责人签字；

②投标联合体没有提交共同投标协议；

③投标人不符合国家或者招标文件规定的资格条件；

④同一投标人提交两个以上不同的投标文件或者投标报价，但招标文件要求提交备选投标的除外；

⑤投标报价低于成本或者高于招标文件设定的最高投标限价；

⑥投标文件没有对招标文件的实质性要求和条件作出响应；

⑦投标人有串通投标、弄虚作假、行贿等违法行为。

4.5 评标

4.5.1 评标委员会

评标是根据招标文件的规定和要求，对投标文件所进行的审查、评审和比较。它应在开标后立即进行。评标的目的在于从技术、经济、法律、组织和管理等方面对每份投标书加以分析评价，以推荐合格的中标候选人，或直接确定中标人，为决标提供基础。

《招标投标法》第 37 条规定："评标由招标人依法组建的评标委员会负责。依法必须进行招标的项目，其评标委员会由招标人的代表和有关技术、经济等方面的专家组成，成员人数为五人以上单数，其中技术、经济等方面的专家不得少于成员总数的三分之二。"

专家应当从事相关领域工作满八年并具有高级职称或者具有同等专业水平，由招标人从国务院有关部门或者省、自治区、直辖市人民政府有关部门提供的专家名册或者招标代理机构的专家库内的相关专业的专家名单中确定；一般招标项目可以采取随机抽取方式，特殊招标项目可以由招标人直接确定。

与投标人有利害关系的人不得进入相关项目的评标委员会，已经进入的应当更换，评标委员会成员的名单在中标结果确定前应当保密。

评标专家应符合下列条件：

①从事相关专业领域工作满八年并具有高级职称或者同等专业水平；

②熟悉有关招标投标的法律法规，并具有与招标项目相关的实践经验；

③能够认真、公正、诚实、廉洁地履行职责。

有下列情形之一的,不得担任评标委员会成员:

①投标人或者投标主要负责人的近亲属;

②项目主管部门或者行政监督部门的人员;

③与投标人有经济利益关系,可能影响对投标公正评审的;

④曾因在招标、评标以及其他与招标投标有关活动中从事违法行为而受过行政处罚或刑事处罚的。

评标委员会成员有以上规定情形之一的,应当主动提出回避。

评标委员会成员应当客观、公正地履行职务,恪守职业道德,对所提出的评审意见承担个人责任。评标委员会成员不得私下接触投标人,不得收受投标人的财物或者其他好处。评标委员会成员和参与评标的有关工作人员不得透露对投标文件的评审和比较、中标候选人的推荐情况以及与评标有关的其他情况。

评标委员会成员应当编制供评标使用的相应表格,认真研究招标文件,至少应了解和熟悉以下内容:

①招标的目标;

②招标项目的范围和性质;

③招标文件中规定的主要技术要求、标准和商务条款;

④招标文件规定的评标标准、评标方法和在评标过程中考虑的相关因素。

评标委员会应当按照招标文件确定的评标标准和方法,对投标文件进行评审和比较,设有标底的,应当参考标底,但不得作为评标的唯一依据。评标委员会应当根据招标文件规定的评标标准和方法,对投标文件进行系统的评审和比较。招标文件中没有规定的标准和方法不得作为评标的依据。招标文件中规定的评标标准和评标方法应当合理,不得含有倾向或者排斥潜在投标人的内容,不得妨碍或者限制投标人之间的竞争。

评标委员会应当按照投标报价的高低或者招标文件规定的其他方法对投标文件排序。投标文件中没有列入的价格和优惠条件在评标时不予考虑;对于投标人提交的优越于招标文件中技术标准的备选投标方案所产生的附加收益,不得考虑进评标价中;符合招标文件的基本技术要求且评标价最低或综合评分最高的投标人,其所提交的备选方案方可予以考虑。

4.5.2 评标方法

评标分为初步评审和详细评审两大类。

1. 初步评审

初步评审主要是对偏差的处理。偏差分为细微偏差和重大偏差,对不同偏差的处理是不同的。

(1) 细微偏差

细微偏差是指投标文件在实质上响应招标文件的要求,但在个别地方存在漏项或者提供了不完整的技术信息和数据等情况,并且补正这些遗漏或者不完整不会对其他投标人造成不公平的结果。细微偏差不影响投标文件的有效性。评标委员会应当通过书面的方式要求存在细微偏差的投标人在评标结束前予以进一步澄清与补正。

评标委员会可以书面方式要求投标人对投标文件中含义不明确、对同类问题表述不一致或者有明显文字和计算错误的内容作必要的澄清、说明或者补正。澄清、说明或者补正应以书面方式进行并不得超出投标文件的范围或者改变投标文件的实质性内容。评标委员会不得向投标人提出带有暗示性或诱导性的问题,或向其明确投标文件中的遗漏和错误。

评标委员会在对实质上响应招标文件要求的招标进行报价评估时,除招标文件另有约定外,应当按下述原则进行修正:

①用数字表示的数额与用文字表示的数额不一致时,以文字数额为准;

②单价与工程量的乘积与总价之间不一致时,以单价为准。若单价有明显的小数点错位,应以总价为准,并修改单价。

按前款规定调整后的报价经投标人确认后产生约束力。

投标文件不响应招标文件的实质性要求和条件的,招标人应当拒绝,并不允许投标人通过修正或撤销其不符合要求的差异,使之成为具有响应性的投标。

(2) 重大偏差

重大偏差是投标文件有未能对招标文件作出实质性响应,按规定作出废标处理的偏差。施工项目废标的情形上文已有叙述。

同时,《工程建设项目货物招标投标办法》第41条规定,投标文件有下列情形之一的,评标委员会应当否决其投标:

①投标文件未经投标单位盖章和单位负责人签字;

②投标联合体没有提交共同投标协议;

③投标人不符合国家或者招标文件规定的资格条件;

④同一投标人提交两个以上不同的投标文件或者投标报价,但招标文件要求提交备选投标的除外;

⑤投标报价低于成本或者高于招标文件设定的最高投标限价;

⑥投标文件没有对招标文件的实质性要求和条件作出响应;

⑦投标人有串通投标、弄虚作假、行贿等违法行为。

2. 详细评审

经初步评审合格的投标文件,评标委员会应当根据招标文件确定的评标标准和方法,对其技术部分和商务部分作进一步评审、比较。评标方法包括经评审的最低投标价法、综合评估法或者法律、行政法规允许的其他评标方法。

经评审的最低投标价法一般适用于具有通用技术、性能标准或者招标人对其技术、性能没有特殊要求的招标项目。根据经评审的最低投标价法,能够满足招标文件的实质性要求,并且经评审的最低投标价的投标,应当推荐为中标候选人。

采用经评审的最低投标价法的,评标委员会应当根据招标文件中规定的评标价格调整方法,对所有投标人的投标报价以及投标文件的商务部分作必要的价格调整。采用经评审的最低投标价法的,中标人的投标应当符合招标文件规定的技术要求和标准,但评标委员会无需对投标文件的技术部分进行价格折算。根据经评审的最低投标价法完成详细评审后,评标委员会应当拟定一份"标价比较表",连同书面评标报告提交招标人。"标价比较表"应当载明投标人的投标报价、对商务偏差的价格调整和说明以及经评审的最终投标价。

不宜采用经评审的最低投标价法的招标项目,一般应当采取综合评估法进行评审。根据综合评估法,最大限度地满足招标文件中规定的各项综合评价标准的投标,应当推荐为中标候选人。衡量投标文件是否最大限度地满足招标文件中规定的各项评价标准,可以采取折算为货币的方法、打分的方法或者其他方法。需量化的因素及其权重应当在招标文件中明确规定,评标委员会对各个评审因素进行量化时,应当将量化指标建立在同一基础或者同一标准上,使各投标文件具有可比性。对技术部分和商务部分进行量化后,评标委员会应当对这两部分的量化结果进行加权,计算出每一投标的综合评估价或者综合评估分。根据综合评估法完成评标后,评标委员会应当拟定一份"综合评估比较表",连同书面评标报告提交招标人。"综合评估比较表"应当载明投标人的投标报价、所作的任何修正、对商务偏差的调整、对技术偏差的调整、对各评审因素的评估以及对每个投标的最终评审结果。

招标文件应当规定一个适当的投标有效期,以保证招标人有足够的时间完成评标并与中标人签订合同。投标有效期从投标人提交投标文件截止之日起计算。

在原投标有效期结束前,出现特殊情况的,招标人可以书面形式要求所有投标人延长投标有效期。投标人同意延长的,不得要求或被允许修改其投标文件的实质性内容,但应当相应延长其投标保证金的有效期,投标人拒绝延长的,其投标失效,但投标人有权收回其投标保证金。因延长投标有效期造成投标人损失的,招标人应当给予补偿,但因不可抗力需要延长投标有效期的除外。

4.5.3 评标报告

评标委员会完成评标后,应当向招标人提出书面评标报告,并推荐合格的中标候选人,评标委员会推荐的中标候选人应当限定在1至3人,并标明排列顺序。评标报告是指评标委员会经过对各投标书评审后向招标人提出的结论性报告,作为定标的主要依据。评标委员会完成评标后,应当向招标人提出书面评标报告,并抄送有关行政监督部门。

评标报告应当如实记载以下内容:

①基本情况和数据表；
②评标委员会成员名单；
③开标记录；
④符合要求的投标一览表；
⑤废标情况说明；
⑥评标标准、评标方法或者评标因素一览表；
⑦经评审的价格或者评分比较一览表；
⑧经评审的投标人排序；
⑨推荐的中标候选人名单与签订合同前要处理的事宜；
⑩澄清、说明、补正事项纪要。

评标报告由评标委员会全体成员签字，对评标结论持有异议的评标委员会成员可以书面方式阐述其不同意见和理由，评标委员会成员拒绝在评标报告上签字且不陈述不同意见和其理由的，视为同意评标结论，评标委员会应当对此作出书面说明并记录在案。向招标人提交书面评标报告后，评标委员会即告解散。

4.6 中标

4.6.1 确定中标人

招标人根据评标委员会提出的书面评标报告和推荐的中标候选人确定中标人。招标人也可以授权评标委员会直接确定中标人。

《招标投标法实施条例》第55条规定：国有资金占控股或者主导地位的依法必须进行招标的项目，招标人应当确定排名第一的中标候选人为中标人。排名第一的中标候选人放弃中标、因不可抗力不能履行合同、不按照招标文件要求提交履约保证金，或者被查实存在影响中标结果的违法行为等情形，不符合中标条件的，招标人可以按照评标委员会提出的中标候选人名单排序依次确定其他中标候选人为中标人，也可以重新招标。

中标人应当符合下列条件之一：
①能够最大限度地满足招标文件中规定的各项综合评价标准；
②能够满足招标文件的实质性要求，并且经评审的投标价格最低，但是投标价格低于成本的除外。

评标委员会经评审，认为所有投标都不符合招标文件要求的，可以否决所有投标。依法必须进行招标的项目的所有投标被否决的，招标人应当依法重新招标。

在确定中标人前，招标人不得与投标人就投标价格、投标方案等实质性内容进行谈判。招标人不得向中标人提出压低报价、增加工作量、缩短工期或其他违背中标人意愿的要求，以此作为发出中标通知书和签订合同的条件，招标人也不得直接指定分包人。

招标人全部或者部分使用非中标单位投标文件中的技术成果或技术方案时,需征得其书面同意,并给予一定的经济补偿。

招标人应当接受评标委员会推荐的中标候选人,不得在评标委员会推荐的中标候选人之外确定中标人。

评标委员会提出书面评标报告后,招标人一般应当在15日内确定中标人,中标人确定后,招标人应当向中标人发出中标通知书,中标通知书由招标人发出。中标通知书对招标人和中标人具有法律效力,中标通知书发出后,招标人改变中标结果的,或者中标人放弃中标项目的,应当依法承担法律责任。同时,招标人将中标结果通知所有未中标的投标人。

4.6.2 签订书面合同与备案

1. 签订书面合同

招标人和中标人应当自中标通知书发出之日起30日内,按照招标文件和中标人的投标文件订立书面合同,招标人和中标人不得再行订立背离合同实质性内容的其他协议。

招标人要求中标人提供履约保证金或其他形式履约担保的,招标人应当同时向中标人提供工程款支付担保。招标人不得擅自提高履约保证金,不得强制要求中标人垫付中标项目建设资金。招标人最迟应当在与中标人签订合同后5日内,向中标人和未中标的投标人退还投标保证金及银行同期存款利息。

2. 备案

合同中确定的建设规模、建设标准、建设内容、合同价格应当控制在批准的初步设计及概算文件范围内;确需超出规定范围的,应当在中标合同签订前,报原项目审批部门审查同意。凡应报经审查而未报的,在初步设计及概算调整时,原项目审批部门一律不予承认。

依法必须进行施工招标的项目,招标人应当自发出中标通知书之日起15日内,向有关行政监督部门提交招标投标情况的书面报告。书面报告至少应包括下列内容:招标范围;招标方式和发布招标公告的媒介;招标文件中投标人须知、技术条款、评标标准和方法、合同主要条款等内容;评标委员会的组成和评标报告;中标结果。

4.7 法律责任

4.7.1 招标人的法律责任

《招标投标法》第49条规定:"违反本法规定,必须进行招标的项目而不招标的,将必须进行招标的项目化整为零或者以其他任何方式规避招标的,责令限期改正,可以处项目合同金额千分之五以上千分之十以下的罚款；对全部或者部分使用国有资金的项目，可以暂停项目执行或者暂停资金拨付；对单位直接负责的主管人员和其他直接责任人员依法给予处分。"

《招标投标法》第51条规定："招标人以不合理的条件限制或者排斥潜在投标人的，对潜在投标人实行歧视待遇的，强制要求投标人组成联合体共同投标的，或者限制投标人之间竞争的，责令改正，可以处一万元以上五万元以下的罚款。"

《招标投标法》规定，依法必须进行招标的项目违反《招标投标法》规定，中标无效的，应当依照《招标投标法》规定的中标条件从其余投标人中重新确定中标人或者依照《招标投标法》重新进行招标。

《招标投标法》第52条规定："依法必须进行招标的项目的招标人向他人透露已获取招标文件的潜在投标人的名称、数量或者可能影响公平竞争的有关招标投标的其他情况的，或者泄露标底的，给予警告，可以并处一万元以上十万元以下的罚款；对单位直接负责的主管人员和其他直接责任人员依法给予处分；构成犯罪的，依法追究刑事责任。

前款所列行为影响中标结果的，中标无效。"

《招标投标法》第57条规定："招标人在评标委员会依法推荐的中标候选人以外确定中标人的，依法必须进行招标的项目在所有投标被评标委员会否决后自行确定中标人的，中标无效。责令改正，可以处中标项目金额千分之五以上千分之十以下的罚款；对单位直接负责的主管人员和其他直接责任人员依法给予处分。"

《招标投标法》第55条规定："依法必须进行招标的项目，招标人违反本法规定，与投标人就投标价格、投标方案等实质性内容进行谈判的，给予警告，对单位直接负责的主管人员和其他直接责任人员依法给予处分。

前款所列行为影响中标结果的，中标无效。"

《工程建设项目施工招标投标办法》第72条规定："招标人在发布招标公告、发出投标邀请书或者售出招标文件或资格预审文件后终止招标的，应当及时退还所收取的资格预审文件、招标文件的费用，以及所收取的投标保证金及银行同期存款利息。给潜在投标人或者投标人造成损失的，应当赔偿损失。"

《工程建设项目施工招标投标办法》第85条规定："招标人不履行与中标人订立的合同的，应当返还中标人的履约保证金，并承担相应的赔偿责任；没有提交履约保证金的，应当对中标人的损失承担赔偿责任。"

《工程建设项目施工招标投标办法》第73条规定，招标人有下列限制或者排斥潜在投标人行为之一的，由有关行政监督部门依照招标投标法第51条的规定处罚；其中，构成依法必须进行施工招标的项目的招标人规避招标的，依照《招标投标法》第49条的规定处罚。

招标人有前款第一项、第三项、第四项所列行为之一的，对单位直接负责的主管人员和其他直接责任人员依法给予处分。

①依法应当公开招标的项目不按照规定在指定媒介发布资格预审公告或者招标公告；

②在不同媒介发布的同一招标项目的资格预审公告或者招标公告的内容不一致，影响潜在投标人申请资格预审或者投标。

招标人有下列情形之一的，由有关行政监督部门责令改正，可以处 10 万元以下的罚款：

①依法应当公开招标而采用邀请招标；

②招标文件、资格预审文件的发售、澄清、修改的时限，或者确定的提交资格预审申请文件、投标文件的时限不符合招标投标法和招标投标法实施条例规定；

③接受未通过资格预审的单位或者个人参加投标；

④接受应当拒收的投标文件。

《工程建设项目货物招标投标办法》第 58 条规定，依法必须进行招标的项目的招标人有下列情形之一的，由有关行政监督部门责令改正，可以处中标项目金额千分之十以下的罚款；给他人造成损失的，依法承担赔偿责任；对单位直接负责的主管人员和其他直接责任人员依法给予处分：

①无正当理由不发出中标通知书；

②不按照规定确定中标人；

③中标通知书发出后无正当理由改变中标结果；

④无正当理由不与中标人订立合同；

⑤在订立合同时向中标人提出附加条件。

《工程建设项目货物招标投标办法》第 59 条规定："招标人不履行与中标人订立的合同的，应当返还中标人的履约保证金，并承担相应的赔偿责任；没有提交履约保证金的，应当对中标人的损失承担赔偿责任。

因不可抗力不能履行合同的，不适用前款规定。"

4.7.2 投标人及中标人的法律责任

《招标投标法》第 53 条规定："投标人相互串通投标或者与招标人串通投标的，投标人以向招标人或者评标委员会成员行贿的手段谋取中标的，中标无效，处中标项目金额千分之五以上千分之十以下的罚款，对单位直接负责的主管人员和其他直接责任人员处单位罚款数额百分之五以上百分之十以下的罚款；有违法所得的，并处没收违法所得；情节严重的，取消其一年至二年内参加依法必须进行招标的项目的投标资格并予以公告，直至由工商行政管理机关吊销营业执照；构成犯罪的，依法追究刑事责任。给他人造成损失的，依法承担赔偿责任。"

《招标投标法》第 54 条规定："投标人以他人名义投标或者以其他方式弄虚作假，骗取中标的，中标无效，给招标人造成损失的，依法承担赔偿责任；构成犯罪的，依法追究刑事责任。

依法必须进行招标的项目的投标人有前款所列行为尚未构成犯罪的,处中标项目金额千分之五以上千分之十以下的罚款,对单位直接负责的主管人员和其他直接责任人员处单位罚款数额百分之五以上百分之十以下的罚款,有违法所得的,并处没收违法所得;情节严重的,取消其一年至三年内参加依法必须进行招标的项目的投标资格并予以公告,直至由工商行政管理机关吊销营业执照。"

《招标投标法》第58条规定:"中标人将中标项目转让给他人的,将中标项目肢解后分别转让给他人的,违反规定将中标项目的部分主体、关键性工作分包给他人的,或者分包人再次分包的,转让、分包无效,处转让、分包项目金额千分之五以上千分之十以下的罚款;有违法所得的,并处没收违法所得,可以责令停业整顿,情节严重的,由工商行政管理机关吊销营业执照。"

《招标投标法》第60条规定:"中标人不履行与招标人订立的合同的,履约保证金不予退还,给招标人造成的损失超过履约保证金数额的,还应当对超过部分予以赔偿;没有提交履约保证金的,应当对招标人的损失承担赔偿责任。

中标人不按照与招标人订立的合同履行义务,情节严重的,取消其二年至五年内参加依法必须进行招标的项目的投标资格并予以公告,直至由工商行政管理机关吊销营业执照。"

《工程建设项目施工招标投标办法》第81条规定:"中标通知书发出后,中标人放弃中标项目的,无正当理由不与招标人签订合同的,在签订合同时向招标人提出附加条件或者更改合同实质性内容的,或者拒不提交所要求的履约保证金的,取消其中标资格,投标保证金不予退还;给招标人的损失超过投标保证金数额的,中标人应当对超过部分予以赔偿;没有提交投标保证金的,应当对招标人的损失承担赔偿责任。对依法必须进行施工招标的项目的中标人,由有关行政监督部门责令改正,可以处中标金额千分之十以下罚款。"

4.7.3 招标代理机构的法律责任

《招标投标法》第50条规定:"招标代理机构违反本法规定,泄露应当保密的与招标投标活动有关的情况和资料的,或者与招标人、投标人串通损害国家利益、社会公共利益或者他人合法权益的,处五万元以上二十五万元以下的罚款,对单位直接负责的主管人员和其他直接责任人员处单位罚款数额百分之五以上百分之十以下的罚款;有违法所得的,并处没收违法所得;情节严重的,暂停直至取消招标代理资格;构成犯罪的,依法追究刑事责任。给他人造成损失的,依法承担赔偿责任。

前款所列行为影响中标结果的,中标无效。"

4.7.4 评标委员会的法律责任

《招标投标法》第56条规定:"评标委员会成员收受投标人的财物或者其他好处的,评标委员会成员或者参加评标的有关工作人员向他人透露对投标文件的评审和比较、中标候选人的推荐以及与评标有关的其他情况的,给予警告,没收收受的财物,可以并处三千元以上五万元以下的罚款;对有所列违法行为的评标委员会成员取消担任评标委员会成员的资格,不得再参加任何依法必须进行招标的项目的评标;构成犯罪的,依法追究刑事责任。"

《工程建设项目施工招标投标办法》第78条规定:"评标委员会成员应当回避而不回避,擅离职守,不按照招标文件规定的评标标准和方法评标,私下接触投标人,向招标人征询确定中标人的意向或者接受任何单位或者个人明示或者暗示提出的倾向或者排斥特定投标人的要求,对依法应当否决的投标不提出否决意见,暗示或者诱导投标人作出澄清、说明或者接受投标人主动提出的澄清、说明,或者有其他不能客观公正地履行职责行为的,有关行政监督部门责令改正;情节严重的,禁止其在一定期限内参加依法必须进行招标的项目的评标;情节特别严重的,取消其担任评标委员会成员的资格。"

4.7.5 其他人员的法律责任

《招标投标法》第62条规定:"任何单位违反本法规定,限制或者排斥本地区、本系统以外的法人或者其他组织参加投标的,为招标人指定招标代理机构的,强制招标人委托招标代理机构办理招标事宜的,或者以其他方式干涉招标投标活动的,责令改正;对单位直接负责的主管人员和其他直接责任人员依法给予警告、记过、记大过的处分,情节较重的,依法给予降级、撤职、开除的处分。"

《招标投标法》第63条规定:"对招标投标活动依法负有行政监督职责的国家机关工作人员徇私舞弊、滥用职权或者玩忽职守,构成犯罪的,依法追究刑事责任;不构成犯罪的,依法给予行政处分。"

【本章小结】

　　了解招标投标法律体系;掌握强制招标的适用范围;熟悉招标程序的法律规定;掌握开标时投标文件无效的几种情况;了解违反《招标投标法》等相关法律法规应负的法律责任。

【思考与练习】

　　4-1　强制招标的范围是什么?
　　4-2　简述招标程序的法律规定。
　　4-3　简述开标时投标文件无效的几种情况。

第 5 章 建设工程勘察设计法律制度

5.1 建设工程勘察设计法律体系

建设工程勘察设计是建设工程勘察和建设工程设计的总称。

建设工程勘察,是指根据建设工程的要求,查明、分析、评价建设场地的地质、地理环境特征和岩土工程条件,编制建设工程勘察文件的活动。

建设工程设计,是指根据建设工程的要求,对建设工程所需的技术、经济、资源、环境等条件进行综合分析、论证,编制建设工程设计文件的活动。

在工程建设的各个环节中,勘察设计因其特殊地位而成为对工程的质量和效益都至关重要的关键环节。

建设工程勘察设计法律体系包括以《建设工程勘察设计管理条例》为核心的一系列法规、部门规章。主要包括以下各项。

(1)《建设工程勘察设计管理条例》

《建设工程勘察设计管理条例》于 2000 年 9 月 20 日国务院第 31 次常务会议通过,2000 年 9 月 25 日起施行,2015 年 6 月 12 日第一次修订,2017 年 10 月 7 日第二次修订。该条例包括 45 条(2015 年修订后改为 46 条),分别对资质资格管理、建设工程勘察设计发包与承包、建设工程勘察设计文件的编制与实施、监督管理进行了规定。

《建设工程勘察设计管理条例》第 2 条规定:"从事建设工程勘察、设计活动,必须遵守本条例。"

《建设工程勘察设计管理条例》规定了勘察设计活动的基本原则。

①建设工程勘察、设计应当与社会、经济发展水平相适应,做到经济效益、社会效益和环境效益相统一。

②从事建设工程勘察、设计活动,应当坚持先勘察、后设计、再施工的原则。

③建设工程勘察、设计单位必须依法进行建设工程勘察、设计,严格执行工程建设强制性标准,并对建设工程勘察、设计的质量负责。

④国家鼓励在建设工程勘察、设计活动中采用先进技术、先进工艺、先进设备、新型材料和现代管理方法。

(2)《工程建设项目勘察设计招标投标办法》

该办法自 2003 年 8 月 1 日起施行。由中华人民共和国国家发展和改革委员会、中华人民共和国住房和城乡建设部、中华人民共和国铁道部、中华人民共和国交通部、中华人民共和国信息产业部、中华人民共和国水利部、中国民用航空总局、国家广播电影电视总局联合制定,2013年修订。该办法适用于在中华人民共和国境内进行工程建设项目勘察设计招标投标活动。

(3)《建设工程勘察设计资质管理规定》

该规定自2007年9月1日起施行,2018年12月22日修订。该规定适用于在中华人民共和国境内申请建设工程勘察、设计资质,实施对建设工程勘察、设计企业的资质管理活动。

(4)《建设工程勘察质量管理办法》

该办法自2003年2月1日起施行,2007年修订。凡在中华人民共和国境内从事建设工程勘察活动的,必须遵守本办法。

(5)《工程建设标准设计管理规定》

该规定自1999年1月6日起实施。

5.2 建设工程勘察设计市场管理

5.2.1 勘察设计企业资质管理

国家对从事建设工程勘察设计活动的单位,实行资质管理制度。

1. 资质分类和分级

1)工程勘察资质

依据《建设工程勘察设计资质管理规定》,工程勘察资质分为工程勘察综合资质、工程勘察专业资质、工程勘察劳务资质。

工程勘察综合资质只设甲级;工程勘察专业资质设甲级、乙级,根据工程性质和技术特点,部分专业可以设丙级;工程勘察劳务资质不分等级。

取得工程勘察综合资质的企业,可以承接各专业(海洋工程勘察除外)、各等级工程勘察业务;取得工程勘察专业资质的企业,可以承接相应等级相应专业的工程勘察业务;取得工程勘察劳务资质的企业,可以承接岩土工程治理、工程钻探、凿井等工程勘察劳务业务。

2013年发布的《工程勘察资质标准》对此略有修改,有兴趣的同学可自行查阅。

2)工程设计资质

依据《建设工程勘察设计资质管理规定》,工程设计资质分为工程设计综合资质、工程设计行业资质、工程设计专业资质和工程设计专项资质。

工程设计综合资质只设甲级;工程设计行业资质、工程设计专业资质、工程设计专项资质设甲级、乙级。

根据工程性质和技术特点,个别行业、专业、专项资质可以设丙级,建筑工程专业资质可以设丁级。

取得工程设计综合资质的企业,可以承接各行业、各等级的建设工程设计业务;取得工程设计行业资质的企业,可以承接相应行业相应等级的工程设计业务及本行业范围内同级别的相应专业、专项(设计施工一体化资质除外)工程设计业务;取得工程设计专业资质的企业,可以承接本专业相应等级的专业工程设计业务及同级别的相应专项工程设计业务(设计施工一体化资质除外);取得工程设计专项资质的企业,可以承接本专项相应等级的专项工程设计业务。

2007 年发布的《工程设计资质标准》对此略有修改,有兴趣的同学可以自行查阅。

2. 资质申请

1)资质许可的实施部门

(1)由国务院建设主管部门实施的资质许可

申请工程勘察甲级资质、工程设计甲级资质,以及涉及铁路、交通、水利、信息产业、民航等方面的工程设计乙级资质的,应当向企业工商注册所在地的省、自治区、直辖市人民政府建设主管部门提出申请。其中,国务院国资委管理的企业,应当向国务院建设主管部门提出申请;国务院国资委管理的企业下属一层级的企业申请资质,应当由国务院国资委管理的企业向国务院建设主管部门提出申请。

省、自治区、直辖市人民政府建设主管部门应当自受理申请之日起 20 日内初审完毕,并将初审意见和申请材料报国务院建设主管部门。

国务院建设主管部门应当自省、自治区、直辖市人民政府建设主管部门受理申请材料之日起 60 日内完成审查,公示审查意见,公示时间为 10 日。其中,涉及铁路、交通、水利、信息产业、民航等方面的工程设计资质,由国务院建设主管部门送国务院有关部门审核,国务院有关部门在 20 日内审核完毕,并将审核意见送国务院建设主管部门。

(2)由省、自治区、直辖市人民政府建设主管部门实施的资质许可

工程勘察乙级及以下资质、劳务资质、工程设计乙级(涉及铁路、交通、水利、信息产业、民航等方面的工程设计乙级资质除外)及以下资质许可由省、自治区、直辖市人民政府建设主管部门实施。具体实施程序由省、自治区、直辖市人民政府建设主管部门依法确定。

省、自治区、直辖市人民政府建设主管部门应当自作出决定之日起 30 日内,将准予资质许可的决定报国务院建设主管部门备案。

2)申请资质应当提交的材料

(1)企业首次申请工程勘察、工程设计资质应当提供的材料

企业首次申请工程勘察、工程设计资质,应当提供以下材料:

①工程勘察、工程设计资质申请表;

②企业法人、合伙企业营业执照副本复印件;

③企业章程或合伙人协议;

④企业法定代表人、合伙人的身份证明;

⑤企业负责人、技术负责人的身份证明、任职文件、毕业证书、职称证书及相关资质标准要求提供的材料;

⑥工程勘察、工程设计资质申请表中所列注册执业人员的身份证明、注册执业证书;

⑦工程勘察、工程设计资质标准要求的非注册专业技术人员的职称证书、毕业证书、身份证明及个人业绩材料;

⑧工程勘察、工程设计资质标准要求的注册执业人员、其他专业技术人员与原聘用单位解除聘用劳动合同的证明及新单位的聘用劳动合同;

⑨资质标准要求的其他有关材料。

(2)企业申请资质升级应当提交的材料

①《建设工程勘察设计资质管理规定》第11条第(一)、(二)、(五)、(六)、(七)、(九)项(即上文的首次申请中需要提交材料中的第①、②、⑤、⑥、⑦、⑨项)所列资料;

②工程勘察、工程设计资质标准要求的非注册专业技术人员与本单位签订的劳动合同及社保证明;

③原工程勘察、工程设计资质证书副本复印件;

④满足资质标准要求的企业工程业绩和个人工程业绩。

(3)企业增项申请工程勘察、工程设计资质,应当提交的材料

①本规定第11条所列(一)、(二)、(五)、(六)、(七)、(九)(即上文的首次申请中需要提交材料中的第①、②、⑤、⑥、⑦、⑨项)所列的资料;

②工程勘察、工程设计资质标准要求的非注册专业技术人员与本单位签订的劳动合同及社保证明;

③原资质证书正、副本复印件;

④满足相应资质标准要求的个人工程业绩证明。

(4)企业申请资质变更需要提交的材料

资质有效期届满,企业需要延续资质证书有效期的,应当在资质证书有效期届满60日前,向原资质许可机关提出资质延续申请。

企业申请资质证书变更,应当提交以下材料:

①资质证书变更申请;

②企业法人、合伙企业营业执照副本复印件;

③资质证书正、副本原件;

④与资质变更事项有关的证明材料。

企业改制的,除提供前款规定资料外,还应当提供改制重组方案、上级资产管理部门或者股东大会的批准决定、企业职工代表大会同意改制重组的决议。

3. 资质等级的核定

1) 企业首次申请、增项申请的资质核定

企业首次申请、增项申请工程勘察、工程设计资质,其申请资质等级最高不超过乙级,且不考核企业工程勘察、工程设计业绩。

已具备施工资质的企业首次申请同类别或相近类别的工程勘察、工程设计资质的,可以将相应规模的工程总承包业绩作为工程业绩予以申报。其申请资质等级最高不超过其现有施工资质等级。

2) 企业合并、分立、改制的资质核定

企业合并的,合并后存续或者新设立的企业可以承继合并前各方中较高的资质等级,但应当符合相应的资质标准条件。

企业分立的,分立后企业的资质按照资质标准及本规定的审批程序核定。

企业改制的,改制后不再符合资质标准的,应按其实际达到的资质标准及本规定重新核定;资质条件不发生变化的,按本规定第16条(即上文的"企业改制的,除提供前款规定资料外,还应当提供改制重组方案、上级资产管理部门或者股东大会的批准决定、企业职工代表大会同意改制重组的决议")核定。

3) 不予批准企业的资质升级申请和增项申请的情形

从事建设工程勘察、设计活动的企业,申请资质升级、资质增项,在申请之日起前一年内有下列情形之一的,资质许可机关不予批准企业的资质升级申请和增项申请:

①企业相互串通投标或者与招标人串通投标承揽工程勘察、工程设计业务的;

②将承揽的工程勘察、工程设计业务转包或违法分包的;

③注册执业人员未按照规定在勘察设计文件上签字的;

④违反国家工程建设强制性标准的;

⑤因勘察设计原因造成过重大生产安全事故的;

⑥设计单位未根据勘察成果文件进行工程设计的;

⑦设计单位违反规定指定建筑材料、建筑构配件的生产厂、供应商的;

⑧无工程勘察、工程设计资质或者超越资质等级范围承揽工程勘察、工程设计业务的;

⑨涂改、倒卖、出租、出借或者以其他形式非法转让资质证书的;

⑩允许其他单位、个人以本单位名义承揽建设工程勘察、设计业务的;

⑪其他违反法律、法规行为的。

5.2.2 勘察设计从业人员管理

勘察设计市场管理不仅包含了对勘察设计企业的管理,也包含了对勘察设计从业人员的管理。

依据《建设工程勘察设计管理条例》，国家对从事建设工程勘察、设计活动的专业技术人员，实行执业资格注册管理制度。未经注册的建设工程勘察、设计人员，不得以注册执业人员的名义从事建设工程勘察、设计活动。

这一点与《建筑法》关于从业人员的规定是一致的。《建筑法》第14条规定："从事建筑活动的专业技术人员，应当依法取得相应的执业资格证书，并在执业资格证书许可的范围内从事建筑活动。"

《建设工程勘察设计管理条例》同时规定，建设工程勘察、设计注册执业人员和其他专业技术人员只能受聘于一个建设工程勘察、设计单位；未受聘于建设工程勘察、设计单位的，不得从事建设工程的勘察、设计活动。

5.2.3 建设工程勘察设计发包与承包

勘察设计发包与承包属于《建筑法》《招标投标法》中规定的发承包的一种特殊情形。总体上，勘察设计发包与承包依然要受《建筑法》和《招标投标法》调整，但是由于其自身的特殊性，其发包与承包的规定也与《建筑法》《招标投标法》存在一定不同。其不同点主要表现在如下几方面。

1. 勘察设计任务发包的方式

建设工程勘察、设计发包依法实行招标发包或者直接发包。原则上，勘察设计任务的委托应该依据《招标投标法》进行招标发包，但是，《建设工程勘察设计管理条例》第16条规定，下列建设工程的勘察、设计，经有关主管部门批准，可以直接发包：

①采用特定的专利或者专有技术的；

②建筑艺术造型有特殊要求的；

③国务院规定的其他建设工程的勘察、设计。

《工程建设项目勘察设计招标投标办法》第4条规定，按照国家规定需要履行项目审批、核准手续的依法必须进行招标的项目，有下列情形之一的，经项目审批、核准部门审批、核准，项目的勘察设计可以不进行招标：

①涉及国家安全、国家秘密、抢险救灾或者属于利用扶贫资金实行以工代赈、需要使用农民工等特殊情况，不适宜进行招标；

②主要工艺、技术采用不可替代的专利或者专有技术，或者其建筑艺术造型有特殊要求；

③采购人依法能够自行勘察、设计；

④已通过招标方式选定的特许经营项目投资人依法能够自行勘察、设计；

⑤技术复杂或专业性强，能够满足条件的勘察设计单位少于三家，不能形成有效竞争；

⑥已建成项目需要改、扩建或者技术改造，由其他单位进行设计影响项目功能配套性；

⑦国家规定的其他特殊情形。

2. 勘察设计任务招标必须具备的条件

《工程建设项目勘察设计招标投标办法》第 9 条规定,依法必须进行勘察设计招标的工程建设项目,在招标时应当具备下列条件:

①招标人已经依法成立;

②按照国家有关规定需要履行项目审批、核准或者备案手续的,已经审批、核准或者备案;

③勘察设计有相应资金或者资金来源已经落实;

④所必需的勘察设计基础资料已经收集完成;

⑤法律法规规定的其他条件。

3. 勘察设计任务招标的方式

《工程建设项目勘察设计招标投标办法》第 10 条规定,工程建设项目勘察设计招标分为公开招标和邀请招标。

国有资金投资占控股或者主导地位的工程建设项目,以及国务院发展和改革部门确定的国家重点项目和省、自治区、直辖市人民政府确定的地方重点项目,除符合本办法规定条件且依法获得批准外,应当公开招标。

依法必须进行勘察设计招标的工程建设项目,在下列情况下可以进行邀请招标:

①技术复杂、有特殊要求或者受自然环境限制,只有少量潜在投标人可供选择;

②采用公开招标方式的费用占项目合同金额的比例过大。

有前款第二项所列情形,属于按照国家有关规定需要履行项目审批、核准手续的项目,由项目审批、核准部门在审批、核准项目时作出认定;其他项目由招标人申请有关行政监督部门作出认定。

招标人采用邀请招标方式的,应保证有三个以上具备承担招标项目勘察设计的能力,并具有相应资质的特定法人或者其他组织参加投标。

《工程建设项目勘察设计招标投标办法》第 7 条规定,招标人可以依据工程建设项目的不同特点,实行勘察设计一次性总体招标;也可以在保证项目完整性、连续性的前提下,按照技术要求实行分段或分项招标。

招标人不得利用前款规定限制或排斥潜在投标人或者投标人。将依法必须进行招标的项目招标人不得利用前款规定规避招标。

4. 勘察设计任务委托的模式

《建设工程勘察设计管理条例》规定,发包方可以将整个建设工程的勘察、设计发包给一个勘察、设计单位;也可以将建设工程的勘察、设计分别发包给几个勘察、设计单位。除建设工程主体部分的勘察、设计外,经发包方书面同意,承包方可以将建设工程其他部分的勘察、设计再分包给其他具有相应资质等级的建设工程勘察、设计单位。

5. 勘察设计任务的承接

(1) 对承包方的资质要求

《建设工程勘察设计管理条例》规定，承包方必须在建设工程勘察、设计资质证书规定的资质等级和业务范围内承揽建设工程的勘察、设计业务。这一点与《建筑法》和《招标投标法》的规定都是吻合的。

(2) 对承包方的投标文件的要求

依据《工程建设项目勘察设计招标投标办法》，投标人应当按照招标文件或者投标邀请书的要求编制投标文件。投标文件中的勘察设计收费报价，应当符合国务院价格主管部门制定的工程勘察设计收费标准。

投标人在投标文件有关技术方案和要求中不得指定与工程建设项目有关的重要设备、材料的生产供应者，或者含有倾向或者排斥特定生产供应者的内容。

(3) 对投标保证金的要求

《工程建设项目勘察设计招标投标办法》第24条规定，招标文件要求投标人提交投标保证金的，保证金数额一般不超过勘察设计估算费用的百分之二，最多不超过10万元人民币。

6. 确定中标人的依据

由于勘察设计的特殊性，其确定中标人的依据也与施工、材料采购等招标方式不同。《建设工程勘察设计管理条例》规定，建设工程勘察、设计方案评标，应当以投标人的业绩、信誉和勘察、设计人员的能力以及勘察、设计方案的优劣为依据，进行综合评定。

建设工程勘察、设计的招标人应当在评标委员会推荐的候选方案中确定中标方案。但是，建设工程勘察、设计的招标人认为，评标委员会推荐的候选方案不能最大限度地满足招标文件规定的要求的，应当依法重新招标。

《工程建设项目勘察设计招标投标办法》规定，勘察设计评标一般采取综合评估法进行。评标委员会应当按照招标文件确定的评标标准和方法，结合经批准的项目建议书、可行性研究报告或者上阶段设计批复文件，对投标人的业绩、信誉和勘察设计人员的能力以及勘察设计方案的优劣进行综合评定。招标文件中没有规定的标准和方法，不得作为评标的依据。

根据招标文件的规定，允许投标人投备选标的，评标委员会可以对中标人所提交的备选标进行评审，以决定是否采纳备选标。不符合中标条件的投标人的备选标不予考虑。

7. 勘察设计任务的分包与转包

《建设工程勘察设计管理条例》规定，除建设工程主体部分的勘察、设计外，经发包方书面同意，承包方可以将建设工程其他部分的勘察、设计再分包给其他具有相应资质等级的建设工程勘察、设计单位。

建设工程勘察、设计单位不得将所承揽的建设工程勘察、设计转包。

5.3 建设工程勘察质量管理

5.3.1 质量监督管理机关

国务院住房和城乡建设主管部门对全国的建设工程勘察质量实施统一监督管理。国务院铁路、交通、水利等有关部门按照国务院规定的职责分工,负责对全国的有关专业建设工程勘察质量实施监督管理。

县级以上地方人民政府住房和城乡建设主管部门对本行政区域内的建设工程勘察质量实施监督管理。县级以上地方人民政府有关部门在各自的职责范围内,负责本行政区域内的有关专业建设工程勘察质量的监督管理。

5.3.2 工程勘察的质量责任和义务

1. 建设单位的质量责任和义务

①建设单位应当为勘察工作提供必要的现场工作条件,保证合理的勘察工期,提供真实、可靠的原始资料。

②建设单位应当加强履约管理,及时足额支付勘察费用,不得迫使工程勘察企业以低于成本的价格承揽任务。

③建设单位应当依法将工程勘察文件送施工图审查机构审查。建设单位应当验收勘察报告,组织勘察技术交底和验槽。

④建设单位项目负责人应当按照有关规定履行代表建设单位进行勘察质量管理的职责。

2. 勘察单位的质量责任和义务

(1)依法承揽工程

工程勘察企业必须依法取得工程勘察资质证书,并在资质等级许可的范围内承揽勘察业务。

工程勘察企业不得超越其资质等级许可的业务范围或者以其他勘察企业的名义承揽勘察业务;不得允许其他企业或者个人以本企业的名义承揽勘察业务;不得转包或者违法分包所承揽的勘察业务。

(2)健全制度

工程勘察企业应当健全勘察质量管理体系和质量责任制度,建立勘察现场工作质量责任可追溯制度。

工程勘察企业将勘探、试验、测试等技术服务工作交由具备相应技术条件的其他单位承担的,工程勘察企业对相关勘探、试验、测试工作成果质量全面负责。

(3)依法勘察

工程勘察企业应当拒绝用户提出的违反国家有关规定的不合理要求,有权提出保证工程勘察质量所必需的现场工作条件和合理工期。

(4) 技术合作

工程勘察企业应当向设计、施工和监理等单位进行勘察技术交底,参与施工验槽,及时解决工程设计和施工中与勘察工作有关的问题,按规定参加工程竣工验收。

工程勘察企业应当参与建设工程质量事故的分析,并针对因勘察原因造成的质量事故,提出相应的技术处理方案。

(5) 从业资格

工程勘察项目负责人、审核人、审定人及有关技术人员应当具有相应的技术职称或者注册资格。

工程勘察企业法定代表人应当建立健全并落实本单位质量管理制度,授权具备相应资格的人员担任项目负责人。

(6) 质量责任

工程勘察企业项目负责人应当签署质量终身责任承诺书,执行勘察纲要和工程建设强制性标准,落实本单位勘察质量管理制度,制定项目质量保证措施,组织开展工程勘察各项工作。

工程勘察企业的法定代表人、项目负责人、审核人、审定人等相关人员,应当在勘察文件上签字或者盖章,并对勘察质量负责。

工程勘察企业法定代表人对本企业勘察质量全面负责;项目负责人对项目的勘察文件负主要质量责任;项目审核人、审定人对其审核、审定项目的勘察文件负审核、审定的质量责任。

(7) 规范内业

工程勘察工作的原始记录应当在勘察过程中及时整理、核对,确保取样、记录的真实和准确,禁止原始记录弄虚作假。钻探、取样、原位测试、室内试验等主要过程的影像资料应当留存备查。

司钻员、描述员、土工试验员等作业人员应当在原始记录上签字。工程勘察企业项目负责人应当对原始记录进行验收并签字。

鼓励工程勘察企业采用信息化手段,实时采集、记录、存储工程勘察数据。

(8) 设备完好

工程勘察企业应当确保仪器、设备的完好。钻探、取样的机具设备、原位测试、室内试验及测量仪器等应当符合有关规范、规程的要求。

(9) 技能培训

工程勘察企业应当加强职工技术培训和职业道德教育,提高勘察人员的质量责任意识。司钻员、描述员、土工试验员等人员应当按照有关规定接受安全生产、职业道德、理论知识和操作技能等方面的专业培训。

(10) 档案管理

工程勘察企业应当建立工程勘察档案管理制度。工程勘察企业应当在勘察报告提交建设单位后20日内将工程勘察文件和勘探、试验、测试原始记录及成果、质量安全管理记录归档保存。归档资料应当经项目负责人签字确认,保存期限应当不少于工程的设计使用年限。

国家鼓励工程勘察企业推进传统载体档案数字化。电子档案与传统载体档案具有同等效力。

5.3.3 工程勘查质量的监督管理

县级以上人民政府住房和城乡建设主管部门或者其他有关部门(以下简称工程勘察质量监督部门)应当通过"双随机、一公开"方式开展工程勘察质量监管,检查及处理结果及时向社会公开。

工程勘察质量监督部门可以通过政府购买技术服务方式,聘请具有专业技术能力的单位和人员对工程勘察质量进行检查,所需费用向本级财政申请予以保障。

工程勘察质量监督部门应当运用互联网等信息化手段开展工程勘察质量监管,提升监管的精准化、智能化水平。

工程勘察发生重大质量、安全事故时,有关单位应当按照规定向工程勘察质量监督部门报告。

任何单位和个人有权向工程勘察质量监督部门检举、投诉工程勘察质量、安全问题。

5.4 建设工程勘察设计文件的编制与实施

建设工程勘察、设计是工程建设的主导,建设工程设计方案的优劣,不仅关系到建设过程中能否保证质量、节约投资、缩短工期,而且关系到建成投产或者交付使用后的经济效益、环境效益和社会效益。据专家统计,一个建设项目节约投资的潜力70%以上来自优化设计。

5.4.1 建设工程勘察设计文件的编制

1. 建设工程勘察设计文件的编制依据

编制建设工程勘察设计文件,应当以下列规定为依据:
①项目批准文件;
②城乡规划;
③工程建设强制性标准;
④国家规定的建设工程勘察、设计深度要求。

铁路、交通、水利等专业建设工程,还应当以专业规划的要求为依据。

2. 建设工程勘察设计文件的编制要求

《建设工程勘察设计管理条例》规定,勘察设计文件必须满足下述要求。

(1)勘察文件

编制建设工程勘察文件,应当真实、准确,满足建设工程规划、选址、设计、岩土治理和施工的需要。

(2)设计文件

①编制方案设计文件,应当满足编制初步设计文件和控制概算的需要。

②编制初步设计文件,应当满足编制施工招标文件、主要设备材料订货和编制施工图设计文件的需要。

③编制施工图设计文件,应当满足设备材料采购、非标准设备制作和施工的需要,并注明建设工程合理使用年限。

(3)材料、设备的选用

①注明技术指标。

勘察设计文件中选用的材料、构配件、设备,应当注明其规格、型号、性能等技术指标,其质量要求必须符合国家规定的标准。除有特殊要求的建筑材料、专用设备和工艺生产线等外,设计单位不得指定生产厂、供应商。

②新技术、新材料的选用。

勘察设计文件中规定采用的新技术、新材料,可能影响工程建设质量和安全又没有国家技术标准的,应当由国家认可的检测机构进行试验、论证,出具检测报告,并经国务院有关部门或省、自治区、直辖市人民政府有关部门组织的工程建设技术专家委员会审定后,方可使用。

5.4.2 施工图设计文件的审查

国家实施施工图设计文件(含勘察文件,以下简称施工图)审查制度。

施工图审查,是指建设主管部门认定的施工图审查机构(以下简称审查机构)按照有关法律、法规,对施工图涉及公共利益、公众安全和工程建设强制性标准的内容进行的审查。施工图设计文件未经审查批准的,不得使用。

1. 审查机构

施工图审查机构负责施工图审查的具体工作。施工图审查机构是不以营利为目的的独立法人。

建设单位应当将施工图送审查机构审查。建设单位可以自主选择审查机构,但是审查机构不得与所审查项目的建设单位、勘察设计企业有隶属关系或者其他利害关系。

审查机构对施工图审查工作负责,承担审查责任。施工图经审查合格后,仍有违反法律、法规和工程建设强制性标准的问题,给建设单位造成损失的,审查机构依法承担相应的赔偿责任;建设主管部门对审查机构、审查机构的法定代表人和审查人员依法作出处理或者处罚。

依据2013年8月1日实施的《房屋建筑和市政基础设施工程施工图设计文件审

查管理办法》,审查机构按承接业务范围分两类:一类机构承接房屋建筑、市政基础设施工程施工图审查,业务范围不受限制;二类机构可以承接中型及以下房屋建筑、市政基础设施工程的施工图审查。

(1)一类审查机构的条件

一类审查机构应当具备下列条件。

①有健全的技术管理和质量保证体系。

②审查人员应当有良好的职业道德;有15年以上所需专业勘察、设计工作经历;主持过不少于5项大型房屋建筑工程、市政基础设施工程相应专业的设计或者甲级工程勘察项目相应专业的勘察;已实行执业注册制度的专业,审查人员应当具有一级注册建筑师、一级注册结构工程师或者勘察设计注册工程师资格,并在本审查机构注册;未实行执业注册制度的专业,审查人员应当具有高级工程师职称;近5年内未因违反工程建设法律法规和强制性标准受到行政处罚。

③在本审查机构专职工作的审查人员数量:从事房屋建筑工程施工图审查的,结构专业审查人员不少于7人,建筑专业不少于3人,电气、暖通、给排水、勘察等专业审查人员各不少于2人;从事市政基础设施工程施工图审查的,所需专业的审查人员不少于7人,其他必须配套的专业审查人员各不少于2人;专门从事勘察文件审查的,勘察专业审查人员不少于7人。

承担超限高层建筑工程施工图审查的,还应当具有主持过超限高层建筑工程或者100米以上建筑工程结构专业设计的审查人员不少于3人。

④60岁以上审查人员不超过该专业审查人员规定数量的1/2。

⑤注册资金不少于300万元。

(2)二类审查机构的条件

二类审查机构应当具备下列条件。

①有健全的技术管理和质量保证体系。

②审查人员应当有良好的职业道德;有10年以上所需专业勘察设计工作经历;主持过不少于5项中型以上房屋建筑工程、市政基础设施工程相应专业的设计或者乙级以上工程勘察项目相应专业的勘察;已实行执业注册制度的专业,审查人员应当具有一级注册建筑师、一级注册结构工程师或者勘察设计注册工程师资格,并在本审查机构注册;未实行执业注册制度的专业,审查人员应当具有高级工程师职称;近5年内未因违反工程建设法律法规和强制性标准受到行政处罚。

③在本审查机构专职工作的审查人员数量:从事房屋建筑工程施工图审查的,结构专业审查人员不少于3人,建筑、电气、暖通、给排水、勘察等专业审查人员各不少于2人;从事市政基础设施工程施工图审查的,所需专业的审查人员不少于4人,其他必须配套的专业审查人员各不少于2人;专门从事勘察文件审查的,勘察专业审查人员不少于4人。

④60岁以上审查人员不超过该专业审查人员规定数量的1/2。

⑤注册资金不少于100万元。

2. 送审施工图需要提交的材料

建设单位应当向审查机构提供下列资料并对所提供资料的真实性负责：

①作为勘察、设计依据的政府有关部门的批准文件及附件；

②全套施工图。

3. 审查的内容

审查机构应当审查施工图的下列内容：

①是否符合工程建设强制性标准；

②地基基础和主体结构的安全性；

③是否符合民用建筑节能强制性标准，对执行绿色建筑标准的项目，还应当审查是否符合绿色建筑标准；

④勘察设计企业和注册执业人员以及相关人员是否按规定在施工图上加盖相应的图章和签字；

⑤法律、法规、规章规定必须审查的内容。

4. 审查时限

施工图审查原则上不超过下列时限：

①大型房屋建筑工程、市政工程为15个工作日，中型及以下房屋建筑工程、市政基础设施工程为10个工作日；

②工程勘察文件，甲级项目为7个工作日，乙级及以下项目为5个工作日。

以上时限不包括施工图修改时间和审查机构的复审时间。

5. 审查结果

审查机构对施工图进行审查后，应当根据下列情况分别作出处理。

①审查合格的，审查机构应当向建设单位出具审查合格书，并在全套施工图上加盖审查专用章。审查合格书应当有各专业的审查人员签字，经法定代表人签发，并加盖审查机构公章。审查机构应当在出具审查合格书后5个工作日内，将审查情况报工程所在地县级以上地方人民政府住房城乡建设主管部门备案。

②审查不合格的，审查机构应当将施工图退建设单位并出具审查意见告知书，说明不合格原因。同时，应当将审查意见告知书及审查中发现的建设单位、勘察设计企业和注册执业人员违反法律、法规和工程建设强制性标准的问题，报工程所在地县级以上地方人民政府住房城乡建设主管部门。

施工图退还建设单位后，建设单位应当要求原勘察设计企业进行修改，并将修改后的施工图送原审查机构复审。

6. 对审查机构的监督

县级以上人民政府住房城乡建设主管部门应当加强对审查机构的监督检查，主要检查下列内容：

①是否符合规定的条件；

②是否超出范围从事施工图审查;
③是否使用不符合条件的审查人员;
④是否按规定的内容进行审查;
⑤是否按规定上报审查过程中发现的违法违规行为;
⑥是否按规定填写审查意见告知书;
⑦是否按规定在审查合格书和施工图上签字盖章;
⑧是否建立健全审查机构内部管理制度;
⑨审查人员是否按规定参加继续教育。

县级以上人民政府住房城乡建设主管部门实施监督检查时,有权要求被检查的审查机构提供有关施工图审查的文件和资料,并将监督检查结果向社会公布。

5.4.3 勘察设计文件的实施

1. 施工图的修改

审查合格的施工图是施工的依据,建设单位、施工单位、监理单位不得修改建设工程勘察、设计文件;确需修改建设工程勘察、设计文件的,应当由原建设工程勘察、设计单位修改。经原建设工程勘察、设计单位书面同意,建设单位也可以委托其他具有相应资质的建设工程勘察、设计单位修改。修改单位对修改的勘察、设计文件承担相应责任。施工单位、监理单位发现建设工程勘察、设计文件不符合工程建设强制性标准、合同约定的质量要求的,应当报告建设单位,建设单位有权要求建设工程勘察、设计单位对建设工程勘察、设计文件进行补充、修改。建设工程勘察、设计文件内容需要作重大修改的,建设单位应当报经原审批机关批准后,方可修改。

2. 设计交底

为了能让施工单位对施工图深刻理解,避免出现理解上的分歧而影响施工,建设工程勘察、设计单位应当在建设工程施工前,向施工单位和监理单位说明建设工程勘察、设计意图,解释建设工程勘察、设计文件。

在施工的过程中会出现各种复杂的情况。这些情况的出现往往会导致后续工作无法按照既定的方案实施。这就要求建设工程勘察设计单位应当及时解决施工中出现的勘察设计问题,以使后续工作得以顺利开展。

5.5 建设工程勘察设计监督管理

为了保证建设工程勘察、设计的质量,保护人民生命和财产安全,政府必须加强对建设工程勘察、设计的管理。因此,政府有关部门应对建设工程勘察设计进行监督管理。

5.5.1 建设工程勘察设计监督管理机构

根据《建设工程勘察设计管理条例》的规定,建设工程勘察设计的监督管理有不同的分工,即根据建设工程的专业性质进行分工和根据行政管辖级别的不同进行分工。具体如下。

国务院建设行政主管部门对全国的建设工程勘察、设计活动实施统一监督管理。县级以上人民政府的建设行政主管部门对本行政区域内的建设工程勘察、设计活动实施监督管理。

国务院铁路、交通、水利等有关部门按照国务院规定的职责分工,负责全国有关专业建设工程勘察、设计活动的监督管理。县级以上地方人民政府建设行政主管部门对本行政区域内的建设工程勘察、设计活动实施监督管理。县级以上地方人民政府交通、水利等有关部门在各自的职责范围内,负责本行政区域内有关专业的建设工程勘察、设计活动的监督管理。

任何单位和个人对建设工程勘察、设计活动中的违法行为都有权检举、控告和投诉。

5.5.2　建设工程勘察设计监督的内容

县级以上人民政府行政主管部门或交通、水利部门,应对建设项目勘察设计有关文件中涉及公共利益、公众安全、工程建设强制性标准的内容进行审核。未经审核批准的建设工程勘察设计文件不得使用。

建设工程勘察、设计单位在其勘察、设计资质证书规定的业务范围内跨部门、跨地区承揽勘察设计任务的,有关地方人民政府不得设置障碍,不得违反国家规定收取任何费用。

县级以上人民政府建设行政主管部门或者交通、水利等有关部门应当对施工图设计文件中涉及公共利益、公众安全、工程建设强制性标准的内容进行审查。施工图设计文件未经审查批准的,不得使用。

5.6　法律责任

违反《建设工程勘察设计管理条例》的法律责任如下所述。

1. 超越资质、假借资质承揽勘察设计业务的法律责任

建设工程勘察、设计单位应当在其资质等级许可的范围内承揽建设工程勘察、设计业务。禁止建设工程勘察、设计单位超越其资质等级许可的范围或者以其他建设工程勘察、设计单位的名义承揽建设工程勘察、设计业务。禁止建设工程勘察、设计单位允许其他单位或者个人以本单位的名义承揽建设工程勘察、设计业务。

违反本条规定的,责令其停止违法行为,处合同约定的勘察费、设计费1倍以上2倍以下的罚款,有违法所得的,予以没收;可以责令停业整顿,降低资质等级;情节严重的,吊销资质证书。未取得资质证书承揽工程的,予以取缔,依照前款规定处以罚款;有违法所得的,予以没收。以欺骗手段取得资质证书承揽工程的,吊销资质证书,依照本条第一款规定处以罚款;有违法所得的,予以没收。

2. 勘察设计单位违法编制勘察设计文件的法律责任

违反本条例规定,勘察、设计单位未依据项目批准文件,城乡规划及专业规划,国家规定的建设工程勘察、设计深度要求编制建设工程勘察设计文件的,责令限期改正;逾期不改正的,处10万元以上30万元以下的罚款,造成工程质量事故或者环境污染和生态破坏的,责令停业整顿,降低资质等级;情节严重的,吊销资质证书;造成损失的,依法承担赔偿责任。

3. 勘察设计人员的法律责任

①违反本条例规定,未经注册,擅自以注册建设工程勘察、设计人员的名义从事建设工程勘察、设计活动的,责令停止违法行为,没收违法所得,处违法所得2倍以上5倍以下罚款;给他人造成损失的,依法承担赔偿责任。

②建设工程勘察、设计注册执业人员和其他专业技术人员未受聘于一个建设工程勘察、设计单位或者同时受聘于两个以上建设工程勘察、设计单位,从事建设工程勘察、设计活动的,责令停止违法行为,没收违法所得,处违法所得2倍以上5倍以下的罚款;情节严重的,可以责令停止执行业务或者吊销资格证书;给他人造成损失的,依法承担赔偿责任。

③违法发包的法律责任。发包方将建设工程勘察、设计业务发包给不具有相应资质等级的建设工程勘察、设计单位的,责令改正,处50万元以上100万元以下的罚款。

4. 转包的法律责任

建设工程勘察、设计单位将所承揽的建设工程勘察、设计转包的,责令改正,没收违法所得,处合同约定的勘察费、设计费25%以上50%以下的罚款,可以责令停业整顿,降低资质等级;情节严重的,吊销资质证书。

5. 其他法律责任

违反本条例规定,有下列行为之一的,依照《建设工程质量管理条例》第63条的规定给予处罚:

①勘察单位未按照工程建设强制性标准进行勘察的;
②设计单位未根据勘察成果文件进行工程设计的;
③设计单位指定建筑材料、建筑构配件的生产厂、供应商的;
④设计单位未按照工程建设强制性标准进行设计的。

【本章小结】

建设工程勘察、设计是工程建设程序中非常重要的环节,对工程的质量和效益起着至关重要的作用。本章重点介绍了建设工程勘察设计的概念,勘察设计的法规体系,勘察设计企业的资质管理,勘察设计从业人员的资格管理,勘察质量管理,勘察设计文件的编制与实施,以及勘察设计的监督管理与法律责任。

【思考与练习】

5-1 建设工程勘察设计的概念是什么？

5-2 建设工程勘察设计的基本原则是什么？

5-3 建设工程勘察设计的招标范围是什么？直接发包的范围是什么？

5-4 勘察设计文件如何审批？

第6章 工程质量法律制度

6.1 工程质量法律体系

1. 建设工程质量的含义

建设工程质量简称工程质量,工程质量有狭义与广义之分。

狭义的工程质量是指工程满足业主需要的,符合国家法律、法规、技术规范标准、设计文件及合同规定的特性综合。这一概念强调的是工程的实体质量,如基础是否坚固、主体结构是否安全,以及通风、采光是否合理等。

广义的工程质量不仅包括工程的实体质量,还包括形成实体质量的工作质量。工作质量是指参与工程的建设者,为了保证工程实体质量所从事工作的水平和完善程度,包括社会工作质量,如社会调查、市场预测、质量回访和保修服务等;还包括生产过程工作质量,如管理工作质量、技术工作质量和后勤工作质量等。工作质量直接决定了实体质量,工程实体质量的好坏是项目决策、建设工程勘察、设计、施工等单位各方面、各环节工作质量的综合反映,是多因一果的问题。因此,我们须从广义上理解工程质量的概念,而不能仅仅把认识停留在工程的实体质量上。

工程作为一种特殊的产品,除具有一般商品共有的质量特性,如性能、寿命、可靠性、安全性、经济性等满足社会需要的使用价值及其属性外,还具有特定的内涵。

建设工程质量的特性主要表现在以下几个方面。

(1) 适用性

适用性即功能,是指工程满足使用目的的各种性能,包括理化性能、结构性能、使用性能以及外观性能等。

工程竣工以后必须符合业主的意图,如民用住宅工程要能使居住者安居,工业厂房要能满足生产活动需要。

建设工程的组成部件、配件,也要能满足其使用功能,如各类构配件尺寸要正确、便于安装,电梯、制冷等设备要能正常运作,水电管道要畅通,卫生洁具要舒适而便于清洁等,才能保证工程总体功能的实现。

(2) 耐久性

耐久性即寿命,是指工程在规定的条件下,满足规定功能要求使用的年限,也就是工程竣工后的合理使用寿命周期。

(3) 安全性

安全性是指工程建成后在使用过程中保证结构安全、保证人身和环境免受危害的程度。

建设工程产品的结构安全度、抗震、耐久及防火能力,人民防空工程的抗辐射、抗核污染等能力,是否能达到特定的要求,都是安全性的重要标志。工程交付使用以后,必须保证人身财产、工程整体都能免遭工程结构破坏及外来危害的伤害。

工程组成部件,也要保证使用者的安全,无论是阳台的栏杆、楼梯的扶手等,都要确保在正常使用情况下,不发生对人身的伤害事故。

(4)可靠性

可靠性是指工程在规定的时间和规定的条件下完成规定功能的能力。工程不仅要求在交工验收时要达到规定的指标,而且在一定的使用时期内要保持应有的正常功能。

(5)经济性

经济性是指工程从规划、勘察、设计、施工到整个产品使用寿命周期内的成本和消耗的费用。建筑的一次造价和使用期间操作运行费用、维修费用、更换及改造费用等构成经济学家所称的"全寿命费用"。

建筑产品的后期投入与一次造价的比例随不同时期、不同国家、不同项目而异,但后期投入始终是非常可观的。应充分考虑到全寿命周期中各阶段的投入及其在全寿命费用中的比重,运用加权平均法综合平衡一次投资与后期投入的关系,从整体上降低全寿命周期成本。

(6)与环境的协调性

与环境的协调性是指工程与其周围生态环境相协调,与所在地区经济环境协调以及与周围已建工程相协调,以适应可持续发展的要求。

任何商品都具有社会性,建设工程的社会性更明显。工程规划、设计、施工质量的好坏,受益和受害的不仅仅是使用者,还包括整个社会。它不仅影响城市的规划,而且将影响社会的可持续发展,特别是园林绿化、环境卫生、噪声污染的治理,这些工程立项与实施必须经过环保等部门的审批。

上述各种质量特性都不是孤立的,它们彼此相互依存。总体而言,适用、耐久、安全、可靠、经济、与环境的协调等都是必须达到的基本要求,缺一不可。

2. 工程质量法律体系

工程质量法律体系包括以《建设工程质量管理条例》为核心的一系列法规、部门规章。其中主要包括以下各项。

(1)《建设工程质量管理条例》

《建设工程质量管理条例》于2000年1月10日国务院第25次常务会议通过,自2000年1月30日起施行,于2017年10月7日修订。《建设工程质量管理条例》包括82条,分别对建设单位、施工单位、监理单位、勘察设计单位的质量责任和义务作出了规定。

《建设工程质量管理条例》第2条规定:"凡在中华人民共和国境内从事建设工程

的新建、扩建、改建等有关活动及实施对建设工程质量监督管理的,必须遵守本条例。本条例所称建设工程,是指土木工程、建筑工程、线路管道和设备安装工程及装修工程。"

《建设工程质量管理条例》指出了从事建设工程活动,必须严格执行基本建设程序,坚持先勘察、后设计、再施工的原则。

(2)《房屋建筑工程质量保修办法》

自 2000 年 6 月 30 日起施行的《房屋建筑工程质量保修办法》适用于在中华人民共和国境内新建、扩建、改建各类房屋建筑工程(包括装修工程)的质量保修活动。

(3)《建设工程质量保证金管理办法》

自 2017 年 7 月 1 日起施行,由住房和城乡建设部、财政部联合发布。

6.2 工程质量责任和义务

6.2.1 建设单位的质量责任和义务

建设单位作为建设工程的投资人,在整个建设活动中居于主导地位。其他建设行为主体的行为都是在一定阶段、一定方面为建设单位服务的,而建设单位对建设工程的管理贯穿始终。建设单位的质量控制目标,是通过施工全过程的全面质量监督管理、协调和决策,保证竣工项目达到投资决策所确定的质量标准。因此,首先应对建设单位的行为进行规范,对其质量责任和义务予以明确。建设单位的质量责任和义务主要有以下几个方面。

1. 依法发包

建设单位应当将工程发包给具有相应资质等级的单位,不得将工程肢解发包。

建设活动不同于一般的经济活动,从业单位素质的高低直接影响着工程质量。资质等级反映了单位从事某项工作的资格和能力,是国家对建设市场准入管理的重要手段。因此,从事建设活动的单位必须符合严格的资质条件。

肢解发包是指建设单位将应当由一个承包单位完成的建设工程分解成若干部分发包给不同的承包单位的行为。这样做不利于科学地组织流水施工,也不便分清不同的承包单位的质量责任,还容易滋生腐败。因此,这是《建筑法》《建设工程质量管理条例》严令禁止的行为。

2. 提供原始资料

建设单位应当依法对工程建设项目的勘察、设计、施工、监理以及与工程建设有关的重要设备、材料等的采购进行招标。同时必须向有关的勘察、设计、施工、工程监理等单位提供与工程有关的原始资料,原始资料必须真实、准确、齐全。

3. 依法履行合同

建设单位必须要依法履行合同,不得对承包单位的建设活动进行不合理的干预。

①建设单位不得迫使承包方以低于成本的价格竞标,不得任意压缩合理工期。

实际工作中,不少建设单位一味强调降低成本,迫使投标方互相压价,最终承包单位以低于其成本的价格中标。而中标单位在承包工程后,为了减少开支,降低成本,不得不偷工减料、以次充好、粗制滥造,势必影响工程质量。

合理工期是指在正常建设条件下,采取科学合理的施工工艺和管理方法,以现行的建设行政主管部门颁布的工期定额为基础,结合项目建设的具体情况而确定的工期。建设单位不能为了早日发挥项目的效益,迫使承包单位赶工期。实际上,盲目赶工期,简化程序,不按规程操作,导致建设项目出问题的情况很多。对此,我们应将眼光放远,谨慎对待。

②建设单位不得明示或暗示设计单位或者施工单位违反工程建设强制性标准,降低建设工程质量。

强制性标准是保证工程结构安全可靠的基础性要求,违反了这类标准,必然会给工程带来重大质量隐患。

③建设单位不得明示或暗示施工单位使用不合格的建筑材料、建筑构配件和设备。

4. 送审施工图

建设单位应将施工图设计文件报经有关部门审查批准的,未经批准,不得使用。

施工图设计文件是设计文件的重要内容,是编制施工图预算,安排材料、设备订货和非标准设备制作,进行施工、安装和工程验收等工作的依据。施工图设计文件一经完成,建设工程最终所要达到的质量,尤其是地基基础和结构的安全性就有了约束,因此,施工图设计文件的质量直接影响建设工程的质量。对施工图设计文件展开审查,既是对设计单位的成果进行质量控制,也能纠正参与建设活动各方的不规范行为,而且审查是在施工图设计文件完成之后,交付施工之前进行,这样就可以有效地避免损失,保证建设工程的质量。

5. 依法委托监理

对必须实行监理的工程,建设单位应当委托具有相应资质等级的工程监理单位进行监理,也可以委托具有工程监理相应资质等级并与被监理工程的施工总承包单位没有隶属关系或者其他利害关系的该工程的设计单位进行监理。

《建设工程质量管理条例》中明确规定,在我国必须实行监理的工程如下。

(1)国家重点建设工程

国家重点建设工程,是指依据《国家重点建设项目管理办法》所确定的对国民经济和社会发展有重大影响的骨干项目。

(2)大中型公用事业工程

大中型公用事业工程,是指项目总投资额在3000万元以上的下列项目:

①供水、供电、供气、供热等市政工程项目;

②科技、教育、文化等项目;
③体育、旅游、商业等项目;
④卫生、社会福利等项目;
⑤其他公用事业项目。

(3)成片开发建设的住宅小区工程

成片开发建设的住宅小区工程,是指建筑面积在5万平方米以上的住宅建设工程必须实行监理;5万平方米以下的住宅建设工程,可以实行监理,具体范围和规模标准,由省、自治区、直辖市人民政府建设行政主管部门规定。为了保证住宅质量,对高层住宅及地基基础复杂的多层住宅应当实行监理。

(4)利用外国政府或者国际组织贷款、援助资金的工程

利用外国政府或者国际组织贷款、援助资金的工程范围包括:
①使用世界银行、亚洲开发银行等国际组织贷款资金的项目;
②使用外国政府及其机构贷款资金的项目;
③使用国际组织或者国外政府援助资金的项目。

(5)国家规定必须实行监理的其他工程

①项目总投资额在3000万元以上关系社会公众利益、公众安全的下列基础设施项目:

a.煤炭、石油、化工、天然气、电力、新能源等项目;
b.铁路、公路、管道、水运、民航以及其他交通运输业等项目;
c.邮政、电信枢纽、通信、信息网络等项目;
d.防洪、灌溉、排涝、发电、引(供)水、滩涂治理、水资源保护、水土保持等水利建设项目;
e.道路、桥梁、地铁和轻轨交通、污水排放及处理、垃圾处理、地下管道、公共停车场等城市基础设施项目;
f.生态环境保护项目;
g.其他基础设施项目。

②学校、影剧院、体育场馆等项目。

6. 办理质量监督手续

建设单位在开工前,应当按照国家有关规定办理工程质量监督手续,工程质量监督手续可以与施工许可证或者开工报告合并办理。

7. 依法变更

涉及建筑主体和承重结构变动的装修工程,建设单位应当在施工前委托原设计单位或具有相应资质条件的设计单位提出设计方案;没有设计方案的,不得施工。

对建筑工程进行必要的装修作业,是满足建筑工程使用功能和美观的重要施工活动。但有一些装修工程,为了满足特定的使用目的,要对结构主体和承重结构进行改动。对于这类装修工程的施工,如果没有法律法规约束,任何单位和个人都可

随意对建筑主体和承重结构进行变动和装修,并且又是在没有设计方案的前提下擅自施工,必将给工程带来质量隐患和质量问题,后果十分严重。因此,建设单位应当委托该建筑工程的原设计单位或者具有相应资质条件的设计单位提出装修工程的设计方案。原设计单位对建设工程的情况、结构形式等比较熟悉,一般情况下应委托其进行该建设工程的装修设计。在难以委托原设计单位的情况下,应委托与原设计单位有同等或以上资质的设计单位承担设计任务。

8. 组织竣工验收

建设单位应按照国家有关规定组织竣工验收,建设工程验收合格的,方可交付使用。

根据《建筑法》《建设工程质量管理条例》等相关法规规定,交付竣工验收的工程,必须具备下列条件:

①完成建设工程设计和合同约定的各项内容;
②有完整的技术档案和施工管理资料;
③有工程使用的主要建筑材料、建筑构配件和设备的进场试验报告;
④有勘察、设计、施工、工程监理等单位分别签署的质量合格文件;
⑤有施工单位签署的工程保修书。

竣工验收的依据是已批准的可行性研究报告、初步设计或扩大初步设计、施工图和设备技术说明书以及现行施工技术验收的规范和主管部门(公司)有关审批、修改、调整的文件等。

工程验收合格后,方可交付使用。

建设单位还应履行建设工程竣工验收备案手续,在工程竣工验收合格后15日内到建设行政主管部门或其他有关部门备案。

另外,建设单位若是房屋建设开发公司,除承担一般建设单位的有关责任、义务外,还应建立健全质量保证体系,加强对开发工程的质量管理;其开发经营的工程质量应符合国家现行的有关法律、法规、技术标准和设计文件的要求;其出售的房屋应符合使用要求,并应提供有关使用、保养和维修的说明,如发生质量问题,应在保修期内负责保修。

最高人民法院《关于审理建设工程施工合同纠纷案件适用法律问题的解释》,第14条规定:"工程未经竣工验收,发包人擅自使用后主张承包人就已经使用部分承担修复责任和损害赔偿责任的,不予支持,但承包人应当承担地基基础工程和主体结构的保修责任。"

6.2.2 勘察、设计单位的质量责任和义务

1. 共同的质量责任

(1)承揽业务时的质量责任

从事建设工程勘察、设计的单位应当依法取得相应等级的资质证书,并在其资

质等级许可的范围内承揽工程。

禁止勘察、设计单位超越其资质等级许可的范围或者以其他勘察、设计单位的名义承揽工程。禁止勘察、设计单位允许其他单位或者个人以本单位的名义承揽工程。

勘察、设计单位不得转包或者违法分包所承揽的工程。

(2)执行强制性标准的责任

勘察、设计单位必须按照工程建设强制性标准进行勘察、设计,并对其勘察、设计的质量负责。

注册建筑师、注册结构工程师等注册执业人员应当在设计文件上签字,对设计文件负责。

2. 勘察单位的质量责任

由于勘察成果是设计和施工的基础数据,直接影响到设计和施工的质量,因此,勘察单位提供的地质、测量、水文等勘察成果必须真实、准确。

3. 设计单位的质量责任

(1)设计单位应当根据勘察成果文件进行建设工程设计

勘察成果文件是设计的基础资料,是设计的依据。比如,在不知道地基承载力情况下无法进行地基基础设计,而一旦地基承载力情况发生变化,随之而来基础的尺寸、配筋等都要修改,甚至基础选型也要改变,这将给设计人员增添很多工作量,造成工作的反复,继而影响设计的质量。因此,先勘察后设计一直是工程建设的基本做法,也是建设程序的基本要求。

(2)所选建筑材料、建筑构配件及设备的质量要求必须符合国家规定的标准

设计单位在设计文件选用的建筑材料、建筑构配件和设备,应注明其规格、型号、性能等技术指标,其质量要求必须符合国家规定的标准。除有特殊要求的建筑材料、专用设备、工艺生产线等,设计单位不得指定生产厂、供应商。

(3)做好技术交底

设计单位应当就审查合格的施工图设计文件向施工单位作出详细说明(又称为技术交底)。技术交底,是在施工开始前,由建设单位召集设计、施工单位的技术人员开会,首先由设计人员就施工设计图上有关技术问题,向施工技术人员进行面对面的交代、协商和作出说明。然后,施工技术人员就施工图的一些技术问题向设计人员进行询问、落实解决办法。技术交底会上确定的相关技术问题、处理办法等,应作出详细记录,经有关负责人签字、设计单位盖章后,在施工图中执行,与施工图具有同等效力。

(4)参与建设工程质量事故处理

工程中发生的质量事故的原因是多方面的,可能源于施工单位自身的施工质量,也可能源于设计单位在设计中存在的问题。为了能够深入分析事故原因,正确处理工程质量事故,设计单位应当参与建设工程质量事故分析,并对因设计造成的

质量事故,提出相应的技术处理方案。

6.2.3 施工单位的质量责任和义务

施工单位的质量控制目标,是通过施工全过程的全面质量自控,保证交付满足施工合同及设计文件所规定的质量标准的建设工程产品。其具体的质量责任和义务如下。

1. 承揽业务时的质量责任

施工单位应当依法取得相应等级的资质证书,并在其资质等级许可的范围内承揽工程。

禁止施工单位超越本单位资质等级许可的业务范围或者以其他施工单位的名义承揽工程。禁止施工单位允许其他单位或个人以本单位的名义承揽工程。

施工单位不得转包或者违法分包工程。

①施工单位的资质等级,是施工单位建设业绩、人员素质、管理水平、资金数量、技术设备等综合能力的体现,反映了该施工单位从事某项施工工作的资格和能力,是国家对建筑市场准入管理的重要手段。施工单位应严格在其资质等级许可的经营范围内从事承包工程活动。

②施工单位必须在其资质等级许可的范围内承揽工程,禁止以其他施工单位名义承揽工程和允许其他单位或个人以本单位的名义承揽工程。施工单位转让、出借资质证书或者以其他方式允许他人以本单位名义承揽工程的,对因该项承揽工程不符合规定的质量标准造成的损失,施工单位与使用本单位名义的单位或者个人承担连带赔偿责任。

③转包,是指承包单位承包工程后,不履行合同约定的责任和义务,将其承包的全部建设工程转给他人或者将其承包的全部工程肢解以后以分包的名义分别转给他人承包的行为。转包的最大特点是转包人只从受转包方收取管理费,而不对工程进行施工和管理。

所谓违法分包,主要是指施工总承包单位将工程分包给不具备相应资质条件的单位。如违反合同约定,未经建设单位认可,擅自分包工程;将主体工程的施工分包给他人,分包单位再分包的。

2. 总承包单位与分包单位对分包工程的质量承担连带责任

对于实行工程施工总承包的,无论质量问题是由总承包单位造成的,还是由分包单位造成的,均由总承包单位负全面的质量责任。另一方面,总承包单位与分包单位对分包工程的质量承担连带责任。依据这种责任,对于分包工程发生的质量责任,建设单位或其他受害者既可以向分包单位请求赔偿全部损失,也可以向总承包单位请求赔偿全部损失,在总承包单位承担责任后,可以依照法律及分包合同的约定,向分包单位追偿。

3. 施工单位必须按照工程设计图纸和施工技术标准进行施工

（1）施工单位必须按照工程设计图纸进行施工

工程设计图纸是建筑设计单位根据工程在功能、质量等方面的要求所做出的设计工作的最终结果，其中的施工图是对建筑物、设备、管线等工程对象的尺寸、布置、选用材料、构造、相互关系、施工及安装质量要求的详细图纸和说明，是指导施工的直接依据。进行建筑工程的各项施工活动，都必须按照相应的施工图纸的要求进行。

（2）施工单位必须按照施工技术标准进行施工

施工单位除必须严格按照工程设计图纸施工外，还必须按照建设工程施工技术标准的要求进行施工。施工技术标准包括对各项施工的施工准备、施工操作工艺流程和应达到的质量要求的规定，是施工作业人员进行每一项施工操作的技术依据。施工单位的作业人员必须按照施工技术标准的规定进行施工。

（3）施工单位不得偷工减料

偷工，是指不按照施工技术标准规定的施工操作工艺流程进行施工作业，擅自减少工作量的行为。减料，是指在工程施工中违反设计文件和施工技术标准的规定，擅自减少建筑用料的数量和降低用料质量的行为。从现实情况看，工程施工中偷工减料的行为，是造成建设工程质量低下，以致发生重大质量事故的重要原因之一。因此，《建筑法》《建设工程质量管理条例》都对该行为规定了明确的法律责任。

（4）施工单位不得擅自修改工程设计

按工程设计图纸施工，是保证工程实现设计意图的前提，也是明确划分设计、施工单位质量责任的前提。施工过程中，如果施工单位不按图纸施工或者不经原设计单位同意擅自修改工程设计，其直接后果往往是违反原设计意图，影响工程质量，有的还可能给工程结构安全留下隐患。其间接后果是在原设计有缺陷或出现工程质量事故的情况下，由于施工单位擅自修改了设计，混淆了设计、施工单位各自应负的质量责任。

施工单位在施工过程中发现设计文件的差错，应当及时向设计单位提出，避免造成不必要的损失和质量问题。

4. 自检建筑材料

施工单位必须按照工程设计要求、施工技术标准和合同约定，对建筑材料、建筑构配件、设备及商品混凝土进行检验，检验应当有书面记录和专人签字；未经检验或检验不合格的，不得使用。

施工中要按工程设计要求、施工技术标准和合同约定，对建筑材料、建筑构配件、设备及商品混凝土进行检验。检验工作要按规定的范围和要求进行，按现行的标准、规定的数量、频率、取样方法进行检验。检验的结果要按规定的格式形成书面记录，并由有关专业人员签字。未经检验或检验不合格的，不得使用。

5. 送检建筑材料

施工人员对涉及结构安全的试块、试件以及有关材料，应在建设单位或工程监理单位监督下现场取样,并送具有相应资质等级的质量检测单位进行检测。

在工程施工过程中,为了控制工程总体或相应部位的施工质量,一般要依据有关技术标准,用特定的方法对用于工程的材料或构件抽取一定数量的样品进行检验或试验,并根据其结果来判断其所代表部位的质量。这是控制和判断工程质量所采取的重要技术措施。试块和试件的真实性和代表性,是保证这一措施有效的前提条件。为此,建设工程施工检测,应实行见证取样和送检制度,即施工单位在建设单位或监理单位见证下取样,送至具有相应资质的质量检测单位进行检测。见证取样可以保证取样的方法、数量、频率、规格等符合标准的要求,防止假试块、假试件和假试验报告的出现。

检测单位的资质,是保证试块、试件检测,试验质量的前提条件。具有相应资质等级的质量检测单位是指必须经省级以上建设行政主管部门进行资质审查和有关部门质量认证的工程质量检测单位。从事建筑材料和制品等试验工作的施工单位、混凝土预制构件和商品混凝土生产单位、科研单位、大专院校对外服务的工程实验室以及工程质量检测机构,均应按有关规定取得相应的资质证书。

6. 保修

建设工程实行质量保修制度,承包单位应履行保修义务。

这项制度对工程在使用阶段,确保工程的安全使用,充分发挥使用功能是十分必要的。

具体内容见本章第3节。

6.2.4 工程监理单位的质量责任和义务

工程监理单位在施工阶段作为施工质量的监控主体,在施工阶段的质量控制目标是通过审核施工质量文件、报告报表及现场旁站检查、平行检测、施工指令和结算支付控制等手段的应用,监控施工承包单位的质量活动行为,协调施工关系,正确履行工程质量的监督责任,以保证工程质量达到施工合同和设计文件所规定的质量标准。其具体的质量责任和义务如下。

1. 承揽业务的质量责任

①工程监理单位应当依法取得相应等级的资质证书,并在其资质等级许可的范围内承担工程监理业务。

禁止工程监理单位超越本单位资质等级许可的范围或者以其他工程监理单位的名义承担工程监理业务。禁止工程监理单位允许其他单位或者个人以本单位的名义承担工程监理业务。

监理单位必须在其资质等级许可的范围内承担监理业务,这是保证监理工作质量的前提。越级监理、允许其他单位或者个人以本单位的名义承担监理业务等违法行为,将使工程监理变得有名无实,或形成实质上的无证监理,最终会对工程质量造成危害。

②工程监理单位不得转让工程监理业务。

工程监理单位接受建设单位的委托后,应当自行完成工程监理任务,不得将工程监理业务转手委托给其他监理单位。转让监理业务与施工单位转包有着同样的危害性。

2. 独立监理

工程监理单位不得与被监理工程的施工承包单位以及建筑材料、建筑构配件和设备供应单位有隶属关系或者其他利害关系。

由于工程监理单位与被监理工程的承包单位以及建筑材料、建筑构配件和设备供应单位之间是一种监督与被监督的关系,为了保证工程监理单位能客观、公正地执行监理任务,工程监理单位不得与他们有隶属关系或者其他利害关系。这里的隶属关系是指工程监理单位与被监理工程的施工承包单位以及建筑材料、建筑构配件和设备供应单位有行政上下级关系等;其他利害关系是指他们之间存在的可能直接影响监理工作公正性的经济或其他利害关系,如参股、联营等关系。

3. 依法监理

工程监理单位应当依照法律、法规以及有关技术标准、设计文件和建设工程承包合同,代表建设单位对施工质量实施监理,并对施工质量承担监理责任。

(1)工程监理的依据

①工程建设文件。包括批准的可行性研究报告、建设项目选址意见书、建设用地规划许可证、建设工程规划许可证、批准的施工图设计文件、施工许可证等。

②有关的法律、法规、规章和标准、规范。

③建设工程委托监理合同和有关的建设工程合同。

(2)工程监理单位对工程质量的控制

①原材料、构配件及设备的质量控制。

②分部、分项工程的质量控制。

(3)工程监理单位的质量责任

监理单位对施工质量承担监理责任,主要有违法责任和违约责任两个方面。具体包括民事责任、行政责任和刑事责任,这里重点介绍民事责任。工程监理单位有下列情形之一者,均应承担民事责任。

①工程监理单位不按照委托监理合同约定履行监理义务,对应当监督检查的项目不检查或者不按规定检查,给建设单位造成损失的,属违约行为,应当向建设单位承担相应的赔偿责任。

②工程监理单位与施工单位串通,为承包单位谋取非法利益,给建设单位造成损失的,应当与承包单位承担连带赔偿责任。或者将不合格的建设工程、建筑材料、建筑构配件和设备按照合格签字的,应承担连带责任。

③工程监理单位与建设单位互相串通,弄虚作假,降低工程质量,造成使用人损

失的,双方承担连带赔偿责任。

④工程监理单位将不合格的建设工程、建筑材料、建筑构配件和设备按合格签字的,应当承担赔偿责任。

4. 工程质量的确认

工程监理单位应当选派具备相应资格的总监理工程师和监理工程师进驻施工现场。未经监理工程师签字,建筑材料、建筑构配件和设备不得在工程上使用或者安装,施工单位不得进行下一道工序的施工。未经总监理工程师签字,建设单位不拨付工程款,不进行竣工验收。

①监理单位应根据所承担的监理任务,组建驻工地监理机构。监理机构一般由总监理工程师、监理工程师和其他监理人员组成。

②根据有关规定,监理工程师系岗位职务,经全国统一考试合格,取得执业资格并经注册取得监理工程师岗位证书才能持证上岗。

③监理工程师拥有对建筑材料、建筑构配件和设备及每道施工工序的检查权。

④工程监理实行总监理工程师负责制。总监理工程师享有合同赋予监理单位的全部权利,并在授权范围内发布有关指令,签认所监理的工程项目有关款项的支付凭证。没有总监理工程师的签字,建设单位不得向施工单位拨付工程款,也不得组织竣工验收。

5. 监理的形式

监理工程师应当按照工程监理规范的要求,采取旁站、巡视和平行检验等形式,对建设工程实施监理。

旁站监理是指监理人员在房屋建筑工程施工阶段监理中,对关键部位、关键工序的施工质量实施全过程现场跟班的监督活动。巡视主要是强调除了关键点的质量控制外,监理工程师还应对施工现场进行面上的巡查监理。平行检验主要是强调监理单位对施工单位已经自验的工程应及时进行检验。对于关键性、较大体量的工程实物,采取分段后平行检验的方式,有利于及时发现质量问题,及时采取措施予以纠正。

6.3 建设工程质量保修

6.3.1 概述

建设工程质量保修制度,是指对建设工程在办理竣工验收手续后,在规定的保修期限内,因勘察、设计、施工、材料等原因造成的质量缺陷,应当由施工单位承担维修责任的一种法律制度。质量缺陷,是指建设工程质量不符合工程建设强制性标准、设计文件以及承包合同中对质量的要求。这项制度对工程在使用阶段确保工程的安全使用,充分发挥使用功能是十分必要的。

工程保修的主体是建设工程的承包单位,通常指施工单位;工程保修的客体是建设工程;工程保修的服务对象是建设单位。

为了保证质量保修制度的执行,建设工程承包单位在向建设单位提交工程竣工验收报告时,应向建设单位出具质量保修书。建设工程质量保修书具有承诺的性质,是承包合同所约定双方权利义务的延续,是施工单位对已竣工验收合格的建设工程承担保修责任的法律文本。建设工程质量保修书的内容包括以下几个方面。

1. 保修范围

保修范围应包括以下内容:基础设施工程、房屋建筑的地基基础工程和主体结构工程,屋面防水工程和其他土建工程,以及电气管线、给排水管道、设备安装和装修工程供热供冷系统等项目。

2. 确定保修期限的原则

保修期限应当按照保证建筑物合理寿命年限内正常使用,维护使用者合法权益的原则确定。保修期限从竣工验收合格之日算起。

3. 承诺保修责任

建设工程施工单位向建设单位承诺保修范围、保修期限和有关具体实施保修的有关规定和措施,如保修的方法、人员和联络办法,答复和处理的时限,不履行保修责任的罚则等。

对于涉及国计民生的公共建筑,特别是住宅工程的质量保修,《城市房地产开发经营管理条例》第 31 条规定:房地产开发企业应当在商品房交付使用时,向购买人提供住宅质量保证书和住宅使用说明书。对住宅工程质量保修制度的执行提出了更高的要求。

施工单位在建设工程质量保修书中对建设单位合理使用工程应有提示。因建设单位或用户使用不当或擅自改动结构、设备位置或不当装修和使用等造成的质量问题,施工单位不承担保修责任;因此而造成的房屋质量受损或其他用户损失,由责任人承担相应责任。

其他项目的保修期限由发包方与承包方约定。建设工程的保修期,自竣工验收合格之日起计算。但是,住宅工程售房单位对用户的保修期要从房屋出售之日起计算。

6.3.2 质量保修范围和最低保修期限

质量保修范围和期限由发包方和承包方在质量保修书中具体约定,双方约定的保修范围、保修期限必须符合国家有关规定。在正常使用下,房屋建筑工程的最低保修期限如表 6-2 所示。

表 6-2　房屋建筑工程的最低保修期限

工程项目	最低保修期限
基础设施工程,房屋建筑的地基基础工程,主体结构工程	设计文件规定的该工程的合理使用年限
屋面防水工程,有防水要求的卫生间、房间和外墙面的防渗漏工程	5年
供热与供冷系统	2个采暖期、供冷期
电气管线、给排水管道、设备安装工程	2年
装修工程	2年

6.3.3　保修期限和保修范围内发生质量问题的处理

建设工程在保修范围和保修期限内发生质量问题的,按下列规定予以处理。

1. 施工单位先行保修

一般应先由建设单位组织勘察、设计、施工等单位分析质量问题的原因,确定保修方案,由施工单位负责保修。

施工单位接到保修通知后,应当到现场核查情况,在保修书约定的时间内予以保修。

当问题严重和紧急时,不管是什么原因造成的,均先由施工单位履行保修义务,不得推诿和扯皮。

发生涉及结构安全或者严重影响使用功能的紧急抢修事故,施工单位接到保修通知后,应当立即到达现场抢修。

发生涉及结构安全的质量缺陷,建设单位或者房屋建筑所有人应当立即向当地建设行政主管部门报告,采取安全防范措施;由原设计单位或者具有相应资质等级的设计单位提出保修方案,施工单位实施保修,原工程质量监督机构负责监督。

2. 合理承担责任

对引起质量问题的原因应科学分析,实事求是,分清责任,按责任大小由责任方承担相应比例的经济赔偿。

损失既包括因工程质量造成的直接损失,即用于返修的费用,也包括间接损失,如给使用人或第三人造成的财产或非财产损失等。

在保修期后的建筑物合理使用寿命内,因建设工程使用功能的质量缺陷造成的工程使用损害,由建设单位负责维修,并承担责任方的赔偿责任。

6.3.4　建设工程质量保证金

1. 质量保证金的含义

建设工程质量保证金(以下简称保证金)是指发包人与承包人在建设工程承包

合同中约定，从应付的工程款中预留，用以保证承包人在缺陷责任期内对建设工程出现的缺陷进行维修的资金。

缺陷是指建设工程质量不符合工程建设强制性标准、设计文件，以及承包合同的约定。

发包人应当在招标文件中明确保证金预留、返还等内容，并与承包人在合同条款中对涉及保证金的下列事项进行约定：

①保证金预留、返还方式；

②保证金预留比例、期限；

③保证金是否计付利息，如计付利息，利息的计算方式；

④缺陷责任期的期限及计算方式；

⑤保证金预留、返还及工程维修质量、费用等争议的处理程序；

⑥缺陷责任期内出现缺陷的索赔方式；

⑦逾期返还保证金的违约金支付办法及违约责任。

2. 质量保证金的替代

发包人应按照合同约定方式预留保证金，保证金总预留比例不得高于工程价款结算总额的3%。合同约定由承包人以银行保函替代预留保证金的，保函金额不得高于工程价款结算总额的3%。

推行银行保函制度，承包人可以银行保函替代预留保证金。在工程项目竣工前，已经缴纳履约保证金的，发包人不得同时预留工程质量保证金。采用工程质量保证担保、工程质量保险等其他保证方式的，发包人不得再预留保证金。

3. 缺陷责任期

缺陷责任期一般为1年，最长不超过2年，由发包方、承包方双方在合同中约定。

缺陷责任期从工程通过竣工验收之日起计。由于承包人原因导致工程无法按规定期限进行竣工验收的，缺陷责任期从实际通过竣工验收之日起计。由于发包人原因导致工程无法按规定期限进行竣工验收的，在承包人提交竣工验收报告90天后，工程自动进入缺陷责任期。

缺陷责任期内，由承包人原因造成的缺陷，承包人应负责维修，并承担鉴定及维修费用。如承包人不维修也不承担费用，发包人可按合同约定从保证金或银行保函中扣除，费用超出保证金额的，发包人可按合同约定向承包人索赔。承包人维修并承担相应费用后，不免除对工程的损失赔偿责任。

由他人原因造成的缺陷，发包人负责组织维修，承包人不承担费用，且发包人不得从保证金中扣除费用。

缺陷责任期内，承包人认真履行合同约定的责任，到期后，承包人向发包人申请返还保证金。

4. 质量保证金的返还

发包人在接到承包人返还保证金申请后，应于14天内会同承包人按照合同约定的内容进行核实。如无异议,发包人应当按照约定将保证金返还给承包人。对返还期限没有约定或者约定不明确的,发包人应当在核实后 14 天内将保证金返还承包人,逾期未返还的,依法承担违约责任。发包人在接到承包人返还保证金申请后 14 天内不予答复,经催告后 14 天内仍不予答复,视同认可承包人的返还保证金申请。

6.4 工程质量管理的基本制度

6.4.1 建设工程质量监督管理制度

1. 建设工程质量监督的含义

建设工程质量监督是建设行政主管部门或国务院有关部委委托专业建设工程质量监督机构,为保证建设工程的使用安全和环境质量,依据国家有关法律、法规和强制性标准,以地基基础、主体结构、环境质量和有关工程建设各方主体的质量行为为主要内容,以施工许可证和竣工验收备案为主要手段的执法监督检查活动。

国家建设工程质量监督管理体制,是实行国务院建设行政主管部门统一监督管理,各专业部门按照国务院确定的职责分别对其管理范围内的专业工程进行的监督管理。

住房和城乡建设部是负责全国建设行政管理的职能部门,国务院铁路、交通、水利等有关部门分别对专业建设工程进行监督管理。县级以上人民政府建设行政主管部门在本行政区域内实行建设工程质量监督管理,专业部门按其职责对本专业建设工程质量实行监督管理。

政府对建设工程质量监督的职能包括两大方面:
①监督工程建设各方主体的质量行为是否符合国家法律、法规及强制性标准;
②监督检查工程实体的施工质量,尤其是地基基础、主体结构、专业设备安装等涉及结构安全和使用功能的施工质量。

2. 建设工程质量监督管理的特点

(1)具有权威性

建设工程质量监督体现的是国家意志,任何单位和个人从事工程建设活动都应当服从这种监督管理。

(2)具有强制性

这种监督是由国家的强制力来保证的,任何单位和个人不服从这种监督管理都将受到法律的制裁。

(3)具有综合性

这种监督管理并不局限于某一个阶段或某一个方面,而是贯穿于建设活动的全过程,并适用于建设单位、勘察单位、设计单位、施工单位、工程监理单位。

政府有关部门对建设工程的质量进行必要的监督检查,也是国际惯例。美国各个城市市政当局都设有建筑工程质量监督部门,对辖区内各类公共投资工程和私人投资工程进行强制性监督检查;德国各州政府也设有类似机构,并有完善的质量监督工程师制度。

3. 建设工程质量监督机构

对建设工程质量进行监督管理的主体是各级政府建设行政主管部门和其他有关部门。但是因为建设工程周期长,环节多,点多面广,而且工程质量监督工作是一项专业性强、技术性强的繁杂工作,政府部门不可能亲自进行日常检查工作,这就需要委托由政府认可的第三方代行工程质量监督职能,即建设工程质量的监督管理职责可以由建设行政主管部门或者其他有关部门委托的工程质量监督机构承担。

建设工程质量监督机构的主要职责如下:

①办理建设单位工程建设项目报监手续,收取监督费;

②依据国家有关法律、法规和工程建设强制性标准对建设工程的地基基础、主体结构及相关的建筑材料、构配件、商品混凝土的质量进行抽查;

③对于被检查实体质量有关的工程建设参与各方主体的质量行为及工程质量文件进行检查,发现工程质量问题时,有权采取局部暂停施工等强制性措施,直到问题得到改正;

④对建设单位组织的竣工验收程序实施监督,查看其验收程序是否合法,资料是否齐全,实体质量是否存在缺陷;

⑤工程竣工后,应向委托的政府有关部门报送工程质量监督报告;

⑥对需要实施行政处罚的,报告委托的政府部门进行行政处罚。

6.4.2 建设工程竣工验收备案制度

1. 备案时提交的材料

建设工程竣工验收备案制度是加强政府监督管理,防止不合格工程流向社会的一个重要手段。

建设单位应根据国家有关规定,在工程竣工验收合格后的15日内到县级以上人民政府建设行政主管部门或其他有关部门备案。

建设单位办理工程竣工验收备案应提交以下材料:

①工程竣工验收备案表;

②工程竣工验收报告,竣工验收报告应当包括工程报建日期,施工许可证号,施工图设计文件审查意见,勘察、设计、施工、工程监理等单位分别签署的质量合格文件及验收人员签署的竣工验收原始文件,市政基础设施的有关质量检测和功能性试验资料以及备案机关认为需要提供的有关资料;

③法律、行政法规规定应当由规划、公安消防、环保等部门出具的认可文件或者准许使用的文件;

④施工单位签署的工程质量保修书;

⑤法规、规章规定必须提供的其他文件；
⑥商品住宅还应当提交"住宅质量保证书"和"住宅使用说明书"。

2. 对建设单位验收过程中的禁止性规定

建设单位在竣工验收过程中存在下列行为的将受到行政处罚：

①建设单位在工程竣工验收合格之日起15日内未办理工程竣工验收备案的；

②建设单位将备案机关决定重新组织竣工验收的工程，在重新组织竣工验收前，擅自使用的；

③建设单位采用虚假证明文件办理工程竣工验收备案的。

备案机关决定重新组织竣工验收并责令停止使用的工程，建设单位在备案之前已投入使用或者建设单位擅自继续使用造成使用人损失的，由建设单位依法承担赔偿责任。

竣工验收备案文件齐全，备案机关及其工作人员不办理备案手续的，由有关机关责令改正，对直接责任人员给予行政处分。

6.4.3 建设工程质量事故报告制度

建设工程质量事故是指在工程建设过程中或交付使用后，对工程结构安全、使用功能和外形观感影响较大、损失较大的质量损伤。

为了做到建设工程质量事故发生后，能及时上报并认真组织调查和处理，以利于维护国家财产和人民生命安全，《建设工程质量管理条例》对质量事故报告制度作出了规定。

建设工程发生质量事故，有关单位应当在24小时内向当地建设行政主管部门和其他有关部门报告。对重大质量事故，事故发生地的建设行政主管部门和其他有关部门应当按照事故类别和等级向当地人民政府、上级建设行政主管部门和其他有关部门报告。

6.5 法律责任

6.5.1 建设单位的法律责任

1. 违反资质管理发包的法律责任

建设单位将建设工程发包给不具有相应资质等级的勘察、设计、施工单位或者委托给不具有相应资质等级的工程监理单位的，责令改正，处50万元以上100万元以下的罚款。

2. 肢解发包的法律责任

建设单位将建设工程肢解发包的，责令改正，处工程合同价款0.5%以上1%以下的罚款；对全部或者部分使用国有资金的项目，可处以暂停项目执行或者暂停资金拨付的处罚。

3. 擅自开工的法律责任

建设单位未取得施工许可证或者开工报告未经批准,擅自施工的,责令停止施工,限期改正,处工程合同价款1%以上2%以下的罚款。

4. 违反验收管理的法律责任

建设单位有下列行为之一的,责令改正,处工程合同价款2%以上4%以下的罚款;造成损失的,依法承担赔偿责任:

①未组织竣工验收,擅自交付使用的;

②验收不合格,擅自交付使用的;

③对不合格的建设工程按照合格工程验收的。

5. 未移交档案的法律责任

建设工程竣工验收后,建设单位未向建设行政主管部门或者其他有关部门移交建设项目档案的,责令改正,处1万元以上10万元以下的罚款。

6. 擅自改变房屋主体或者承重结构的法律责任

涉及建筑主体或者承重结构变动的装修工程,没有设计方案擅自施工的,责令改正,处50万元以上100万元以下的罚款;房屋建筑使用者在装修过程中擅自变动房屋建筑主体和承重结构的,责令改正,处5万元以上10万元以下的罚款。

有前款所列行为,造成损失的,依法承担赔偿责任。

7. 其他法律责任

建设单位有下列行为之一的,责令改正,处20万元以上50万元以下的罚款:

①迫使承包方以低于成本的价格竞标的;

②任意压缩合理工期的;

③明示或者暗示设计单位或者施工单位违反工程建设强制性标准,降低工程质量的;

④施工图设计文件未经审查或者审查不合格,擅自施工的;

⑤建设项目必须实行工程监理而未实行工程监理的;

⑥未按照国家规定办理工程质量监督手续的;

⑦明示或者暗示施工单位使用不合格的建筑材料、建筑构配件和设备的;

⑧未按照国家规定将竣工验收报告、有关认可文件或者准许使用文件报送备案的。

8. 责任人员应承担的法律责任

①依照《建设工程质量管理条件》规定,给予单位罚款处罚的,对单位直接负责的主管人员和其他直接责任人员处单位罚款数额5%以上10%以下的罚款。

②建设单位、设计单位、施工单位、工程监理单位违反国家规定,降低工程质量标准,造成重大安全事故,构成犯罪的,对直接责任人员依法追究刑事责任。

③建设、勘察、设计、施工、工程监理单位的工作人员因调动工作、退休等原因离

开该单位后,被发现在该单位工作期间违反国家有关建设工程质量管理规定,造成重大工程质量事故的,仍应当依法追究法律责任。

④建设单位、设计单位、施工单位、工程监理单位违反国家规定,降低工程质量标准,造成重大安全事故的,对直接责任人员处五年以下有期徒刑或者拘役,并处罚金;后果特别严重的,处五年以上十年以下有期徒刑,并处罚金。

6.5.2 勘察、设计、监理单位的法律责任

1. 超越资质承揽工程的法律责任

勘察、设计、工程监理单位超越本单位资质等级承揽工程的,责令停止违法行为,对勘察、设计单位或者工程监理单位处合同约定的勘察费、设计费或者监理酬金1倍以上2倍以下的罚款;可以责令停业整顿,降低资质等级;情节严重的,吊销资质证书;有违法所得的,予以没收。

未取得资质证书承揽工程的,予以取缔,依照前款规定处以罚款;有违法所得的,予以没收。

以欺骗手段取得资质证书承揽工程的,吊销资质证书,依照本条第一款规定处以罚款;有违法所得的,予以没收。

2. 出借资质的法律责任

勘察、设计、工程监理单位允许其他单位或者个人以本单位名义承揽工程的,责令改正,没收违法所得,对勘察、设计单位和工程监理单位处合同约定的勘察费、设计费和监理酬金1倍以上2倍以下的罚款;可以责令停业整顿,降低资质等级;情节严重的,吊销资质证书。

3. 转包或者违法分包的法律责任

承包单位将承包的工程转包或者违法分包的,责令改正,没收违法所得,对勘察、设计单位处合同约定的勘察费、设计费25%以上50%以下的罚款;可以责令停业整顿,降低资质等级;情节严重的,吊销资质证书。

工程监理单位转让工程监理业务的,责令改正,没收违法所得,处合同约定的监理酬金25%以上50%以下的罚款;可以责令停业整顿,降低资质等级;情节严重的,吊销资质证书。

4. 违反公正监理的法律责任

工程监理单位有下列行为之一的,责令改正,处50万元以上100万元以下的罚款,降低资质等级或者吊销资质证书;有违法所得的,予以没收;造成损失的,承担连带赔偿责任:

①与建设单位或者施工单位串通,弄虚作假、降低工程质量的;
②将不合格的建设工程、建筑材料、建筑构配件和设备按照合格签字的。

5. 违反独立监理的法律责任

工程监理单位与被监理工程的施工承包单位以及建筑材料、建筑构配件和设备

供应单位有隶属关系或者其他利害关系承担该项建设工程的监理业务的,责令改正,处 5 万元以上 10 万元以下的罚款,降低资质等级或者吊销资质证书;有违法所得的,予以没收。

6. 注册执业人员应承担的法律责任

注册建筑师、注册结构工程师、监理工程师等注册执业人员因过错造成质量事故的,责令停止执业 1 年;造成重大质量事故的,吊销执业资格证书,5 年以内不予注册;情节特别恶劣的,终身不予注册。

7. 其他法律责任

有下列行为之一的,责令改正,处 10 万元以上 30 万元以下的罚款:
①勘察单位未按照工程建设强制性标准进行勘察的;
②设计单位未根据勘察成果文件进行工程设计的;
③设计单位指定建筑材料、建筑构配件的生产厂、供应商的;
④设计单位未按照工程建设强制性标准进行设计的。

有前款所列行为,造成重大工程质量事故的,责令停业整顿,降低资质等级;情节严重的,吊销资质证书;造成损失的,依法承担赔偿责任。

6.5.3 施工单位的法律责任

1. 超越资质承揽工程的法律责任

施工单位超越本单位资质等级承揽工程的,责令停止违法行为,对施工单位处工程合同价款 2% 以上 4% 以下的罚款,可以责令停业整顿,降低资质等级;情节严重的,吊销资质证书;有违法所得的,予以没收。

未取得资质证书承揽工程的,予以取缔,依照前款规定处以罚款;有违法所得的,予以没收。

以欺骗手段取得资质证书承揽工程的,吊销资质证书,依照本条第一款规定处以罚款;有违法所得的,予以没收。

注:此处的处理与勘察、设计的处理原则相同,可借鉴。

2. 出借资质的法律责任

施工单位允许其他单位或者个人以本单位名义承揽工程的,责令改正,没收违法所得,对施工单位处工程合同价款 2% 以上 4% 以下的罚款;可以责令停业整顿,降低资质等级;情节严重的,吊销资质证书。

注:此处的处理与勘察、设计的处理原则相同,可借鉴。

3. 转包或者违法分包的法律责任

承包单位将承包的工程转包或者违法分包的,责令改正,没收违法所得,对施工单位处工程合同价款 0.5% 以上 1% 以下的罚款;可以责令停业整顿,降低资质等级;情节严重的,吊销资质证书。

注:此处的处理与勘察、设计的处理原则相同,可借鉴。

4. 偷工减料,不按图施工的法律责任

施工单位在施工中偷工减料的,使用不合格的建筑材料、建筑构配件和设备的,或者有不按照工程设计图纸或者施工技术标准施工的其他行为的,责令改正,处工程合同价款 2% 以上 4% 以下的罚款;造成建设工程质量不符合规定的质量标准的,负责返工、修理,并赔偿因此造成的损失;情节严重的,责令停业整顿,降低资质等级或者吊销资质证书。

5. 未取样检测的法律责任

施工单位未对建筑材料、建筑构配件、设备和商品混凝土进行检验,或者未对涉及结构安全的试块、试件以及有关材料取样检测的,责令改正,处 10 万元以上 20 万元以下的罚款;情节严重的,责令停业整顿,降低资质等级或者吊销资质证书;造成损失的,依法承担赔偿责任。

6. 不履行保修义务的法律责任

施工单位不履行保修义务或者拖延履行保修义务的,责令改正,处 10 万元以上 20 万元以下的罚款,并对在保修期内因质量缺陷造成的损失承担赔偿责任。

【本章小结】

本章以《建设工程质量管理条例》为核心介绍了建设单位、施工单位、勘察设计单位、工程监理单位的质量责任,同时也介绍了政府质量监督与工程保修制度。

【思考与练习】

6-1 为什么要规定建设单位的质量责任?它的具体责任有哪些?

6-2 总包单位和分包单位的质量责任是如何规定的?

6-3 竣工验收的工程应具备什么条件?

6-4 建设工程的保修期限从何时算起?我国法律对保修期是如何规定的?

第7章 工程安全法律制度

7.1 工程安全法律体系

工程安全法律体系包括以《中华人民共和国安全生产法》(以下简称《安全生产法》)、《建设工程安全生产管理条例》为核心的一系列法律、法规与部门规章。

1.《安全生产法》

《安全生产法》于2002年6月29日由第九届全国人民代表大会常务委员会第28次会议通过,自2002年11月1日起施行,于2014年12月1日修改。《安全生产法》分为6章、113条,分别对生产经营单位的安全生产保障、从业人员的权利和义务、安全生产的监督管理、生产安全事故的应急救援与调查处理进行了规定。

在中华人民共和国境内从事生产经营活动的单位(以下统称生产经营单位)的安全生产及其监督管理,适用本法;有关法律、行政法规对消防安全和道路交通安全、铁路交通安全、水上交通安全、民用航空安全以及核与辐射安全、特种设备安全另有规定的,适用其规定。

安全生产工作应当以人为本,坚持安全发展,坚持安全第一、预防为主、综合治理的方针。

2.《建设工程安全生产管理条例》

《建设工程安全生产管理条例》自2004年2月1日起施行,分为8章、71条,分别对建设单位、施工单位、勘察单位、设计单位、工程监理单位及其他有关单位的安全责任、安全生产监督管理、生产安全事故的应急救援和调查处理作出了规定。

《建设工程安全生产管理条例》第2条规定:"在中华人民共和国境内从事建设工程的新建、扩建、改建和拆除等有关活动及实施对建设工程安全生产的监督管理,必须遵守本条例。这里所称建设工程,是指土木工程、建筑工程、线路管道和设备安装工程及装修工程。"

3. 其他的法规与规章

其他的法规与规章如下:

①自2004年1月13日施行,2014年7月29日修订的《安全生产许可证条例》;

②自2003年6月1日起施行,2009年1月24日修改的《特种设备安全监察条例》;

③于2004年1月9日发布的《国务院关于进一步加强安全生产的决定》;

④自2007年6月1日起施行的《生产安全事故报告和调查处理条例》。

7.2 安全生产许可

为了严格规范安全生产条件,进一步加强安全生产监督管理,防止和减少生产安全事故,根据《中华人民共和国安全生产法》的有关规定,国家于 2004 年 1 月 13 日颁布并实施了《安全生产许可证条例》。《安全生产许可证条例》主要规定了安全生产许可证的管理要求、生产企业取得安全生产许可证的条件、安全生产许可证的申请、颁布、有效期、管理等安全生产许可证制度以及相关法律责任等方面的内容。

2004 年 7 月 5 日,依据《安全生产许可证条例》《建设工程安全生产管理条例》等有关行政法规,建设部(现住房和城乡建设部)颁布实施了《建筑施工企业安全生产许可证管理规定》,对建筑企业的安全生产许可作出了进一步的规定。

7.2.1 安全生产许可证的适用范围

《安全生产许可证条例》第 2 条规定,国家对矿山企业、建筑施工企业和危险化学品、烟花爆竹、民用爆破器材生产企业(以下统称企业)实行安全生产许可制度。企业未取得安全生产许可证的,不得从事生产活动。

《建筑施工企业安全生产许可证管理规定》第 2 条规定,国家对建筑施工企业实行安全生产许可制度。建筑施工企业未取得安全生产许可证的,不得从事建筑施工活动。

这里所称的建筑施工企业,是指从事土木工程、建筑工程、线路管道和设备安装工程及装修工程的新建、扩建、改建和拆除等有关活动的企业。

7.2.2 取得安全生产许可证的条件

企业取得安全生产许可证,应当具备下列安全生产条件:
①建立、健全安全生产责任制,制定完备的安全生产规章制度和操作规程;
②安全投入符合安全生产要求;
③设置安全生产管理机构,配备专职安全生产管理人员;
④主要负责人和安全生产管理人员经考核合格;
⑤特种作业人员经有关业务主管部门考核合格,取得特种作业操作资格证书;
⑥从业人员经安全生产教育和培训合格;
⑦依法参加工伤保险,为从业人员缴纳保险费;
⑧厂房、作业场所和安全设施、设备、工艺符合有关安全生产法律、法规、标准和规程的要求;
⑨有职业危害防治措施,并为从业人员配备符合国家标准或者行业标准的劳动防护用品;
⑩依法进行安全评价;

⑪有重大危险源检测、评估、监控措施和应急预案；

⑫有生产安全事故应急救援预案、应急救援组织或者应急救援人员，配备必要的应急救援器材、设备；

⑬法律、法规规定的其他条件。

7.2.3 安全生产许可证的颁发与管理

1. 安全生产许可证的颁发管理机关

国务院建设主管部门负责中央管理的建筑施工企业安全生产许可证的颁发和管理。省、自治区、直辖市人民政府建设主管部门负责本行政区内前款规定以外的建筑施工企业安全生产许可证的颁发和管理，并接受国务院建设主管部门的指导和监督。

安全生产许可证颁发管理机关工作人员在安全生产许可证颁发、管理和监督检查工作中，不得索取或者接受企业的财物，不得谋取其他利益。

监察机关依照《中华人民共和国行政监察法》的规定，对安全生产许可证颁发管理机关及其工作人员履行本条例规定的职责实施监察。

2. 安全生产许可证的颁发管理

(1) 安全生产许可证的申请

企业进行生产前，应当依照《安全生产许可证条例》的规定向安全生产许可证颁发管理机关申请领取安全生产许可证，并提供本条例第 6 条规定的相关文件、资料。安全生产许可证颁发管理机关应当自收到申请之日起 45 日内审查完毕，经审查符合本条例规定的安全生产条件的，颁发安全生产许可证；不符合本条例规定的安全生产条件的，不予颁发安全生产许可证，书面通知企业并说明理由。

(2) 安全生产许可证的样式

安全生产许可证由国务院安全生产监督管理部门规定统一的样式。

(3) 安全生产许可证的有效期

安全生产许可证的有效期为 3 年。安全生产许可证有效期满需要延期的，企业应当于期满前 3 个月向原安全生产许可证颁发管理机关办理延期手续。企业在安全生产许可证有效期内，严格遵守有关安全生产的法律法规，未发生死亡事故的，安全生产许可证有效期届满时，经原安全生产许可证颁发管理机关同意，不再审查，安全生产许可证有效期延期 3 年。

(4) 安全生产许可证的档案管理制度

安全生产许可证颁发管理机关应当建立、健全安全生产许可证档案管理制度，并定期向社会公布企业取得安全生产许可证的情况。

煤矿企业安全生产许可证颁发管理机关、建筑施工企业安全生产许可证颁发管理机关、民用爆破器材生产企业安全生产许可证颁发管理机关，应当每年向同级安全生产监督管理部门通报其安全生产许可证颁发和管理情况。

(5) 对安全生产许可证取得情况的监督

国务院安全生产监督管理部门和省、自治区、直辖市人民政府安全生产监督管理部门对建筑施工企业、民用爆破器材生产企业、煤矿企业取得安全生产许可证的情况进行监督。

(6) 安全生产许可证的持有条件

企业不得转让、冒用安全生产许可证或者使用伪造的安全生产许可证。

企业取得安全生产许可证后,不得降低安全生产条件,并应当加强日常安全生产管理,接受安全生产许可证颁发管理机关的监督检查。安全生产许可证颁发管理机关应当加强对取得安全生产许可证的企业的监督检查,发现其不再具备《安全生产许可证条例》规定的安全生产条件的,应当暂扣或者吊销安全生产许可证。

7.3 工程安全责任和义务

7.3.1 《安全生产法》关于工程安全责任和义务的规定

安全生产法有广义和狭义之分,广义的安全生产法指的是与安全生产相关的法律体系;狭义的安全生产法仅指 2002 年 11 月 1 日起施行,2014 年 7 月 29 日修订的《中华人民共和国安全生产法》。本部分仅仅就《中华人民共和国安全生产法》进行论述。

《安全生产法》中规定的生产经营单位从业人员的权利和义务如下。

1. 从业人员安全生产中的权利

①知情权。

从业人员有权了解其作业场所和工作岗位存在的危险因素、防范措施和事故应急措施。

②建议权。

从业人员有权对本单位的安全生产工作提出建议。

③批评权和检举、控告权。

从业人员有权对本单位安全生产管理工作中存在的问题提出批评、检举、控告。

④拒绝权。

从业人员有权拒绝违章作业指挥和强令冒险作业。

⑤紧急避险权。

从业人员发现直接危及人身安全的紧急情况时,有权停止作业或者在采取可能的应急措施后撤离作业场所。

⑥依法向本单位提出要求赔偿的权利。

⑦获得符合国家标准或者行业标准劳动防护用品的权利。

⑧获得安全生产教育和培训的权利。

2. 从业人员安全生产中的义务

(1) 自觉遵守规定的义务

从业人员在作业过程中,应当遵守本单位的安全生产规章制度和操作规程,服从管理,正确佩戴和使用劳动防护用品。

(2) 自觉学习安全生产知识的义务

要求从业人员掌握本职工作所需的安全生产知识,提高安全生产技能,增强事故预防和应急处理能力。

(3) 危险报告义务

从业人员发现事故隐患或者其他不安全因素时,应当立即向现场安全生产管理人员或者本单位负责人报告。

3. 其他规定

依据《安全生产法》,从业人员在享有权利、承担义务的前提下,还要遵守下列具体的规定。

1) 生产经营单位主要负责人的安全生产职责

①建立、健全本单位安全生产责任制。

②组织制定本单位安全生产规章制度和操作规程。

③组织制定并实施本单位安全生产教育和培训计划。

④保证本单位安全生产投入的有效实施。

⑤督促、检查本单位的安全生产工作,及时消除生产安全事故隐患。

⑥组织制定并实施本单位的安全生产事故应急救援预案。

⑦及时、如实报告生产安全事故。

2) 生产经营单位安全生产投入

①生产经营单位应当具备的安全生产条件所必需的资金投入,由生产经营单位的决策机构、主要负责人或者个人经营的投资人予以保证,并对由于安全生产所必需的资金投入不足导致的后果承担责任。

有关生产经营单位应当按照规定提取和使用安全生产费用,专门用于改善安全生产条件。安全生产费用在成本中据实列支。安全生产费用提取、使用和监督管理的具体办法由国务院财政部门会同国务院安全生产监督管理部门征求国务院有关部门意见后制定。

②矿山、金属冶炼、建筑施工、道路运输单位和危险物品的生产、经营、储存单位,应当设置安全生产管理机构或者配备专职安全生产管理人员。

③生产经营单位应当安排用于配备劳动防护用品、进行安全生产培训的经费。

④生产经营单位必须依法参加工伤保险,为从业人员缴纳保险费。国家鼓励生产经营单位投保安全生产责任保险。

3) 生产经营单位安全培训

①生产经营单位的主要负责人和安全生产管理人员必须具备与本单位所从事

的生产经营活动相应的安全生产知识和管理能力。

②危险物品的生产、经营、储存单位以及矿山、金属冶炼、建筑施工、道路运输单位的主要负责人和安全生产管理人员,应当由主管部门对其安全生产知识和管理能力考核,并达到合格水平。

③生产经营单位应当对从业人员进行安全生产教育和培训,保证从业人员具备必要的安全生产知识,熟悉有关的安全生产规章制度和安全操作规程,掌握本岗位的安全操作技能。了解事故应急处理措施,知悉自身在安全生产方面的权利和义务。未经安全生产教育和培训合格的从业人员,不得上岗作业。

④生产经营单位采用新工艺、新技术、新材料或者使用新设备,必须了解、掌握其安全技术特性,采取有效的安全防护措施,并对从业人员进行专门的安全生产教育和培训。

⑤生产经营单位的特种作业人员必须按照国家有关规定经专门的安全作业培训,取得相应资格,方可上岗作业。特种作业人员的范围由国务院安全生产监督管理部门会同国务院有关部门确定。

⑥生产经营单位应当教育和督促从业人员严格执行本单位的安全生产规章制度和安全操作规程;并向从业人员如实告知作业场所和工作岗位存在的危险因素、防范措施以及事故应急措施。

⑦生产经营单位必须为从业人员提供符合国家标准或者行业标准的劳动防护用品,并监督、教育从业人员按照使用规则佩戴和使用。

4)安全生产"三同时"安全保障办法

①生产经营单位新建、改建、扩建工程项目(以下统称建设项目)的安全设施,必须与主体工程同时设计、同时施工、同时投入生产和使用。安全设施投资应当纳入建设项目概算。

②矿山、金属冶炼建设项目和用于生产、储存、装卸危险物品的建设项目,应当按照国家有关规定进行安全评价。

③建设项目安全设施的设计人、设计单位应当对安全设施设计负责。

④矿山、金属冶炼建设项目和用于生产、储存、装卸危险物品的建设项目的安全设施设计应当按照国家有关规定报经有关部门审查,审查部门及其负责审查的人员对审查结果负责。

⑤矿山、金属冶炼建设项目和用于生产、储存、装卸危险物品的建设项目的施工单位必须按照批准的安全设施设计施工,并对安全设施的工程质量负责。

⑥矿山、金属冶炼建设项目和用于生产、储存危险物品的建设项目竣工投入生产或者使用前,应当由建设单位负责组织对安全设施进行验收;验收合格后,方可投入生产和使用。安全生产监督管理部门应当加强对建设单位验收活动和验收结果的监督核查。

5)安全生产规程

(1)对设施、设备的管理

①生产经营单位应当在有较大危险因素的生产经营场所和有关设施、设备上,设置明显的安全警示标志。

②安全设备的设计、制造、安装、使用、检测、维修、改造和报废,应当符合国家标准或者行业标准。

③生产经营单位必须对安全设备进行经常性维护、保养,并定期检测,保证设备的正常运转。维护、保养、检测时应当作好记录,并由有关人员签字。

④生产经营单位使用的危险物品的容器、运输工具,以及涉及人身安全、危险性较大的海洋石油开采特种设备和矿山井下特种设备,必须按照国家有关规定,由专业生产单位生产,并经具有专业资质的检测、检验机构检测、检验合格,取得安全使用证或者安全标志,方可投入使用。检测、检验机构对检测、检验结果负责。

⑤国家对严重危及生产安全的工艺、设备实行淘汰制度,具体目录由国务院安全生产监督管理部门会同国务院有关部门制定并公布。法律、行政法规对目录的制定另有规定的,适用其规定。

省、自治区、直辖市人民政府可以根据本地区实际情况制定并公布具体目录,对前款规定以外的危及生产安全的工艺、设备予以淘汰。生产经营单位不得使用应当淘汰的危及生产安全的工艺、设备。

(2)对危险物品的管理

①生产、经营、运输、储存、使用危险物品或者处置废弃危险物品的,由有关主管部门依照有关法律、法规的规定和国家标准或者行业标准审批并实施监督管理。

②生产经营单位生产、经营、运输、储存、使用危险物品或者处置废弃危险物品,必须执行有关法律、法规和国家标准或者行业标准,建立专门的安全管理制度,采取可靠的安全措施,接受有关主管部门依法实施的监督管理。

(3)对危险源的管理

①生产经营单位对重大危险源应当登记建档,进行定期检测、评估、监控,并制订应急预案,告知从业人员和相关人员在紧急情况下应当采取的应急措施。

②生产经营单位应当按照国家有关规定将本单位重大危险源及有关安全措施、应急措施报有关地方人民政府负责安全生产监督管理的部门和有关部门备案。

(4)对员工宿舍的管理

①生产、经营、储存、使用危险物品的车间、商店、仓库不得与员工宿舍在同一栋建筑物内,并应当与员工宿舍保持安全距离。

②生产经营场所和员工宿舍应当设有符合紧急疏散要求、标志明显、保持畅通的出口。禁止锁闭、封堵生产经营场所或者员工宿舍的出口。

(5)对危险作业的管理

生产经营单位进行爆破、吊装以及国务院安全生产监督管理部门会同国务院有关部门规定的其他危险作业,应当安排专门人员进行现场安全管理,确保操作规程的遵守和安全措施的落实。

7.3.2 《建设工程安全生产管理条例》关于工程安全责任和义务的规定

1. 建设单位应承担的主要责任和义务

(1)建设单位应当向施工单位提供有关资料

建设单位应当向施工单位提供施工现场及毗邻区域内供水、排水、供电、供气、供热、通信、广播电视等地下管线资料,气象和水文观测资料,相邻建筑物和构筑物、地下工程的有关资料,并保证资料的真实、准确、完整。建设单位因建设工程需要,向有关部门或者单位查询前款规定的资料时,有关部门或者单位应当及时提供。

(2)不得向有关单位提出影响安全生产的违法要求

建设单位不得对勘察、设计、施工、工程监理等单位提出不符合建设工程安全生产法律、法规和强制性标准规定的要求,不得压缩合同约定的工期。

(3)建设单位应当保证安全生产投入

建设单位在编制工程概算时,应当确定建设工程安全作业环境及安全施工措施所需费用。

(4)不得明示或暗示施工单位使用不符合安全施工要求的物资

建设单位不得明示或者暗示施工单位购买、租赁、使用不符合安全施工要求的安全防护用具、机械设备、施工机具及配件、消防设施和器材。

(5)办理施工许可证或开工报告时应当报送安全施工措施

建设单位在申请领取施工许可证时,应当提供建设工程有关安全施工措施的资料。依法批准开工报告的建设工程,建设单位应当自开工报告批准之日起15日内,将保证安全施工的措施报送建设工程所在地的县级以上人民政府建设行政主管部门或者其他有关部门备案。

(6)应当将拆除工程发包给具有相应资质的施工单位

建设单位应当将拆除工程发包给具有相应资质的施工单位,并且应当在拆除工程施工15日前,将下列资料报送建设工程所在地的县级以上地方人民政府主管部门或者其他有关部门备案:

①施工单位资质等级证明;
②拟拆除建筑物、构筑物及可能危及毗邻建筑物的说明;
③拆除施工组织方案;
④堆放、清除废弃物的措施。

实施爆破作业的,应当遵守国家有关民用爆炸物品管理的规定。

2. 勘察设计单位应承担的主要责任和义务

(1)勘察单位的安全责任

勘察单位应当按照法律、法规和工程建设强制性标准进行勘察,提供的勘察文件应当真实、准确,满足建设工程安全生产的需要。勘察单位在勘察作业时,应当严格按照操作规程,采取措施保证各类管线、设施和周围建筑物、构筑物的安全。

(2)设计单位的安全责任

①设计单位应当按照法律、法规和工程建设强制性标准进行设计,防止因设计不合理导致安全生产事故的发生。

②设计单位应当考虑施工安全操作和防护的需要,对涉及施工安全的重点部位和环节在设计文件中注明,并对防范安全生产事故提出指导意见。

③采用新结构、新材料、新工艺的建设工程和特殊结构的建设工程,设计单位应当在设计中提出保障施工作业人员安全和预防生产安全事故的措施建议。

④设计单位和注册建筑师等注册执业人员应当对其设计负责。

3. 建设工程监理企业应承担的主要责任和义务

(1)安全技术措施及专项施工方案审查义务

工程监理单位应当审查施工组织设计中的安全技术措施或者专项施工方案是否符合工程建设强制性标准。

(2)安全生产事故隐患报告义务

工程监理单位在实施监理过程中,发现存在安全事故隐患的,应当要求施工单位整改;情况严重的,应当要求施工单位暂时停止施工,并及时报告建设单位。施工单位拒不整改或者不停止施工的,工程监理单位应当及时向有关主管部门报告。

(3)应当承担监理责任

工程监理单位和监理工程师应当按照法律、法规和工程建设强制性标准实施监理,并对建设工程安全生产承担监理责任。

4. 施工企业应承担的主要责任和义务

1)施工单位应当具备的安全生产资质条件

施工单位从事建设工程的新建、扩建、改建和拆除等活动,应当具备国家规定的注册资本、专业技术人员、技术装备和安全生产等条件,依法取得相应等级的资质证书,并在其资质等级许可的范围内承揽工程。

2)施工总承包单位与分包单位安全责任的划分

建设工程实行施工总承包的,由总承包单位对施工现场的安全生产负总责。总承包单位应当自行完成建设工程主体结构的施工。

总承包单位依法将建设工程分包给其他单位的,分包合同中应当明确各自在安全生产方面的权利、义务。总承包单位和分包单位对分包工程的安全生产承担连带责任。分包单位应当服从总承包单位的安全生产管理,分包单位不服从管理导致生产安全事故的,由分包单位承担主要责任。

3)施工单位安全生产责任制度

施工单位主要负责人依法对本单位的安全生产工作全面负责。施工单位应当建立健全安全生产责任制度和安全生产教育培训制度,制定安全生产规章制度和操作规程,保证本单位安全生产条件所需资金的投入,对所承担建设工程进行定期和专项安全检查,并做好安全检查记录。

施工单位的项目负责人应当由取得相应执业资格的人员担任,对建设工程项目的安全施工负责,落实安全生产责任制度、安全生产规章制度和操作规程,确保安全生产费用的有效使用,并根据工程的特点组织制定安全施工措施,消除安全事故隐患,及时、如实报告生产安全事故。

4) 施工单位安全生产基本保障措施

(1) 安全生产费用应当专款专用

施工单位对列入建设工程概算的安全作业环境及安全施工措施所需费用,应当用于施工安全防护用具及设施的采购和更新、安全施工措施的落实、安全生产条件的改善,不得挪作他用。

(2) 安全生产管理机构及人员的设置

施工单位应当设立安全生产管理机构,配备专职安全生产管理人员。专职安全生产管理人员负责对安全生产进行现场监督检查。发现安全事故隐患,应当及时向项目负责人和安全生产管理机构报告;对违章指挥、违章操作的,应当立即制止。

(3) 编制安全技术措施及专项施工方案的规定

施工单位应当在施工组织设计中编制安全技术措施和施工现场临时用电方案,对下列达到一定规模的危险性较大的分部分项工程编制专项施工方案,并附具安全验算结果,经施工单位技术负责人、总监理工程师签字后实施,由专职安全生产管理人员进行现场监督。危险性较大的分部分项工程如下:

① 基坑支护与降水工程;
② 土方开挖工程;
③ 模板工程;
④ 起重吊装工程;
⑤ 脚手架工程;
⑥ 拆除、爆破工程;
⑦ 国务院建设行政主管部门或者其他有关部门规定的其他危险性较大的工程。

对上述工程中涉及深基坑、地下暗挖工程、高大模板工程的专项施工方案,施工单位还应当组织专家进行论证、审查。

另外,根据《建设工程安全生产管理条例》第28条第2款规定,施工单位还应当根据施工阶段和周围环境及季节、气候的变化,在施工现场采取相应的安全施工措施。施工现场暂时停止施工的,施工单位应当做好现场防护,所需费用由责任方承担,或按照合同约定执行。

(4) 对安全施工技术要求的交底

建设工程施工前,施工单位负责项目管理的技术人员应当对有关安全施工的技术要求向施工作业班组、作业人员做出详细说明,并由双方签字确认。

(5) 危险部位安全警示标志的设置

施工单位应当在施工现场入口处、施工起重机械、临时用电设施、脚手架、出入通道口、楼梯口、电梯井口、孔洞口、桥梁口、隧道口、基坑边沿、爆破物及有害危险气体和液体存放处等危险部位,设置明显的安全警示标志。安全警示标志必须符合国家标准。

(6) 对施工现场生活区、作业环境的要求

施工单位应当将施工现场的办公、生活区与作业区分开设置,并保持安全距离;办公、生活区的选址应当符合安全性要求。职工的膳食、饮水、休息场所等应当符合卫生标准。施工单位不得在尚未竣工的建筑物内设置员工集体宿舍。

(7) 环境污染防护措施

施工单位因建设工程施工可能造成损害的毗邻建筑物、构筑物和地下管线等,应当采取专项保护措施。施工单位应当遵守有关环境保护法律、法规的规定,在施工现场采取措施,防止或减少粉尘、废气、废水、固体废物、噪声、振动和施工照明对人和环境的危害和污染。

(8) 消防安全保障措施

作为工作重点之一,施工单位应当在施工现场建立消防安全责任制度,确定消防安全责任人,制定用火、用电、使用易燃易爆材料等各项消防安全管理制度和操作规程,设置消防通道、消防水源,配备消防设施和灭火器材,并在施工现场入口处设置明显标志。

(9) 劳动安全管理规定

施工单位应当向作业人员提供安全防护用具和安全防护服装,并书面告知危险岗位的操作规程和违章操作的危害。作业人员有权对施工现场的作业条件、作业程序和作业方式中存在的安全问题提出批评、检举和控告,有权拒绝违章指挥和强令冒险作业。在施工中发生危及人身安全的紧急情况时,作业人员有权立即停止作业或者在采取必要的应急措施后撤离危险区域。

作业人员应当遵守安全施工的强制性标准、规章制度和操作规程,正确使用安全防护用具、机械设备等。

施工单位应当为施工现场从事危险作业的人员办理意外伤害保险。意外伤害保险费由施工单位支付。实行施工总承包的,由总承包单位支付意外伤害保险费。意外伤害保险期限自建设工程开工之日起至竣工验收合格之日止。

(10) 安全防护用具及机械设备、施工机具的安全管理

施工单位采购、租赁的安全防护用具、机械设备、施工机具及配件,应当具有生产(制造)许可证、产品合格证,并在进入施工现场前进行查验;施工现场的安全防护用具、机械设备、施工机具及配件必须由专人管理,定期进行检查、维修和保养,建立相应的资料档案,并按照国家有关规定及时报废。

施工单位在使用施工起重机械和整体提升脚手架、模板等自升式架设设施前,

应当组织有关单位进行验收,也可以委托具有相应资质的检验检测机构进行验收;使用承租的机械设备和施工机具及配件的,由施工总承包单位、分包单位、出租单位和安装单位共同进行验收。验收合格的方可使用。

5)安全教育培训制度

(1)特种作业人员培训和执证上岗

垂直运输机械作业人员、安装拆卸工、爆破作业人员、起重信号工、登高架设作业人员等特种作业人员,必须按照国家有关规定经过专门的安全作业培训,并取得特种作业操作资格证书后,方可上岗作业。

(2)安全管理人员和作业人员的安全教育培训和考核

施工单位的主要负责人、项目负责人、专职安全生产管理人员应当经建设行政主管部门或者其他有关部门考核合格后方可任职。施工单位应当对管理人员和作业人员每年至少进行一次安全生产教育培训,其教育培训情况记入个人工作档案。安全生产教育培训考核不合格的人员,不得上岗作业。

(3)作业人员进入新岗位、新工地或采用新技术的上岗教育培训

作业人员进入新的岗位或者新的施工现场前,应当接受安全生产教育培训。未经教育培训或者教育培训考核不合格的人员,不得上岗作业。施工单位在采用新技术、新工艺、新设备、新材料时,应当对作业人员进行相应的安全生产教育培训。

5. 其他相关单位的主要责任和义务

(1)机械设备和配件供应单位的安全责任

为建设工程提供机械设备和配件的单位,应当按照安全施工的要求配备齐全有效的保险、限位等安全设施和装置。

(2)机械设备、施工工具和配件出租单位的安全责任

出租的机械设备和施工工具及配件,应当具有生产(制造)许可证、产品合格证。出租单位应当对出租的机械设备和施工工具及配件的安全性能进行检测,在签订租赁协议时,应当出具检测合格证明。禁止出租检测不合格的机械设备和施工工具及配件。

(3)起重机械和自升式架设设施的安全管理

①在施工现场安装、拆卸施工起重机械和整体提升脚手架、模板等自升式架设设施,必须由具有相应资质的单位承担。

②安装、拆卸施工起重机械和整体提升脚手架、模板等自升式架设设施,应当编制拆装方案、制定安全施工措施,并由专业技术人员现场监督。

③施工起重机械和整体提升脚手架、模板等自升式架设设施安装完毕后,安装单位应当自检,出具自检合格证明,并向施工单位进行安全使用说明,办理验收手续并签字。

④施工起重机械和整体提升脚手架、模板等自升式架设设施的使用达到国家规定的检验检测期限的,必须经具有专业资质的检验检测机构检测。经检测不合格

的,不得继续使用。

⑤检验检测机构对检测合格的施工起重机械和整体提升脚手架、模板等自升式架设设施,应当出具安全合格证明文件,并对检测结果负责。

7.4 建设工程安全生产监督管理

7.4.1 权限分工

国务院负责安全生产监督管理的部门,依照《中华人民共和国安全生产法》的规定,对全国建设工程安全生产工作实施综合监督管理。县级以上地方人民政府负责安全生产监督管理的部门依照《中华人民共和国安全生产法》的规定,对本行政区域内建设工程安全生产工作实施综合监督管理。

国务院建设行政主管部门对全国的建设工程安全生产实施监督管理。国务院铁路、交通、水利等有关部门按照国务院规定的职责分工,负责有关专业建设工程安全生产的监督管理。

县级以上地方人民政府建设行政主管部门对本行政区域内的建设工程安全生产实施监督管理。县级以上地方人民政府交通、水利等有关部门在各自的职责范围内,负责本行政区域内的专业建设工程安全生产的监督管理。

7.4.2 监督管理职权

安全生产监督管理部门和其他负有安全生产监督管理职责的部门依法开展安全生产行政执法工作,对生产经营单位执行有关安全生产的法律、法规和国家标准或者行业标准的情况进行监督检查,行使以下职权:

①进入生产经营单位进行检查,调阅有关资料,向有关单位和人员了解情况;

②对检查中发现的安全生产违法行为,当场予以纠正或者要求限期改正;对依法应当给予行政处罚的行为,依照本法和其他有关法律、行政法规的规定作出行政处罚决定;

③对检查中发现的事故隐患,应当责令立即排除;重大事故隐患排除前或者排除过程中无法保证安全的,应当责令从危险区域内撤出作业人员,责令暂时停产停业或者停止使用相关设施、设备;重大事故隐患排除后,经审查同意,方可恢复生产经营和使用;

④对有根据认为不符合保障安全生产的国家标准或者行业标准的设施、设备、器材以及违法生产、储存、使用、经营、运输的危险物品予以查封或者扣押,对违法生产、储存、使用、经营危险物品的作业场所予以查封,并依法作出处理决定。

7.5 安全事故的处理

7.5.1 生产安全事故的应急救援

(1) 生产安全事故的分类

2007年6月1日起施行的《生产安全事故报告和调查处理条例》对生产安全事故作出了明确的分类。

根据生产安全事故(以下简称事故)造成的人员伤亡或者直接经济损失,事故一般分为以下等级。

①特别重大事故,是指造成30人以上(含30人)死亡,或者100人以上(含100人)重伤(包括急性工业中毒,下同),或者1亿元以上(含1亿元)直接经济损失的事故。

②重大事故,是指造成10人以上(含10人)30人以下死亡,或者50人以上(含50人)100人以下重伤,或者5000万元以上(含5000万元)1亿元以下直接经济损失的事故。

③较大事故,是指造成3人以上(含3人)10人以下死亡,或者10人以上(含10人)50人以下重伤,或者1000万元以上(含1000万元)5000万元以下直接经济损失的事故。

④一般事故,是指造成3人以下死亡,或者10人以下重伤,或者1000万元以下直接经济损失的事故。

国务院安全生产监督管理部门可以会同国务院有关部门,制定事故等级划分的补充性规定。

(2) 应急救援体系的建立

《安全生产法》第77条规定:"县级以上地方各级人民政府应当组织有关部门制定本行政区域内特大生产安全事故应急救援预案,建立应急救援体系。"

《安全生产法》第78条规定:"生产经营单位应当制定本单位生产安全事故应急救援预案,与所在地县级以上地方人民政府组织制定的生产安全事故应急救援预案相衔接,并定期组织演练。"

根据《安全生产法》第79条的规定,建筑施工单位应当建立应急救援组织;生产经营规模较小的,可以不建立应急救援组织,但应当指定兼职的应急救援人员。危险物品的生产、经营、储存、运输单位以及矿山、金属冶炼、城市轨道交通运营、建筑施工单位应当配备必要的应急救援器材、设备和物资,并进行经常性维护、保养,保证正常运转。

7.5.2 生产安全事故报告

1.《安全生产法》关于生产安全事故报告的规定

根据《安全生产法》第 80～82 条的规定，生产安全事故的报告应当遵守以下规定。

① 生产经营单位发生生产安全事故后，事故现场有关人员应当立即报告本单位负责人。

② 单位负责人接到事故报告后，应当迅速采取有效措施，组织抢救，防止事故扩大，减少人员伤亡和财产损失，并按照国家有关规定立即如实报告当地负有安全生产监督管理职责的部门，不得隐瞒不报、谎报或者迟报，不得故意破坏事故现场、毁灭有关证据。对于实行施工总承包的建设工程，根据《建设工程安全生产管理条例》第 50 条的规定，由总承包单位负责上报事故。

③ 负有安全生产监督管理职责的部门接到事故报告后，应当立即按照国家有关规定上报事故情况。负有安全生产监督管理职责的部门和有关地方人民政府对事故情况不得隐瞒不报、谎报或者迟报。

④ 有关地方人民政府和负有安全生产监督管理职责部门的负责人接到生产安全事故报告后，应当按照生产安全事故应急救援预案的要求立即赶到事故现场，组织事故抢救。

2.《生产安全事故报告和调查处理条例》关于生产安全事故报告的规定

《生产安全事故报告和调查处理条例》在《安全生产法》的基础上作出了进一步的详细规定。

1) 事故单位的报告

事故发生后，事故现场有关人员应当立即向本单位负责人报告；单位负责人接到报告后，应当于 1 小时内向事故发生地县级以上人民政府安全生产监督管理部门和负有安全生产监督管理职责的有关部门报告。

情况紧急时，事故现场有关人员可以直接向事故发生地县级以上人民政府安全生产监督管理部门和负有安全生产监督管理职责的有关部门报告。

2) 监管部门的报告

(1) 生产安全事故的逐级报告

安全生产监督管理部门和负有安全生产监督管理职责的有关部门接到事故报告后，应当依照下列规定上报事故情况，并通知公安机关、劳动保障行政部门、工会和人民检察院：

① 特别重大事故、重大事故逐级上报至国务院安全生产监督管理部门和负有安全生产监督管理职责的有关部门；

② 较大事故逐级上报至省、自治区、直辖市人民政府安全生产监督管理部门和负有安全生产监督管理职责的有关部门；

③ 一般事故上报至设区的市级人民政府安全生产监督管理部门和负有安全生

产监督管理职责的有关部门。

安全生产监督管理部门和负有安全生产监督管理职责的有关部门依照前款规定上报事故情况,应当同时报告本级人民政府。国务院安全生产监督管理部门和负有安全生产监督管理职责的有关部门以及省级人民政府接到发生特别重大事故、重大事故的报告后,应当立即报告国务院。

必要时,安全生产监督管理部门和负有安全生产监督管理职责的有关部门可以越级上报事故情况。

(2)生产安全事故报告的时间要求

安全生产监督管理部门和负有安全生产监督管理职责的有关部门逐级上报事故情况,每级上报的时间不得超过2小时。

3)报告的内容

报告事故应当包括下列内容:

①事故发生单位概况;

②事故发生的时间、地点以及事故现场情况;

③事故的简要经过;

④事故已经造成或者可能造成的伤亡人数(包括下落不明的人数)和初步估计的直接经济损失;

⑤已经采取的措施;

⑥其他应当报告的情况。

事故报告后出现新情况的,应当及时补报。自事故发生之日起30日内,事故造成的伤亡人数发生变化的,应当及时补报。道路交通事故、火灾事故自发生之日起7日内,事故造成的伤亡人数发生变化的,应当及时补报。

4)应急救援

事故发生单位负责人接到事故报告后,应当立即启动事故相应应急预案,或者采取有效措施,组织抢救,防止事故扩大,减少人员伤亡和财产损失。

事故发生地有关地方人民政府、安全生产监督管理部门和负有安全生产监督管理职责的有关部门接到事故报告后,其负责人应当立即赶赴事故现场,组织事故救援。

5)现场与证据

事故发生后,有关单位和人员应当妥善保护事故现场以及相关证据,任何单位和个人不得破坏事故现场、毁灭相关证据。

因抢救人员、防止事故扩大以及疏通交通等原因,需要移动事故现场物件的,应当做出标志,绘制现场简图并做出书面记录,妥善保存现场重要痕迹、物证。

7.5.3 生产安全事故调查处理

1.《安全生产法》对生产安全事故调查的规定

根据《安全生产法》第83~85条的规定,生产安全事故调查处理应当遵守以下基本规定。

①事故调查处理应当按照科学严谨、依法依规、实事求是、尊重科学的原则,及时、准确地查清事故原因,查明事故性质和责任,总结事故教训,提出整改措施,并对事故责任者提出处理意见。

②生产经营单位发生生产安全事故,经调查确定为责任事故的,除了应当查明事故单位的责任并依法予以追究外,还应当查明对安全生产的有关事项负有审查批准和监督职责的行政部门的责任,对有失职、渎职行为的,追究法律责任。

③任何单位和个人不得阻挠和干涉对事故的依法调查处理。

2.《生产安全事故报告和调查处理条例》对生产安全事故调查的规定

1)事故调查的管辖

(1)级别管辖

特别重大事故由国务院或者国务院授权有关部门组织事故调查组进行调查。

重大事故、较大事故、一般事故分别由事故发生地省级人民政府、设区的市级人民政府、县级人民政府负责调查。省级人民政府、设区的市级人民政府、县级人民政府可以直接组织事故调查组进行调查,也可以授权或者委托有关部门组织事故调查组进行调查。

未造成人员伤亡的一般事故,县级人民政府也可以委托事故发生单位组织事故调查组进行调查。

上级人民政府认为必要时,可以调查由下级人民政府负责调查的事故。

自事故发生之日起 30 日内(道路交通事故、火灾事故自发生之日起 7 日内),因事故伤亡人数变化导致事故等级发生变化,依照本条例规定应当由上级人民政府负责调查的,上级人民政府可以另行组织事故调查组进行调查。

(2)地域管辖

特别重大事故以下等级事故,事故发生地与事故发生单位不在同一个县级以上行政区域的,由事故发生地人民政府负责调查,事故发生单位所在地人民政府应当派人参加。

2)事故调查组的组成

(1)组成的原则

事故调查组的组成应当遵循精简、效能的原则。

(2)成员的来源

根据事故的具体情况,事故调查组由有关人民政府、安全生产监督管理部门、负有安全生产监督管理职责的有关部门、监察机关、公安机关以及工会派人组成,并应当邀请人民检察院派人参加。

事故调查组可以聘请有关专家参与调查。

(3)成员的条件

事故调查组成员应当具有事故调查所需要的知识和专长,并与所调查的事故没有直接利害关系。

(4)事故调查组组长

事故调查组组长由负责事故调查的人民政府指定。事故调查组组长主持事故调查组的工作。

3)事故调查组及其成员的职责与权利

(1)事故调查组的职责与权利

事故调查组履行下列职责：

①查明事故发生的经过、原因、人员伤亡情况及直接经济损失；

②认定事故的性质和事故责任；

③提出对事故责任者的处理建议；

④总结事故教训，提出防范和整改措施；

⑤提交事故调查报告。

事故调查中发现涉嫌犯罪的，事故调查组应当及时将有关材料或者其复印件移交司法机关处理。

事故调查组有权向有关单位和个人了解与事故有关的情况，并要求其提供相关文件、资料，有关单位和个人不得拒绝。

(2)事故调查组成员的职责

事故发生单位的负责人和有关人员在事故调查期间不得擅离职守，并应当随时接受事故调查组的询问，如实提供有关情况。

事故调查组成员在事故调查工作中应当诚信公正、恪尽职守，遵守事故调查组的纪律，保守事故调查的秘密。未经事故调查组组长允许，事故调查组成员不得擅自发布有关事故的信息。

4)调查的时限

事故调查组应当自事故发生之日起60日内提交事故调查报告；特殊情况下，经负责事故调查的人民政府批准，提交事故调查报告的期限可以适当延长，但延长的期限最长不超过60日。

事故调查中需要进行技术鉴定的，事故调查组应当委托具有国家规定资质的单位进行技术鉴定。必要时，事故调查组可以直接组织专家进行技术鉴定。技术鉴定所需时间不计入事故调查期限。

5)事故调查报告

事故调查报告应当包括下列内容：

①事故发生单位概况；

②事故发生经过和事故救援情况；

③事故造成的人员伤亡和直接经济损失；

④事故发生的原因和事故性质；

⑤事故责任的认定以及对事故责任者的处理建议；

⑥事故防范和整改措施。

事故调查报告应当附具有关证据材料。事故调查组成员应当在事故调查报告上签名。事故调查报告报送负责事故调查的人民政府后,事故调查工作即告结束。事故调查的有关资料应当归档保存。

3.《生产安全事故报告和调查处理条例》对生产安全事故处理的规定

(1)处理时限

重大事故、较大事故、一般事故,负责事故调查的人民政府应当自收到事故调查报告之日起 15 日内做出批复;特别重大事故,30 日内做出批复,特殊情况下,批复时间可以适当延长,但延长的时间最长不超过 30 日。

有关机关应当按照人民政府的批复,依照法律、行政法规规定的权限和程序,对事故发生单位和有关人员进行行政处罚,对负有事故责任的国家工作人员进行处分。

事故发生单位应当按照负责事故调查的人民政府的批复,对本单位负有事故责任的人员进行处理。负有事故责任的人员涉嫌犯罪的,依法追究刑事责任。

(2)整改

事故发生单位应当认真吸取事故的教训,落实防范和整改措施,防止事故再次发生。防范和整改措施的落实情况应当接受工会和职工的监督。

安全生产监督管理部门和负有安全生产监督管理职责的有关部门应当对事故发生单位落实防范和整改措施的情况进行监督检查。

(3)处理结果的公布

事故处理的情况由负责事故调查的人民政府或者其授权的有关部门、机构向社会公布,依法应当保密的除外。

7.6 法律责任

7.6.1 违反《安全生产许可证条例》的法律责任

1.安全生产许可证颁发管理机关工作人员的法律责任

安全生产许可证颁发管理机关工作人员有下列行为之一的,给予降级或者撤职的行政处分;构成犯罪的,依法追究刑事责任:

①向不符合本条例规定的安全生产条件的企业颁发安全生产许可证的;

②发现企业未依法取得安全生产许可证擅自从事生产活动,不依法处理的;

③发现取得安全生产许可证的企业不再具备本条例规定的安全生产条件,不依法处理的;

④接到对违反本条例规定行为的举报后,不及时处理的;

⑤在安全生产许可证颁发、管理和监督检查工作中,索取或者接受企业的财物,或者谋取其他利益的。

2. 未取得安全生产许可证擅自进行生产的法律责任

违反本条例规定,未取得安全生产许可证擅自进行生产的,责令停止生产,没收违法所得,并处 10 万元以上 50 万元以下的罚款;造成重大事故或者其他严重后果,构成犯罪的,依法追究刑事责任。

3. 未办理安全生产许可证延期手续的法律责任

违反本条例规定,安全生产许可证有效期满未办理延期手续,继续进行生产的,责令停止生产,限期补办延期手续,没收违法所得,并处 5 万元以上 10 万元以下的罚款;逾期仍不办理延期手续,继续进行生产的,依照本条例第 19 条的规定处罚。

4. 转让安全生产许可证的法律责任

违反本条例规定,转让安全生产许可证的,没收违法所得,处 10 万元以上 50 万元以下的罚款,并吊销其安全生产许可证;构成犯罪的,依法追究刑事责任;接受转让的,依照本条例第 19 条的规定处罚。

冒用安全生产许可证或者使用伪造的安全生产许可证的,依照本条例第 19 条的规定处罚。

7.6.2 违反《安全生产法》的法律责任

1. 不满足资金投入的法律责任

生产经营单位的决策机构、主要负责人或者个人经营的投资人不依照本法规定保证安全生产所必需的资金投入,致使生产经营单位不具备安全生产条件的,责令限期改正,提供必需的资金;逾期未改正的,责令生产经营单位停产停业整顿。

有前款违法行为,导致发生生产安全事故的,对生产经营单位的主要负责人给予撤职处分,对个人经营的投资人处 2 万元以上 20 万元以下的罚款;构成犯罪的,依照刑法有关规定追究刑事责任。

2. 未履行安全管理职责的法律责任

生产经营单位的主要负责人未履行本法规定的安全生产管理职责的,责令限期改正;逾期未改正的,处 2 万元以上 5 万元以下的罚款,责令生产经营单位停产停业整顿。

生产经营单位的主要负责人有前款违法行为,导致发生生产安全事故的,给予撤职处分;构成犯罪的,依照刑法有关规定追究刑事责任。

生产经营单位的主要负责人依照前款规定受刑事处罚或者撤职处分的,自刑罚执行完毕或者受处分之日起,五年内不得担任任何生产经营单位的主要负责人;对重大、特别重大生产安全事故负有责任的,终身不得担任本行业生产经营单位的主要负责人。

生产经营单位的主要负责人未履行本法规定的安全生产管理职责,导致发生生产安全事故的,由安全生产监督管理部门依照下列规定处以罚款:

①发生一般事故的,处上一年年收入 30% 的罚款;

②发生较大事故的,处上一年年收入40%的罚款;
③发生重大事故的,处上一年年收入60%的罚款;
④发生特别重大事故的,处上一年年收入80%的罚款。

生产经营单位的安全生产管理人员未履行本法规定的安全生产管理职责的,责令限期改正;导致发生生产安全事故的,暂停或者撤销其与安全生产有关的资格;构成犯罪的,依照刑法有关规定追究刑事责任。

3. 未配备合格人员的责任

生产经营单位有下列行为之一的,责令限期改正,可以处5万元以下的罚款;逾期未改正的,责令停产停业整顿,并处5万元以上10万元以下的罚款,对其直接负责的主管人员和其他直接责任人员处1万元以上2万元以下的罚款:

①未按照规定设置安全生产管理机构或者配备安全生产管理人员的;

②危险物品的生产、经营、储存单位以及矿山、金属冶炼、建筑施工、道路运输单位的主要负责人和安全生产管理人员未按照规定经考核合格的;

③未按照规定对从业人员、被派遣劳动者、实习学生进行安全生产教育和培训,或者未按照规定如实告知有关的安全生产事项的;

④未如实记录安全生产教育和培训情况的;

⑤未将事故隐患排查治理情况如实记录或者未向从业人员通报的;

⑥未按照规定制定生产安全事故应急救援预案或者未定期组织演练的;

⑦特种作业人员未按照规定经专门的安全作业培训并取得相应资格,上岗作业的。

4. 不符合安全设施、设备管理的法律责任

生产经营单位有下列行为之一的,责令停止建设或者停产停业整顿,限期改正;逾期未改正的,处50万元以上100万元以下的罚款,对其直接负责的主管人员和其他直接责任人员处2万元以上5万元以下的罚款;构成犯罪的,依照刑法有关规定追究刑事责任:

①未按照规定对矿山、金属冶炼建设项目或者用于生产、储存、装卸危险物品的建设项目进行安全评价的;

②矿山、金属冶炼建设项目或者用于生产、储存、装卸危险物品的建设项目没有安全设施设计或者安全设施设计未按照规定报经有关部门审查同意的;

③矿山、金属冶炼建设项目或者用于生产、储存、装卸危险物品的建设项目的施工单位未按照批准的安全设施设计施工的;

④矿山、金属冶炼建设项目或者用于生产、储存危险物品的建设项目竣工投入生产或者使用前,安全设施未经验收合格的。

生产经营单位有下列行为之一的,责令限期改正,可以处5万元以下的罚款;逾期未改正的,处5万元以上20万元以下的罚款,对其直接负责的主管人员和其他直接责任人员处1万元以上2万元以下的罚款;情节严重的,责令停产停业整顿;构成

犯罪的,依照刑法有关规定追究刑事责任:

①未在有较大危险因素的生产经营场所和有关设施、设备上设置明显的安全警示标志的;

②安全设备的安装、使用、检测、改造和报废不符合国家标准或者行业标准的;

③未对安全设备进行经常性维护、保养和定期检测的;

④未为从业人员提供符合国家标准或者行业标准的劳动防护用品的;

⑤危险物品的容器、运输工具,以及涉及人身安全、危险性较大的海洋石油开采特种设备和矿山井下特种设备未经具有专业资质的机构检测、检验合格,取得安全使用证或者安全标志,投入使用的;

⑥使用应当淘汰的危及生产安全的工艺、设备的。

5. 擅自生产、经营、储存危险物品的法律责任

未经依法批准,擅自生产、经营、运输、储存、使用危险物品或者处置废弃危险物品的,依照有关危险物品安全管理的法律、行政法规的规定予以处罚;构成犯罪的,依照刑法有关规定追究刑事责任。

6. 对重大危险源管理不当的法律责任

生产经营单位有下列行为之一的,责令限期改正,可以处 10 万元以下的罚款;逾期未改正的,责令停产停业整顿,并处 10 万元以上 20 万元以下的罚款,对其直接负责的主管人员和其他直接责任人员处 2 万元以上 5 万元以下的罚款;构成犯罪的,依照刑法有关规定追究刑事责任:

①生产、经营、运输、储存、使用危险物品或者处置废弃危险物品,未建立专门安全管理制度、未采取可靠的安全措施的;

②对重大危险源未登记建档,或者未进行评估、监控,或者未制定应急预案的;

③进行爆破、吊装以及国务院安全生产监督管理部门会同国务院有关部门规定的其他危险作业,未安排专门人员进行现场安全管理的;

④未建立事故隐患排查治理制度的。

生产经营单位未采取措施消除事故隐患的,责令立即消除或者限期消除;生产经营单位拒不执行的,责令停产停业整顿,并处 10 万元以上 50 万元以下的罚款,对其直接负责的主管人员和其他直接责任人员处 2 万元以上 5 万元以下的罚款。

7. 处罚

违反本法规定,生产经营单位拒绝、阻碍负有安全生产监督管理职责的部门依法实施监督检查的,责令改正;拒不改正的,处 2 万元以上 20 万元以下的罚款;对其直接负责的主管人员和其他直接责任人员处 1 万元以上 2 万元以下的罚款;构成犯罪的,依照刑法有关规定追究刑事责任。

8. 非法设置员工宿舍的法律责任

生产经营单位有下列行为之一的,责令限期改正,可以处 5 万元以下的罚款,对其直接负责的主管人员和其他直接责任人员可以处 1 万元以下的罚款;逾期未改正

的,责令停产停业整顿;构成犯罪的,依照刑法有关规定追究刑事责任:

①生产、经营、储存、使用危险物品的车间、商店、仓库与员工宿舍在同一座建筑内,或者与员工宿舍的距离不符合安全要求的;

②生产经营场所和员工宿舍未设有符合紧急疏散需要、标志明显、保持畅通的出口,或者锁闭、封堵生产经营场所或者员工宿舍出口的。

9. 订立非法免责条款的法律责任

生产经营单位与从业人员订立协议,免除或者减轻其对从业人员因生产安全事故伤亡依法应承担的责任的,该协议无效;对生产经营单位的主要负责人、个人经营的投资人处 2 万元以上 10 万元以下的罚款。

10. 从业人员违章操作的法律责任

生产经营单位的从业人员不服从管理,违反安全生产规章制度或者操作规程的,由生产经营单位给予批评教育,依照有关规章制度给予处分;构成犯罪的,依照刑法有关规定追究刑事责任。

11. 不立即组织救援的法律责任

生产经营单位的主要负责人在本单位发生生产安全事故时,不立即组织抢救或者在事故调查处理期间擅离职守或者逃匿的,给予降级、撤职的处分,并由安全生产监督管理部门处上一年年收入 60%～100% 的罚款;对逃匿的处十五日以下拘留;构成犯罪的,依照刑法有关规定追究刑事责任。

生产经营单位的主要负责人对生产安全事故隐瞒不报、谎报或者迟报的,依照前款规定处罚。

12. 不具备安全生产条件的法律责任

生产经营单位不具备本法和其他有关法律、行政法规和国家标准或者行业标准规定的安全生产条件,经停产停业整顿仍不具备安全生产条件的,予以关闭;有关部门应当依法吊销其有关证照。

13. 未履行赔偿责任的法律责任

生产经营单位发生生产安全事故造成人员伤亡、他人财产损失的,应当依法承担赔偿责任;拒不承担或者其负责人逃匿的,由人民法院依法强制执行。

生产安全事故的责任人未依法承担赔偿责任,经人民法院依法采取执行措施后,仍不能对受害人给予足额赔偿的,应当继续履行赔偿义务;受害人发现责任人有其他财产的,可以随时请求人民法院执行。

7.6.3 违反《建设工程安全生产管理条例》的相关法律责任

1. 建设单位的法律责任

建设单位未提供建设工程安全生产作业环境及安全施工措施所需费用的,责令限期改正;逾期未改正的,责令该建设工程停止施工。

建设单位未将保证安全施工的措施或者拆除工程的有关资料报送有关部门备

案的,责令限期改正,给予警告。

建设单位有下列行为之一的,责令限期改正,处 20 万元以上 50 万元以下的罚款;造成重大安全事故,构成犯罪的,对直接责任人员,依照刑法有关规定追究刑事责任;造成损失的,依法承担赔偿责任:

①对勘察、设计、施工、工程监理等单位提出不符合安全生产法律、法规和强制性标准规定的要求的;

②要求施工单位压缩合同约定的工期的;

③将拆除工程发包给不具有相应资质等级的施工单位的。

2. 工程监理单位的法律责任

注册执业人员(不局限于监理工程师)未执行法律、法规和工程建设强制性标准的,责令停止执业 3 个月以上 1 年以下;情节严重的,吊销执业资格证书,5 年内不予注册;造成重大安全事故的,终身不予注册;构成犯罪的,依照刑法有关规定追究刑事责任。

工程监理单位有下列行为之一的,责令限期改正;逾期未改正的,责令停业整顿,并处 10 万元以上 30 万元以下的罚款;情节严重的,降低资质等级,直至吊销资质证书;造成重大安全事故,构成犯罪的,对直接责任人员,依照刑法有关规定追究刑事责任;造成损失的,依法承担赔偿责任。

①未对施工组织设计中的安全技术措施或者专项施工方案进行审查的;

②发现安全事故隐患未及时要求施工单位整改或者暂时停止施工的;

③施工单位拒不整改或者不停止施工,未及时向有关主管部门报告的;

④未依照法律、法规和工程建设强制性标准实施监理的。

3. 施工单位的法律责任

(1)挪用安全生产费用的法律责任

施工单位挪用列入建设工程概算的安全生产作业环境及安全施工措施所需费用的,责令限期改正,处挪用费用 20% 以上 50% 以下的罚款;造成损失的,依法承担赔偿责任。

(2)违反施工现场管理的法律责任

施工单位有下列行为之一的,责令限期改正;逾期未改正的,责令停业整顿,并处 5 万元以上 10 万元以下的罚款;造成重大安全事故,构成犯罪的,对直接责任人员,依照刑法有关规定追究刑事责任:

①施工前未对有关安全施工的技术要求作出详细说明的;

②未根据不同施工阶段和周围环境及季节、气候的变化,在施工现场采取相应的安全施工措施,或者在城市市区内的建设工程的施工现场未实行封闭围挡的;

③在尚未竣工的建筑物内设置员工集体宿舍的;

④施工现场临时搭建的建筑物不符合安全使用要求的;

⑤未对因建设工程施工可能造成损害的毗邻建筑物、构筑物和地下管线等采取

专项防护措施的。

施工单位有前款规定第④项、第⑤项行为,造成损失的,依法承担赔偿责任。

(3)违反安全设施管理的法律责任

施工单位有下列行为之一的,责令限期改正;逾期未改正的,责令停业整顿,并处10万元以上30万元以下的罚款;情节严重的,降低资质等级,直至吊销资质证书;造成重大安全事故,构成犯罪的,对直接责任人员,依照刑法有关规定追究刑事责任;造成损失的,依法承担赔偿责任:

①安全防护用具、机械设备、施工机具及配件在进入施工现场前未经查验或者查验不合格即投入使用的;

②使用未经验收或者验收不合格的施工起重机械和整体提升脚手架、模板等自升式架设设施的;

③委托不具有相应资质的单位承担施工现场安装、拆卸施工起重机械和整体提升脚手架、模板等自升式架设设施的;

④在施工组织设计中未编制安全技术措施、施工现场临时用电方案或者专项施工方案的。

(4)管理人员不履行安全生产管理职责的法律责任

施工单位的主要负责人、项目负责人未履行安全生产管理职责的,责令限期改正;逾期未改正的,责令施工单位停业整顿;造成重大安全事故、重大伤亡事故或者其他严重后果,构成犯罪的,依照刑法有关规定追究刑事责任。

施工单位的主要负责人、项目负责人有前款违法行为,尚不够刑事处罚的,处2万元以上20万元以下的罚款或者按照管理权限给予撤职处分;自刑罚执行完毕或者受处分之日起,5年内不得担任任何施工单位的主要负责人、项目负责人。

(5)作业人员违章作业的法律责任

作业人员不服从管理、违反规章制度和操作规程冒险作业造成重大伤亡事故或者其他严重后果,构成犯罪的,依照刑法有关规定追究刑事责任。

(6)降低安全生产条件的法律责任

施工单位取得资质证书后,降低安全生产条件的,责令限期改正;经整改仍未达到与其资质等级相适应的安全生产条件的,责令停业整顿,降低其资质等级直至吊销资质证书。

(7)其他法律责任

施工单位有下列行为之一的,责令限期改正;逾期未改正的,责令停业整顿,依照《中华人民共和国安全生产法》的有关规定处以罚款;造成重大安全事故,构成犯罪的,对直接责任人员,依照刑法有关规定追究刑事责任。

①未设立安全生产管理机构、配备专职安全生产管理人员或者分部分项工程施工时无专职安全生产管理人员现场监督的;

②施工单位的主要负责人、项目负责人、专职安全生产管理人员、作业人员或者特种作业人员,未经安全教育培训或者经考核不合格即从事相关工作的;

③未在施工现场的危险部位设置明显的安全警示标志,或者未按照国家有关规定在施工现场设置消防通道、消防水源、配备消防设施和灭火器材的;

④未向作业人员提供安全防护用具和安全防护服装的;

⑤未按照规定在施工起重机械和整体提升脚手架、模板等自升式架设设施验收合格后登记的;

⑥使用国家明令淘汰、禁止使用的危及施工安全的工艺、设备、材料的。

4. 勘察、设计单位的法律责任

勘察单位、设计单位有下列行为之一的,责令限期改正,处10万元以上30万元以下的罚款;情节严重的,责令停业整顿,降低资质等级,直至吊销资质证书;造成重大安全事故,构成犯罪的,对直接责任人员,依照刑法有关规定追究刑事责任;造成损失的,依法承担赔偿责任:

①未按照法律、法规和工程建设强制性标准进行勘察、设计的;

②采用新结构、新材料、新工艺的建设工程和特殊结构的建设工程,设计单位未在设计中提出保障施工作业人员安全和预防生产安全事故的措施建议的。

5. 相关单位的法律责任

为建设工程提供机械设备和配件的单位,未按照安全施工的要求配备齐全有效的保险、限位等安全设施和装置的,责令限期改正,处合同价款1倍以上3倍以下的罚款;造成损失的,依法承担赔偿责任。

出租单位出租未经安全性能检测或者经检测不合格的机械设备和施工机具及配件的,责令停业整顿,并处5万元以上10万元以下的罚款;造成损失的,依法承担赔偿责任。

施工起重机械和整体提升脚手架、模板等自升式架设设施安装、拆卸单位有下列行为之一的,责令限期改正,处5万元以上10万元以下的罚款;情节严重的,责令停业整顿,降低资质等级,直至吊销资质证书;造成损失的,依法承担赔偿责任:

①未编制拆装方案、制定安全施工措施的;

②未由专业技术人员现场监督的;

③未出具自检合格证明或者出具虚假证明的;

④未向施工单位进行安全使用说明,办理移交手续的。

施工起重机械和整体提升脚手架、模板等自升式架设设施安装、拆卸单位有前款规定的第①项、第③项行为,经有关部门或者单位职工提出后,对事故隐患仍不采取措施,因而发生重大伤亡事故或者造成其他严重后果,构成犯罪的,对直接责任人员,依照刑法有关规定追究刑事责任。

7.6.4 违反《生产安全事故报告和调查处理条例》的相关法律责任

1. 事故发生单位及其有关人员的法律责任

(1)事故发生后玩忽职守而承担的法律责任

事故发生单位主要负责人有下列行为之一的,处上一年年收入40%～80%的罚款;属于国家工作人员的,依法给予处分;构成犯罪的,依法追究刑事责任:

①不立即组织事故抢救的;

②迟报或者漏报事故的;

③在事故调查处理期间擅离职守的。

(2)因恶意阻挠对事故调查处理的法律责任

事故发生单位及其有关人员有下列行为之一的,对事故发生单位处100万元以上500万元以下的罚款;对主要负责人、直接负责的主管人员和其他直接责任人员处上一年年收入60%～100%的罚款;属于国家工作人员的,并依法给予处分;构成违反治安管理行为的,由公安机关依法给予治安管理处罚;构成犯罪的,依法追究刑事责任:

①谎报或者瞒报事故的;

②伪造或者故意破坏事故现场的;

③转移、隐匿资金、财产,或者销毁有关证据、资料的;

④拒绝接受调查或者拒绝提供有关情况和资料的;

⑤在事故调查中作伪证或者指使他人作伪证的;

⑥事故发生后逃匿的。

(3)对事故负有责任的单位和人员应承担的法律责任

①对事故负有责任的单位承担的法律责任。

事故发生单位对事故发生负有责任的,依照下列规定处以罚款:

a. 发生一般事故的,处10万元以上20万元以下的罚款;

b. 发生较大事故的,处20万元以上50万元以下的罚款;

c. 发生重大事故的,处50万元以上200万元以下的罚款;

d. 发生特别重大事故的,处200万元以上500万元以下的罚款。

②对事故负有责任的人员承担的法律责任。

事故发生单位主要负责人未依法履行安全生产管理职责,导致事故发生的,依照下列规定处以罚款;属于国家工作人员的,并依法给予处分;构成犯罪的,依法追究刑事责任。

a. 发生一般事故的,处上一年年收入30%的罚款;

b. 发生较大事故的,处上一年年收入40%的罚款;

c. 发生重大事故的,处上一年年收入60%的罚款;

d. 发生特别重大事故的,处上一年年收入80%的罚款。

③对事故负有责任的单位和人员应承担的其他法律责任。

事故发生单位对事故发生负有责任的,由有关部门依法暂扣或者吊销其有关证照;对事故发生单位负有事故责任的有关人员,依法暂停或者撤销其与安全生产有关的执业资格、岗位证书;事故发生单位主要负责人受到刑事处罚或者撤职处分的,自刑罚执行完毕或者受处分之日起,5年内不得担任任何生产经营单位的主要负责人。

为发生事故的单位提供虚假证明的中介机构,由有关部门依法暂扣或者吊销其有关证照及其相关人员的执业资格;构成犯罪的,依法追究刑事责任。

2. 政府有关部门及其人员的法律责任

有关地方人民政府、安全生产监督管理部门和负有安全生产监督管理职责的有关部门有下列行为之一的,对直接负责的主管人员和其他直接责任人员依法给予处分;构成犯罪的,依法追究刑事责任:

①不立即组织事故抢救的;
②迟报、漏报、谎报或者瞒报事故的;
③阻碍、干涉事故调查工作的;
④在事故调查中作伪证或者指使他人作伪证的。

违反本条例规定,有关地方人民政府或者有关部门故意拖延或者拒绝落实经批复的对事故责任人的处理意见的,由监察机关对有关责任人员依法给予处分。

3. 参与事故调查人员的法律责任

参与事故调查的人员在事故调查中有下列行为之一的,依法给予处分;构成犯罪的,依法追究刑事责任:

①对事故调查工作不负责任,致使事故调查工作有重大疏漏的;
②包庇、袒护负有事故责任的人员或者借机打击报复的。

【本章小结】

本章以《安全生产法》《安全生产管理条例》为核心,围绕工程建设过程中的安全生产进行论述。主要介绍了建设单位、施工单位、工程监理单位、勘察设计单位以及其他相关单位在安全生产中的责任。同时也对申请安全生产许可证的条件以及对安全生产许可证的管理进行了论述。

【思考与练习】

7-1 简述《安全生产许可证条例》的主要内容。
7-2 施工企业应承担的主要责任和义务是什么?
7-3 你认为应如何进一步加强安全生产的行政监督管理工作?
7-4 简述工程安全事故的调查处理过程。
7-5 简述工程安全法律责任的主要内容。

第 8 章 环境保护法律制度

8.1 环境保护法律体系

保护和改善环境关系到人类生存和发展的百年大计,对经济建设、社会发展和人民健康具有全局性、长期性和决定性的影响。制定和实施环境保护法,对于防治污染和公害,保障人民健康,促进社会主义现代化建设的发展具有重要意义。

环境是指影响人类社会生存和发展的各种天然的和经过人工改造的自然因素总体,包括大气、水、海洋、土地、矿藏、森林、草原、野生动物、自然古迹、人文遗迹、自然保护区、风景名胜区、城市和乡村等。

我国于 1989 年 12 月 26 日发布《中华人民共和国环境保护法》。国家制定环境保护法的目的在于保护人民健康、保护生态环境,为国家的经济可持续发展提供法律保障。环境保护法的任务是保证合理地利用自然资源,保证防治污染和生态破坏。

与工程建设相关的环境保护法律体系包括以《中华人民共和国环境保护法》为核心的一系列法律、法规、部门规章,主要包括以下文件。

(1)《中华人民共和国环境保护法》

《中华人民共和国环境保护法》自 1989 年 12 月 26 日公布之日实施,2014 年 4 月 24 日修订,分为 7 章,包括 70 条。分别对监督管理、保护和改善环境、防治污染和其他公害、信息公开和公众参与作出了规定。

《中华人民共和国环境保护法》第 3 条规定:"本法适用于中华人民共和国领域和中华人民共和国管辖的其他海域。"

(2)《建设项目环境保护管理条例》

《建设项目环境保护管理条例》自 1998 年 11 月 29 日起实施,2017 年 7 月 16 日修订。该条例分为 5 章,包括 34 条,分别对环境影响评价、环境保护设施建设作出了更具体的规定。

《建设项目环境保护管理条例》第 2 条规定:"在中华人民共和国领域和中华人民共和国管辖的其他海域内建设对环境有影响的建设项目,适用本条例。"

(3)《中华人民共和国固体废物污染环境防治法》

《中华人民共和国固体废物污染环境防治法》由中华人民共和国第十届全国人民代表大会常务委员会第十三次会议于 2004 年 12 月 29 日修订通过,修订后的《中华人民共和国固体废物污染环境防治法》自 2005 年 4 月 1 日起施行,后于 2013 年、2015 年、2016 年三次修订。2020 年 4 月 29 日进行再次修订。

(4)《中华人民共和国水污染防治法》

《中华人民共和国水污染防治法》由 1984 年 5 月 11 日第六届全国人民代表大会常务委员会第五次会议通过，1996 年 5 月 15 日第八届全国人民代表大会常务委员会第十九次会议修正。2008 年 6 月 1 日第二次修订，2017 年 6 月 27 日第三次修订。

(5)《中华人民共和国大气污染防治法》

《中华人民共和国大气污染防治法》由 1987 年 9 月 5 日第六届全国人民代表大会常务委员会第二十二次会议通过，1995 年 8 月 29 日第一次修正，2000 年 4 月 29 日第一次修订，2015 年 8 月 29 日第二次修订，2018 年 10 月 26 日第二次修正。

(6)《中华人民共和国环境影响评价法》

《中华人民共和国环境影响评价法》自 2003 年 9 月 1 日起施行，2016 年 7 月 2 日第二次修订，2018 年 12 月 29 日第三次修订。

(7)《中华人民共和国环境噪声污染防治法》

《中华人民共和国环境噪声污染防治法》自 1997 年 3 月 1 日起施行，2018 年 12 月 29 日修订。

8.2 环境影响评价

8.2.1 环境影响评价的概念及意义

1. 环境影响评价的概念

环境影响评价，是指对规划和建设项目实施后可能造成的环境影响进行分析、预测和评估，提出预防或者减轻不良环境影响的对策和措施，进行跟踪监测的方法与制度。在中华人民共和国领域和中华人民共和国管辖的其他海域内建设对环境有影响的项目，应当依照《中华人民共和国环境影响评价法》进行环境影响评价。

2. 环境影响评价的意义

国家为了实施可持续发展战略，预防因规划和建设项目实施后对环境造成不良影响，促进经济、社会和环境的协调发展，制定《中华人民共和国环境影响评价法》。

国家鼓励有关单位、专家和公众以适当方式参与环境影响评价。

8.2.2 规划的环境影响评价

1. 指导性规划

国务院有关部门、设区的市级以上地方人民政府及其有关部门，对其组织编制的土地利用的有关规划，区域、流域、海域的建设、开发利用规划，应当在规划编制过程中组织进行环境影响评价，编写该规划有关环境影响的篇章或者说明。

规划有关环境影响的篇章或者说明，应当对规划实施后可能造成的环境影响作出分析、预测和评估，提出预防或者减轻不良环境影响的对策和措施，作为规划草案的组成部分一并报送规划审批机关。

未编写有关环境影响的篇章或者说明的规划草案,审批机关不予审批。

2. 专项规划

国务院有关部门、设区的市级以上地方人民政府及其有关部门,对其组织编制的工业、农业、畜牧业、林业、能源、水利、交通、城市建设、旅游、自然资源开发的有关专项规划(以下简称专项规划),应当在该专项规划草案上报审批前,组织进行环境影响评价,并向审批该专项规划的机关提交环境影响报告书。

专项规划的环境影响报告书应当包括下列内容:

①实施该规划对环境可能造成影响的分析、预测和评估;

②预防或者减轻不良环境影响的对策和措施;

③环境影响评价的结论。

专项规划的编制机关对可能造成不良环境影响并直接涉及公众环境权益的规划,应当在该规划草案报送审批前,举行论证会、听证会,或者采取其他形式,征求有关单位、专家和公众对环境影响报告书草案的意见。但是,国家规定需要保密的情形除外。

编制机关应当认真考虑有关单位、专家和公众对环境影响报告书草案的意见,并应当在报送审查的环境影响报告书中附具对意见采纳或者不采纳的说明。

专项规划的编制机关在报批规划草案时,应当将环境影响报告书一并附送审批机关审查;未附送环境影响报告书的,审批机关不予审批。

8.2.3 建设项目的环境影响评价

1. 建设项目的环境影响评价的分类管理

国家根据建设项目对环境的影响程度,对建设项目的环境影响评价实行分类管理。

(1)环境影响评价文件

建设单位应当按照下列规定组织编制环境影响报告书、环境影响报告表或者填报环境影响登记表(以下统称环境影响评价文件):

①可能造成重大环境影响的,应当编制环境影响报告书,对产生的环境影响进行全面评价;

②可能造成轻度环境影响的,应当编制环境影响报告表,对产生的环境影响进行分析或者专项评价;

③对环境影响很小、不需要进行环境影响评价的,应当填报环境影响登记表。

建设项目的环境影响评价分类管理名录,由国务院生态环境主管部门制定并公布。

建设项目的环境影响评价文件未依法经审批部门审查或者审查后未予批准的,建设单位不得开工建设。

(2)建设项目环境影响报告书的内容

建设项目的环境影响报告书应当包括下列内容：

①建设项目概况；

②建设项目周围环境现状；

③建设项目对环境可能造成影响的分析、预测和评估；

④建设项目环境保护措施及其技术、经济论证；

⑤建设项目对环境影响的经济损益分析；

⑥对建设项目实施环境监测的建议；

⑦环境影响评价的结论。

2. 建设项目的环境影响评价的规定

(1)避免重复评价

建设项目的环境影响评价，应当避免与规划的环境影响评价相重复。作为一项整体建设项目的规划，按照建设项目进行环境影响评价，不进行规划的环境影响评价。已经进行了环境影响评价的规划包含具体建设项目的，规划的环境影响评价结论应当作为建设项目环境影响评价的重要依据，建设项目环境影响评价的内容应当根据规划的环境影响评价审查意见予以简化。

(2)环境影响评价文件编制主体

建设单位可以委托技术单位对其建设项目开展环境影响评价，编制建设项目环境影响报告书、环境影响报告表；建设单位具备环境影响评价技术能力的，可以自行对其建设项目开展环境影响评价，编制建设项目环境影响报告书、环境影响报告表。

接受委托为建设单位编制建设项目环境影响报告书、环境影响报告表的技术单位，不得与负责审批建设项目环境影响报告书、环境影响报告表的生态环境主管部门或者其他有关审批部门存在任何利益关系。

建设单位应当对建设项目环境影响报告书、环境影响报告表的内容和结论负责，接受委托编制建设项目环境影响报告书、环境影响报告表的技术单位对其编制的建设项目环境影响报告书、环境影响报告表承担相应责任。

任何单位和个人不得为建设单位指定编制建设项目环境影响报告书、环境影响报告表的技术单位。

(3)环境影响评价论证

除国家规定需要保密的情形外，对环境可能造成重大影响、应当编制环境影响报告书的建设项目，建设单位应当在报批建设项目环境影响报告书前，举行论证会、听证会，或者采取其他形式，征求有关单位、专家和公众的意见。

建设单位报批的环境影响报告书应当附具对有关单位、专家和公众的意见采纳或者不采纳的说明。

(4)重新报批环境影响评价文件

建设项目的环境影响评价文件经批准后，建设项目的性质、规模、地点、采用的生产工艺或者防治污染、防止生态破坏的措施发生重大变动的,建设单位应当重新报批建设项目的环境影响评价文件。

建设项目的环境影响评价文件自批准之日起超过五年,方决定该项目开工建设的,其环境影响评价文件应当报原审批部门重新审核;原审批部门应当自收到建设项目环境影响评价文件之日起十日内,将审核意见以书面形式通知建设单位。

(5)环境影响后评价

建设项目建设过程中,建设单位应当同时实施环境影响报告书、环境影响报告表以及环境影响评价文件审批部门审批意见中提出的环境保护对策措施。

在项目建设、运行过程中产生不符合经审批的环境影响评价文件的情形的,建设单位应当组织环境影响的后评价,采取改进措施,并报原环境影响评价文件审批部门和建设项目审批部门备案;原环境影响评价文件审批部门也可以责成建设单位进行环境影响的后评价,采取改进措施。

8.3 水污染防治法

8.3.1 向水体排放污染物的建设项目环境影响评价与环境保护三同时

1. 向水体排放污染物的建设项目环境影响评价

《中华人民共和国水污染防治法》(以下简称《水污染防治法》)第19条规定,新建、改建、扩建直接或者间接向水体排放污染物的建设项目和其他水上设施,应当依法进行环境影响评价。

建设单位在江河、湖泊新建、改建、扩建排污口的,应当取得水行政主管部门或者流域管理机构同意;涉及通航、渔业水域的,环境保护主管部门在审批环境影响评价文件时,应当征求交通、渔业主管部门的意见。

2. 向水体排放污染物的建设项目的环境保护三同时

《水污染防治法》第19条规定,建设项目的水污染防治设施,应当与主体工程同时设计、同时施工、同时投入使用。水污染防治设施应当符合经批准或者备案的环境影响评价文件的要求。

8.3.2 水污染防治的一般规定

依据《水污染防治法》第33～43条,有如下规定。

①禁止向水体排放油类、酸液、碱液或者剧毒废液。

②禁止在水体清洗装贮过油类或者有毒污染物的车辆和容器。

③禁止向水体排放、倾倒放射性固体废物或者含有高放射性和中放射性物质的废水。向水体排放含低放射性物质的废水,应当符合国家有关放射性污染防治的规定和标准。

④向水体排放含热废水,应当采取措施,保证水体的水温符合水环境质量标准。

⑤含病原体的污水应当经过消毒处理,符合国家有关标准后,方可排放。

⑥禁止向水体排放、倾倒工业废渣、城镇垃圾和其他废弃物。禁止将含有汞、镉、砷、铬、铅、氰化物、黄磷等的可溶性剧毒废渣向水体排放、倾倒或者直接埋入地下。存放可溶性剧毒废渣的场所,应当采取防水、防渗漏、防流失的措施。

⑦禁止在江河、湖泊、运河、渠道、水库最高水位线以下的滩地和岸坡堆放、存贮固体废弃物和其他污染物。

⑧禁止利用渗井、渗坑、裂隙、溶洞,私设暗管,篡改、伪造监测数据,或者不正常运行水污染防治设施等逃避监管的方式排放水污染物。

⑨化学品生产企业以及工业集聚区、矿山开采区、尾矿库、危险废物处置场、垃圾填埋场等的运营、管理单位,应当采取防渗漏等措施,并建设地下水水质监测井进行监测,防止地下水污染。加油站等的地下油罐应当使用双层罐或者采取建造防渗池等其他有效措施,并进行防渗漏监测,防止地下水污染。禁止利用无防渗漏措施的沟渠、坑塘等输送或者存贮含有毒污染物的废水、含病原体的污水和其他废弃物。

⑩多层地下水的含水层水质差异大的,应当分层开采;对已受污染的潜水和承压水,不得混合开采。

⑪兴建地下工程设施或者进行地下勘探、采矿等活动,应当采取防护性措施,防止地下水污染。报废矿井、钻井或者取水井等,应当实施封井或者回填。

⑫人工回灌补给地下水,不得恶化地下水质。

8.3.3 水源保护区制度

《水污染防治法》第 63 条规定:"国家建立饮用水水源保护区制度。饮用水水源保护区分为一级保护区和二级保护区;必要时,可以在饮用水水源保护区外围划定一定的区域作为准保护区。"

依据《水污染防治法》第 64~67 条,有如下规定。

①在饮用水水源保护区内,禁止设置排污口。

②禁止在饮用水水源一级保护区内新建、改建、扩建与供水设施和保护水源无关的建设项目;已建成的与供水设施和保护水源无关的建设项目,由县级以上人民政府责令拆除或者关闭。

③禁止在饮用水水源二级保护区内新建、改建、扩建排放污染物的建设项目;已建成的排放污染物的建设项目,由县级以上人民政府责令拆除或者关闭。

④禁止在饮用水水源准保护区内新建、扩建对水体污染严重的建设项目;改建建设项目,不得增加排污量。

8.4 固体废物污染环境防治法

8.4.1 产生固体废物的项目环境影响评价与环境保护"三同时"

1. 产生固体废物的项目环境影响评价

《中华人民共和国固体废物污染环境防治法》第 17 条规定,建设产生、贮存、利用、处置固体废物的项目,应当依法进行环境影响评价,并遵守国家有关建设项目环境保护管理的规定。

2. 产生固体废物的项目环境保护"三同时"

《中华人民共和国固体废物污染环境防治法》第 18 条规定,建设项目的环境影响评价文件确定需要配套建设的固体废物污染环境防治设施,应当与主体工程同时设计、同时施工、同时投入使用。建设项目的初步设计,应当按照环境保护设计规范的要求,将固体废物污染环境防治内容纳入环境影响评价文件,落实防治固体废物污染环境和破坏生态的措施以及固体废物污染环境防治设施投资概算。

建设单位应当依照有关法律法规的规定,对配套建设的固体废物污染环境防治设施进行验收,编制验收报告,并向社会公开。

8.4.2 固体废物管理

《中华人民共和国固体废物污染环境防治法》与工程建设有关的规定包括以下条款。

《中华人民共和国固体废物污染环境防治法》第 19 条规定,收集、贮存、运输、利用、处置固体废物的单位和其他生产经营者,应当加强对相关设施、设备和场所的管理和维护,保证其正常运行和使用。

《中华人民共和国固体废物污染环境防治法》第 20 条规定,产生、收集、贮存、运输、利用、处置固体废物的单位和其他生产经营者,应当采取防扬散、防流失、防渗漏或者其他防止污染环境的措施,不得擅自倾倒、堆放、丢弃、遗撒固体废物。

禁止任何单位或者个人向江河、湖泊、运河、渠道、水库及其最高水位线以下的滩地和岸坡以及法律法规规定的其他地点倾倒、堆放、贮存固体废物。

《中华人民共和国固体废物污染环境防治法》第 22 条规定,转移固体废物出省、自治区、直辖市行政区域贮存、处置的,应当向固体废物移出地的省、自治区、直辖市人民政府生态环境主管部门提出申请。移出地的省、自治区、直辖市人民政府生态环境主管部门应当及时商经接受地的省、自治区、直辖市人民政府生态环境主管部门同意后,在规定期限内批准转移该固体废物出省、自治区、直辖市行政区域。未经批准的,不得转移。

转移固体废物出省、自治区、直辖市行政区域利用的,应当报固体废物移出地的省、自治区、直辖市人民政府生态环境主管部门备案。移出地的省、自治区、直辖市人民政府生态环境主管部门应当将备案信息通报接受地的省、自治区、直辖市人民政府生态环境主管部门。

8.4.3　建筑垃圾管理

《中华人民共和国固体废物污染环境防治法》第63条规定，工程施工单位应当编制建筑垃圾处理方案，采取污染防治措施，并报县级以上地方人民政府环境卫生主管部门备案。

工程施工单位应当及时清运工程施工过程中产生的建筑垃圾等固体废物，并按照环境卫生主管部门的规定进行利用或者处置。工程施工单位不得擅自倾倒、抛撒或者堆放工程施工过程中产生的建筑垃圾。

8.4.4　危险废物管理

《中华人民共和国固体废物污染环境防治法》第77条规定，对危险废物的容器和包装物以及收集、贮存、运输、利用、处置危险废物的设施、场所，应当按照规定设置危险废物识别标志。

《中华人民共和国固体废物污染环境防治法》第82条规定，转移危险废物的，应当按照国家有关规定填写、运行危险废物电子或者纸质转移联单。

跨省、自治区、直辖市转移危险废物的，应当向危险废物移出地省、自治区、直辖市人民政府生态环境主管部门申请。移出地省、自治区、直辖市人民政府生态环境主管部门应当及时商经接受地省、自治区、直辖市人民政府生态环境主管部门同意后，在规定期限内批准转移该危险废物，并将批准信息通报相关省、自治区、直辖市人民政府生态环境主管部门和交通运输主管部门。未经批准的，不得转移。

《中华人民共和国固体废物污染环境防治法》第83条规定，运输危险废物，应当采取防止污染环境的措施，并遵守国家有关危险货物运输管理的规定。禁止将危险废物与旅客在同一运输工具上载运。

8.5　大气污染防治法

8.5.1　概述

为保护和改善环境，防治大气污染，保障公众健康，推进生态文明建设，促进经济社会可持续发展，国家制定了《中华人民共和国大气污染防治法》。防治大气污染，应当以改善大气环境质量为目标，坚持源头治理，规划先行，转变经济发展方式，优化产业结构和布局，调整能源结构。

国家鼓励和支持大气污染防治科学技术研究，开展对大气污染来源及其变化趋势的分析,推广先进适用的大气污染防治技术和装备,促进科技成果转化,发挥科学技术在大气污染防治中的支撑作用。

企业事业单位和其他生产经营者应当采取有效措施,防止、减少大气污染,对所造成的损害依法承担责任。

公民应当增强大气环境保护意识,采取低碳、节俭的生活方式,自觉履行大气环境保护义务。

8.5.2 扬尘污染防治

1. 政府的职责

地方各级人民政府应当加强对建设施工和运输的管理,保持道路清洁,控制料堆和渣土堆放,扩大绿地、水面、湿地和地面铺装面积,防治扬尘污染。

住房城乡建设、市容环境卫生、交通运输、国土资源等有关部门,应当根据本级人民政府确定的职责,做好扬尘污染防治工作。

城市人民政府应当加强道路、广场、停车场和其他公共场所的清扫保洁管理,推行清洁动力机械化清扫等低尘作业方式,防治扬尘污染。

市政河道以及河道沿线、公共用地的裸露地面以及其他城镇裸露地面,有关部门应当按照规划组织实施绿化或者透水铺装。

2. 建设单位的职责

建设单位应当将防治扬尘污染的费用列入工程造价,并在施工承包合同中明确施工单位扬尘污染防治责任。施工单位应当制订具体的施工扬尘污染防治实施方案。

暂时不能开工的建设用地,建设单位应当对裸露地面进行覆盖;超过三个月的,应当进行绿化、铺装或者遮盖。

3. 施工单位的职责

从事房屋建筑、市政基础设施建设、河道整治以及建筑物拆除等施工单位,应当向负责监督管理扬尘污染防治的主管部门备案。

施工单位应当在施工工地设置硬质围挡,并采取覆盖、分段作业、择时施工、洒水抑尘、冲洗地面和车辆等有效防尘降尘措施。建筑土方、工程渣土、建筑垃圾应当及时清运;在场地内堆存的,应当采用密闭式防尘网遮盖。工程渣土、建筑垃圾应当进行资源化处理。

施工单位应当在施工工地公示扬尘污染防治措施、负责人、扬尘监督管理主管部门等信息。

运输煤炭、垃圾、渣土、砂石、土方、灰浆等散装、流体物料的车辆应当采取密闭或者其他措施防止物料遗撒造成扬尘污染,并按照规定路线行驶。装卸物料应当采取密闭或者喷淋等方式防治扬尘污染。

贮存煤炭、煤矸石、煤渣、煤灰、水泥、石灰、石膏、砂土等易产生扬尘的物料应当密闭；不能密闭的，应当设置不低于堆放物高度的严密围挡，并采取有效覆盖措施防治扬尘污染。

码头、矿山、填埋场和消纳场应当实施分区作业，并采取有效措施防治扬尘污染。

8.6 环境噪声污染防治法

8.6.1 概述

为防治环境噪声污染，保护和改善生活环境，保障人体健康，促进经济和社会发展，国家制定《中华人民共和国环境噪声污染防治法》。

环境噪声，是指在工业生产、建筑施工、交通运输和社会生活中所产生的干扰周围生活环境的声音。

环境噪声污染，是指所产生的环境噪声超过国家规定的环境噪声排放标准，并干扰他人正常生活、工作和学习的现象。

《中华人民共和国环境噪声污染防治法》规定，本法适用于中华人民共和国领域内环境噪声污染的防治。因从事本职生产、经营工作受到噪声危害的防治，不适用本法。

8.6.2 建筑施工噪声污染防治

建筑施工噪声，是指在建筑施工过程中产生的干扰周围生活环境的声音。

在城市市区范围内向周围生活环境排放建筑施工噪声的，应当符合国家规定的建筑施工场界环境噪声排放标准。

在城市市区范围内，建筑施工过程中使用机械设备，可能产生环境噪声污染的，施工单位必须在工程开工十五日以前向工程所在地县级以上地方人民政府生态环境主管部门申报该工程的项目名称、施工场所和期限、可能产生的环境噪声值以及所采取的环境噪声污染防治措施的情况。

在城市市区噪声敏感建筑物集中区域内，禁止夜间进行产生环境噪声污染的建筑施工作业，但抢修、抢险作业和因生产工艺上要求或者特殊需要必须连续作业的除外。因特殊需要必须连续作业的，必须有县级以上人民政府或者其有关主管部门的证明并必须公告附近居民。

8.6.3 交通运输噪声污染防治

交通运输噪声，是指机动车辆、铁路机车、机动船舶、航空器等交通运输工具在运行时所产生的干扰周围生活环境的声音。

建设经过已有的噪声敏感建筑物集中区域的高速公路和城市高架、轻轨道路，有可能造成环境噪声污染的，应当设置声屏障或者采取其他有效的控制环境噪声污染的措施。

在已有的城市交通干线的两侧建设噪声敏感建筑物的,建设单位应当按照国家规定间隔一定距离,并采取减轻、避免交通噪声影响的措施。

8.7 民用建筑节能管理规定

8.7.1 相关概念

民用建筑是指居住建筑和公共建筑。农民自建低层住宅不适用《民用建筑节能管理规定》。

民用建筑节能是指民用建筑在规划、设计、建造和使用过程中,通过采用新型墙体材料,执行建筑节能标准,加强建筑物用能设备的运行管理,合理设计建筑围护结构的热工性能,提高采暖、制冷、照明、通风、给排水和通道系统的运行效率,以及利用可再生能源,在保证建筑物使用功能和室内热环境质量的前提下,降低建筑能源消耗,合理、有效地利用能源的活动。

8.7.2 民用建筑节能的监督管理

国务院建设行政主管部门负责全国民用建筑节能的监督管理工作。

县级以上地方人民政府建设行政主管部门负责本行政区域内民用建筑节能的监督管理工作。

国务院建设行政主管部门根据国家节能规划,制定国家建筑节能专项规划;省、自治区、直辖市以及设区城市人民政府建设行政主管部门应当根据本地节能规划,制定本地建筑节能专项规划,并组织实施。

编制城乡规划应当充分考虑能源、资源的综合利用和节约,对城镇布局、功能区设置、建筑特征、基础设施配置的影响进行研究论证。

国务院建设行政主管部门根据建筑节能发展状况和技术先进、经济合理的原则,组织制定建筑节能相关标准,建立和完善建筑节能标准体系;省、自治区、直辖市人民政府建设行政主管部门应当严格执行国家民用建筑节能的有关规定,可以制定严于国家民用建筑节能标准的地方标准或者实施细则。

8.7.3 民用建筑节能管理的相关规定

1. 鼓励和推广建筑节能技术和产品

鼓励民用建筑节能的科学研究和技术开发,推广应用节能型的建筑、结构、材料、用能设备和附属设施及相应的施工工艺、应用技术和管理技术,促进可再生能源的开发利用。鼓励发展下列建筑节能技术和产品:

①新型节能墙体和屋面的保温、隔热技术与材料;

②节能门窗的保温隔热和密闭技术；

③集中供热和热、电、冷联产联供技术；

④供热采暖系统温度调控和分户热量计量技术与装置；

⑤太阳能、地热等可再生能源应用技术及设备；

⑥建筑照明节能技术与产品；

⑦空调制冷节能技术与产品；

⑧其他技术成熟、效果显著的节能技术和节能管理技术。

鼓励推广应用和淘汰的建筑节能部品及技术的目录，由国务院建设行政主管部门制定；省、自治区、直辖市建设行政主管部门可以结合该目录，制定适合本区域的鼓励推广应用和淘汰的建筑节能部品及技术的目录。

国家鼓励多元化、多渠道投资既有建筑的节能改造，投资人可以按照协议分享节能改造的收益；鼓励研究制定本地区既有建筑节能改造资金筹措办法和相关激励政策。

2. 民用建筑节能的具体规定

建筑工程施工过程中，县级以上地方人民政府建设行政主管部门应当加强对建筑物的围护结构(含墙体、屋面、门窗、玻璃幕墙等)、供热采暖和制冷系统、照明和通风等电器设备是否符合节能要求的监督检查。

新建民用建筑应当严格执行建筑节能标准要求，民用建筑工程在扩建和改建时，应当对原建筑进行节能改造。

既有建筑的节能改造应当考虑建筑物的寿命周期，应对改造的必要性、可行性以及投入收益比进行科学论证。节能改造要符合建筑节能标准要求，确保结构安全，优化建筑物使用功能。

寒冷地区和严寒地区既有建筑的节能改造应当与供热系统的节能改造同步进行。

采用集中采暖制冷方式的新建民用建筑应当安设建筑物室内温度控制和用能计量设施，逐步实行基本冷热价和计量冷热价共同构成的两部制用能价格制度。

供热单位、公共建筑所有权人或者其委托的物业管理单位，应当制定相应的节能建筑运行管理制度，明确节能建筑运行状态各项性能指标、节能工作诸环节的岗位目标责任等事项。

公共建筑的所有权人或者委托的物业管理单位，应当建立用能档案，在供热或者制冷间歇期委托相关检测机构对用能设备和系统的性能进行综合检测评价，定期进行维护、维修、保养及更新置换，保证设备和系统的正常运行。

供热单位、房屋产权单位或者其委托的物业管理等有关单位，应当记录并按有关规定上报其能源消耗资料。

鼓励新建民用建筑和既有建筑实施建筑能效测评。

从事建筑节能及相关管理活动的单位，应当对其从业人员进行建筑节能标准与技术等专业知识的培训。

3. 民用建筑节能的设计、施工和监理的具体规定

建筑节能标准和节能技术应当作为注册城市规划师、注册建筑师、勘察设计注册工程师、注册监理工程师、注册建造师等继续教育的必修内容。

建设单位应当按照建筑节能政策要求和建筑节能标准委托工程项目的设计。

建设单位不得以任何理由要求设计单位、施工单位擅自修改经审查合格的节能设计文件,降低建筑节能标准。

房地产开发企业应当将所售商品住房的节能措施、围护结构保温隔热性能指标等基本信息在销售现场显著位置予以公示,并在住宅使用说明书中予以载明。

设计单位应当依据建筑节能标准的要求进行设计,保证建筑节能设计质量。

施工图设计文件审查机构在进行审查时,应当审查节能设计的内容,在审查报告中单列节能审查章节;不符合建筑节能强制性标准的,施工图设计文件审查结论应当定为不合格。

施工单位应当按照审查合格的设计文件和建筑节能施工标准的要求进行施工,以保证工程施工质量。

监理单位应当依照法律、法规以及建筑节能标准、节能设计文件、建设工程承包合同及监理合同对节能工程建设实施监理。

8.8 法律责任

8.8.1 违反《中华人民共和国环境影响评价法》的法律责任

1. 环境影响评价失实的法律责任

规划编制机关违反本法规定,未组织环境影响评价,或者组织环境影响评价时弄虚作假或者有失职行为,造成环境影响评价严重失实的,对直接负责的主管人员和其他直接责任人员,由上级机关或者监察机关依法给予行政处分。

2. 违法批准规划草案的法律责任

规划审批机关对依法应当编写有关环境影响的篇章或者说明而未编写的规划草案,依法应当附送环境影响报告书而未附送的专项规划草案,违法予以批准的,对直接负责的主管人员和其他直接责任人员,由上级机关或者监察机关依法给予行政处分。

3. 未报批环境影响评价文件的法律责任

建设单位未依法报批建设项目环境影响报告书、报告表,或者未依照本法第二十四条的规定重新报批或者报请重新审核环境影响报告书、报告表,擅自开工建设的,由县级以上生态环境主管部门责令停止建设,根据违法情节和危害后果,处建设项目总投资额百分之一以上百分之五以下的罚款,并可以责令恢复原状;对建设单位直接负责的主管人员和其他直接责任人员,依法给予行政处分。

建设项目环境影响报告书、报告表未经批准或者未经原审批部门重新审核同意,建设单位擅自开工建设的,依照前款的规定处罚、处分。

建设单位未依法备案建设项目环境影响登记表的,由县级以上生态环境主管部门责令备案,处5万元以下的罚款。

海洋工程建设项目的建设单位有本条所列违法行为的,依照《中华人民共和国海洋环境保护法》的规定处罚。

4. 环境影响评价机构的法律责任

接受委托编制建设项目环境影响报告书、环境影响报告表的技术单位违反国家有关环境影响评价标准和技术规范等规定,致使其编制的建设项目环境影响报告书、环境影响报告表存在基础资料明显不实,内容存在重大缺陷、遗漏或者虚假,环境影响评价结论不正确或者不合理等严重质量问题的,由设区的市级以上人民政府生态环境主管部门对技术单位处所收费用三倍以上五倍以下的罚款;情节严重的,禁止从事环境影响报告书、环境影响报告表编制工作;有违法所得的,没收违法所得。

5. 有偿审批环境影响评价文件的法律责任

负责审核、审批、备案建设项目环境影响评价文件的部门在审批、备案中收取费用的,由其上级机关或者监察机关责令退还;情节严重的,对直接负责的主管人员和其他直接责任人员依法给予行政处分。

6. 国家工作人员不尽职的法律责任

生态环境主管部门或者其他部门的工作人员徇私舞弊,滥用职权,玩忽职守,违法批准建设项目环境影响评价文件的,依法给予行政处分;构成犯罪的,依法追究刑事责任。

8.8.2 违反水污染防治法的法律责任

有下列行为之一的,由县级以上地方人民政府环境保护主管部门责令停止违法行为,限期采取治理措施,消除污染,处以罚款;逾期不采取治理措施的,环境保护主管部门可以指定有治理能力的单位代为治理,所需费用由违法者承担:

①向水体排放油类、酸液、碱液的;

②向水体排放剧毒废液,或者将含有汞、镉、砷、铬、铅、氰化物、黄磷等的可溶性剧毒废渣向水体排放、倾倒或者直接埋入地下的;

③在水体清洗装贮过油类、有毒污染物的车辆或者容器的;

④向水体排放、倾倒工业废渣、城镇垃圾或者其他废弃物,或者在江河、湖泊、运河、渠道、水库最高水位线以下的滩地、岸坡堆放、存贮固体废弃物或者其他污染物的;

⑤向水体排放、倾倒放射性固体废物或者含有高放射性、中放射性物质的废水的;

⑥违反国家有关规定或者标准,向水体排放含低放射性物质的废水、热废水或者含病原体的污水的;

⑦未采取防渗漏等措施,或者未建设地下水水质监测井并进行监测的;

⑧加油站等的地下油罐未使用双层罐或者采取建造防渗池等其他有效措施,或者未进行防渗漏监测的;

⑨未按照规定采取防护性措施,或者利用无防渗漏措施的沟渠、坑塘等输送或者存贮含有毒污染物的废水、含病原体的污水或者其他废弃物的。

有前款第三项、第四项、第六项、等七项、第八项行为之一的,处2万元以上20万元以下的罚款;有前款第一项、第二项、第五项、第九项行为之一的,处10万元以上100万元以下的罚款;情节严重的,报经有批准权的人民政府批准,责令停业、关闭。

8.8.3 违反《中华人民共和国固体废物污染环境防治法》的法律责任

1. 与生活垃圾和建筑垃圾有关的法律责任

有下列行为之一,由县级以上地方人民政府环境卫生主管部门责令改正,处以罚款,没收违法所得:

①随意倾倒、抛撒、堆放或者焚烧生活垃圾的;

②擅自关闭、闲置或者拆除生活垃圾处理设施、场所的;

③工程施工单位未编制建筑垃圾处理方案报备案,或者未及时清运施工过程中产生的固体废物的;

④工程施工单位擅自倾倒、抛撒或者堆放工程施工过程中产生的建筑垃圾,或者未按照规定对施工过程中产生的固体废物进行利用或者处置的;

⑤产生、收集厨余垃圾的单位和其他生产经营者未将厨余垃圾交由具备相应资质条件的单位进行无害化处理的;

⑥畜禽养殖场、养殖小区利用未经无害化处理的厨余垃圾饲喂畜禽的;

⑦在运输过程中沿途丢弃、遗撒生活垃圾的。

2. 与危险废物有关的法律责任

违反本法规定,有下列行为之一,由生态环境主管部门责令改正,处以罚款,没收违法所得;情节严重的,报经有批准权的人民政府批准,可以责令停业或者关闭:

①未按照规定设置危险废物识别标志的;

②未按照国家有关规定制定危险废物管理计划或者申报危险废物有关资料的;

③擅自倾倒、堆放危险废物的;

④将危险废物提供或者委托给无许可证的单位或者其他生产经营者从事经营活动的;

⑤未按照国家有关规定填写、运行危险废物转移联单或者未经批准擅自转移危险废物的;

⑥未按照国家环境保护标准贮存、利用、处置危险废物或者将危险废物混入非

危险废物中贮存的;

⑦未经安全性处置,混合收集、贮存、运输、处置具有不相容性质的危险废物的;

⑧将危险废物与旅客在同一运输工具上载运的;

⑨未经消除污染处理,将收集、贮存、运输、处置危险废物的场所、设施、设备和容器、包装物及其他物品转作他用的;

⑩未采取相应防范措施,造成危险废物扬散、流失、渗漏或者其他环境污染的;

⑪在运输过程中沿途丢弃、遗撒危险废物的;

⑫未制定危险废物意外事故防范措施和应急预案的;

⑬未按照国家有关规定建立危险废物管理台账并如实记录的。

8.8.4 违反《中华人民共和国大气污染防治法》的法律责任

1. 拒绝监管的法律责任

违反本法规定,以拒绝进入现场等方式拒不接受生态环境主管部门及其环境执法机构或者其他负有大气环境保护监督管理职责的部门的监督检查,或者在接受监督检查时弄虚作假的,由县级以上人民政府生态环境主管部门或者其他负有大气环境保护监督管理职责的部门责令改正,处2万元以上20万元以下的罚款;构成违反治安管理行为的,由公安机关依法予以处罚。

2. 未对施工现场采取防护措施的法律责任

违反本法规定,施工单位有下列行为之一的,由县级以上人民政府住房城乡建设等主管部门按照职责责令改正,处1万元以上10万元以下的罚款;拒不改正的,责令停工整治:

①施工工地未设置硬质围挡,或者未采取覆盖、分段作业、择时施工、洒水抑尘、冲洗地面和车辆等有效防尘降尘措施的;

②建筑土方、工程渣土、建筑垃圾未及时清运,或者未采用密闭式防尘网遮盖的。

违反本法规定,建设单位未对暂时不能开工的建设用地的裸露地面进行覆盖,或者未对超过三个月不能开工的建设用地的裸露地面进行绿化、铺装或者遮盖的,由县级以上人民政府住房城乡建设等主管部门依照前款规定予以处罚。

3. 未对运输车辆采取防护措施的法律责任

违反本法规定,运输煤炭、垃圾、渣土、砂石、土方、灰浆等散装、流体物料的车辆,未采取密闭或者其他措施防止物料遗撒的,由县级以上地方人民政府确定的监督管理部门责令改正,处2千元以上2万元以下的罚款;拒不改正的,车辆不得上道路行驶。

4. 未对存放物料采取措施的法律责任

违反本法规定,有下列行为之一的,由县级以上人民政府生态环境等主管部门按照职责责令改正,处1万元以上10万元以下的罚款;拒不改正的,责令停工整治或者停业整治:

①未密闭煤炭、煤矸石、煤渣、煤灰、水泥、石灰、石膏、砂土等易产生扬尘的物料的；

②对不能密闭的易产生扬尘的物料，未设置不低于堆放物高度的严密围挡，或者未采取有效覆盖措施防治扬尘污染的；

③装卸物料未采取密闭或者喷淋等方式控制扬尘排放的；

④存放煤炭、煤矸石、煤渣、煤灰等物料，未采取防燃措施的；

⑤码头、矿山、填埋场和消纳场未采取有效措施防治扬尘污染的。

5. 拒不执行应急措施的法律责任

违反本法规定，拒不执行停止工地土石方作业或者建筑物拆除施工等重污染天气应急措施的，由县级以上地方人民政府确定的监督管理部门处 1 万元以上 10 万元以下的罚款。

8.8.5 违反《中华人民共和国环境噪声污染防治法》的法律责任

1. 环境污染防治设施不符合要求的法律责任

建设项目中需要配套建设的环境噪声污染防治设施没有建成或者没有达到国家规定的要求，擅自投入生产或者使用的，由县级以上生态环境主管部门责令限期改正，并对单位和个人处以罚款；造成重大环境污染或者生态破坏的，责令停止生产或者使用，或者报经有批准权的人民政府批准，责令关闭。

2. 在噪声敏感建筑物集中区域夜间施工的法律责任

建筑施工单位违反本法第三十条第一款的规定，在城市市区噪声敏感建筑物集中区域内，夜间进行禁止进行的产生环境噪声污染的建筑施工作业的，由工程所在地县级以上地方人民政府生态环境主管部门责令改正，可以并处罚款。

8.8.6 违反《民用建筑节能管理规定》的法律责任

1. 擅自改变建筑围护结构节能措施的法律责任

对擅自改变建筑围护结构节能措施，并影响公共利益和他人合法权益的，责令责任人及时予以修复，并承担相应的费用。

2. 违反建筑节能强制性标准验收的法律责任

建设单位在竣工验收过程中，有违反建筑节能强制性标准行为的，按照《建设工程质量管理条例》的有关规定，重新组织竣工验收。

3. 擅自修改节能设计文件或违反建筑节能强制性标准的法律责任

建设单位未按照建筑节能强制性标准委托设计，擅自修改节能设计文件，明示或暗示设计单位、施工单位违反建筑节能设计强制性标准，降低工程建设质量的，处 20 万元以上 50 万元以下的罚款。

4. 未按照建筑节能强制性标准设计的法律责任

设计单位未按照建筑节能强制性标准进行设计的，应当修改设计。未进行修改的,给予警告,处 10 万元以上 30 万元以下的罚款;造成损失的,依法承担赔偿责任;两年内,累计三项工程未按照建筑节能强制性标准设计的,责令停业整顿,降低资质等级或者吊销资质证书。

5. 未按照节能设计进行施工的法律责任

对未按照节能设计进行施工的施工单位,责令改正;整改所发生的工程费用,由施工单位负责;可以给予警告,情节严重的,处工程合同价款 2% 以上 4% 以下的罚款;两年内,累计三项工程未按照符合节能标准要求的设计进行施工的,责令停业整顿,降低资质等级或者吊销资质证书。

【本章小结】

本章主要介绍与工程有关的环境保护方面的法律、法规,主要包括环境保护法律体系、环境影响评价、水污染防治法、固体废物污染环境防治法、大气污染防治法、环境噪声污染防治法、民用建筑节能管理规定以及违反相关法律、法规应承担的法律责任。

【思考与练习】

8-1 什么是环境影响评价?

8-2 水污染防治法的适用范围有哪些?

8-3 简述防治固体废物污染环境的意义。

8-4 国家对向大气排放污染物的建设项目的环境保护管理是如何规定的?

8-5 简述防治环境噪声污染的意义。

8-6 违反民用建筑节能管理规定的法律责任是什么?

第9章 劳　动　法

9.1　劳动合同制度

劳动合同是劳动者与用人单位确立劳动关系、明确双方权利和义务的协议。《中华人民共和国劳动法》第16条规定:"建立劳动关系应当订立劳动合同。"

2008年1月1日起施行,2012年12月28日修订的《中华人民共和国劳动合同法》在《中华人民共和国劳动法》(以下简称《劳动法》)的基础上对劳动合同的订立、履行、终止等作出了更为详尽的规定。劳动法于2018年12月29日第二次修订。

9.1.1　劳动合同的订立

1. 劳动合同订立的时间

(1)劳动关系的建立

劳动关系是指劳动者与用人单位(包括各类企业、个体工商户、事业单位等)在实现劳动过程中建立的社会经济关系。从广义上讲,生活在城市和农村的任何劳动者与任何性质的用人单位之间因从事劳动而结成的社会关系都属于劳动关系的范畴。从狭义上讲,现实经济生活中的劳动关系是指依照国家劳动法律、法规规范的劳动法律关系,即双方当事人是被一定的劳动法律规范所规定和确认的权利和义务联系在一起的,其权利和义务的实现,是由国家强制力来保障的。劳动法律关系的一方(劳动者)必须加入某一个用人单位,成为该单位的一员,并参加单位的生产劳动,遵守单位内部的劳动规则;而另一方(用人单位)则必须按照劳动者的劳动数量或质量给付其报酬,提供工作条件,并不断改进劳动者的物质文化生活。

(2)劳动合同订立的时间

用人单位自用工之日起即与劳动者建立劳动关系。用人单位应当建立职工名册备查。已建立劳动关系,未同时订立书面劳动合同的,应当自用工之日起一个月内订立书面劳动合同。用人单位与劳动者在用工前订立劳动合同的,劳动关系自用工之日起建立。

劳动合同由用人单位与劳动者协商一致,并经用人单位与劳动者在劳动合同文本上签字或者盖章生效。

劳动合同文本由用人单位和劳动者各执一份。

用人单位招用劳动者时,应当如实告知劳动者工作内容、工作条件、工作地点、职业危害、安全生产状况、劳动报酬以及劳动者要求了解的其他情况;用人单位有权了解劳动者与劳动合同直接相关的基本情况,劳动者应当如实说明。

用人单位招用劳动者,不得扣押劳动者的居民身份证和其他证件,不得要求劳动者提供担保或者以其他名义向劳动者收取财物。

2. 劳动合同的类型

劳动合同分为固定期限劳动合同、无固定期限劳动合同和以完成一定工作任务为期限的劳动合同。

(1)固定期限劳动合同

固定期限劳动合同,是指用人单位与劳动者约定合同终止时间的劳动合同。用人单位与劳动者协商一致,可以订立固定期限劳动合同。

(2)无固定期限劳动合同

无固定期限劳动合同,是指用人单位与劳动者约定无确定终止时间的劳动合同。

用人单位与劳动者协商一致,可以订立无固定期限劳动合同。有下列情形之一,劳动者提出或者同意续订、订立劳动合同的,除劳动者提出订立固定期限劳动合同外,应当订立无固定期限劳动合同:

①劳动者在该用人单位连续工作满十年的;

②用人单位初次实行劳动合同制度或者国有企业改制重新订立劳动合同时,劳动者在该用人单位连续工作满十年且距法定退休年龄不足十年的;

③连续订立两次固定期限劳动合同,且劳动者没有《中华人民共和国劳动合同法》第 39 条(即用人单位可以解除劳动合同的条件)和第 40 条第 1 项、第 2 项规定(即劳动者患病或者非因工负伤,在规定的医疗期满后不能从事原工作,也不能从事由用人单位另行安排的工作的;劳动者不能胜任工作,经过培训或者调整工作岗位,仍不能胜任工作的)的情形,续订劳动合同的。

用人单位自用工之日起满一年不与劳动者订立书面劳动合同的,视为用人单位与劳动者已订立无固定期限劳动合同。

(3)以完成一定工作任务为期限的劳动合同

以完成一定工作任务为期限的劳动合同,是指用人单位与劳动者约定以某项工作的完成为合同期限的劳动合同。用人单位与劳动者协商一致,可以订立以完成一定工作任务为期限的劳动合同。

3. 劳动合同的条款

劳动合同应当具备以下条款:

①用人单位的名称、住所和法定代表人或者主要负责人;

②劳动者的姓名、住址和居民身份证或者其他有效身份证件号码;

③劳动合同期限;

④工作内容和工作地点;

⑤工作时间和休息休假;

⑥劳动报酬;

⑦社会保险;
⑧劳动保护、劳动条件和职业危害防护;
⑨法律、法规规定应当纳入劳动合同的其他事项。

劳动合同除前款规定的必备条款外,用人单位与劳动者可以约定试用期、培训、保守秘密、补充保险和福利待遇等其他事项。

劳动合同对劳动报酬和劳动条件等标准约定不明确,引发争议的,用人单位与劳动者可以重新协商;协商不成的,适用集体合同规定;没有集体合同或者集体合同未规定劳动报酬的,实行同工同酬;没有集体合同或者集体合同未规定劳动条件等标准的,适用国家有关规定。

4. 试用期

劳动合同期限三个月以上不满一年的,试用期不得超过一个月;劳动合同期限一年以上不满三年的,试用期不得超过二个月;三年以上固定期限和无固定期限的劳动合同,试用期不得超过六个月。

同一用人单位与同一劳动者只能约定一次试用期。

以完成一定工作任务为期限的劳动合同或者劳动合同期限不满三个月的,不得约定试用期。

试用期包含在劳动合同期限内。劳动合同仅约定试用期的,试用期不成立,该期限为劳动合同期限。

劳动者在试用期的工资不得低于本单位相同岗位最低档工资或者劳动合同约定工资的百分之八十,并不得低于用人单位所在地的最低工资标准。

在试用期中,除劳动者有《中华人民共和国劳动合同法》第39条(即用人单位可以解除劳动合同的条件)和第40条第1项、第2项(即劳动者患病或者非因工负伤,在规定的医疗期满后不能从事原工作,也不能从事由用人单位另行安排的工作的;劳动者不能胜任工作,经过培训或者调整工作岗位,仍不能胜任工作的)规定的情形外,用人单位不得解除劳动合同。用人单位在试用期解除劳动合同的,应当向劳动者说明理由。

5. 服务期

用人单位为劳动者提供专项培训费用,对其进行专业技术培训的,可以与该劳动者订立协议,约定服务期。

劳动者违反服务期约定的,应当按照约定向用人单位支付违约金。违约金的数额不得超过用人单位提供的培训费用。用人单位要求劳动者支付的违约金不得超过服务期尚未履行部分所应分摊的培训费用。

用人单位与劳动者约定服务期的,不影响按照正常的工资调整机制提高劳动者在服务期的劳动报酬。

6. 保密协议与竞业限制条款

用人单位与劳动者可以在劳动合同中约定保守用人单位的商业秘密和与知识

产权相关的保密事项。

对负有保密义务的劳动者,用人单位可以在劳动合同或者保密协议中与劳动者约定竞业限制条款,并约定在解除或者终止劳动合同后,在竞业限制期限内按月给予劳动者经济补偿。劳动者违反竞业限制约定的,应当按照约定向用人单位支付违约金。

竞业限制的人员限于用人单位的高级管理人员、高级技术人员和其他负有保密义务的人员。竞业限制的范围、地域、期限由用人单位与劳动者约定,竞业限制的约定不得违反法律、法规的规定。

在解除或者终止劳动合同后,前款规定的人员到与本单位生产或者经营同类产品、从事同类业务的有竞争关系的其他用人单位,或者自己开业生产或者经营同类产品、从事同类业务的竞业限制期限,不得超过二年。

除《中华人民共和国劳动合同法》第22条(关于服务期的规定)和第23条(关于保密协议与竞业限制条款的规定)规定的情形外,用人单位不得与劳动者约定由劳动者承担违约金。

7. 劳动合同的无效

下列劳动合同无效或者部分无效:

①以欺诈、胁迫的手段或者乘人之危,使对方在违背真实意思的情况下订立或者变更劳动合同的;

②用人单位免除自己的法定责任、排除劳动者权利的;

③违反法律、行政法规强制性规定的。

对劳动合同的无效或者部分无效有争议的,由劳动争议仲裁机构或者人民法院确认。

劳动合同部分无效,不影响其他部分效力的,其他部分仍然有效。

劳动合同被确认无效,劳动者已付出劳动的,用人单位应当向劳动者支付劳动报酬。劳动报酬的数额,参照本单位相同或者相近岗位劳动者的劳动报酬确定。

9.1.2 劳动合同的履行、变更、解除、终止

1. 劳动合同的履行

用人单位与劳动者应当按照劳动合同的约定,全面履行各自的义务。

用人单位应当按照劳动合同约定和国家规定,向劳动者及时足额支付劳动报酬。

用人单位拖欠或者未足额支付劳动报酬的,劳动者可以依法向当地人民法院申请支付令,人民法院应当依法发出支付令。

用人单位应当严格执行劳动定额标准,不得强迫或者变相强迫劳动者加班。用人单位安排加班的,应当按照国家有关规定向劳动者支付加班费。

劳动者拒绝用人单位管理人员违章指挥、强令冒险作业的,不视为违反劳动合同。

劳动者对危害生命安全和身体健康的劳动条件,有权对用人单位提出批评、检举和控告。

2. 劳动合同的变更

用人单位变更名称、法定代表人、主要负责人或者投资人等事项,不影响劳动合同的履行。

用人单位发生合并或者分立等情况,原劳动合同继续有效,劳动合同由承继其权利和义务的用人单位继续履行。

用人单位与劳动者协商一致,可以变更劳动合同约定的内容。变更劳动合同,应当采用书面形式。

变更后的劳动合同文本由用人单位和劳动者各执一份。

3. 劳动合同的解除

用人单位与劳动者协商一致,可以解除劳动合同。用人单位向劳动者提出解除劳动合同并与劳动者协商一致解除劳动合同的,用人单位应当向劳动者给予经济补偿。

劳动者提前三十日以书面形式通知用人单位,可以解除劳动合同。劳动者在试用期内提前三日通知用人单位,可以解除劳动合同。

(1)劳动者可以解除劳动合同的情形

用人单位有下列情形之一的,劳动者可以解除劳动合同,用人单位应当向劳动者支付经济补偿:

①未按照劳动合同约定提供劳动保护或者劳动条件的;

②未及时足额支付劳动报酬的;

③未依法为劳动者缴纳社会保险费的;

④用人单位的规章制度违反法律、法规的规定,损害劳动者权益的;

⑤因《中华人民共和国劳动合同法》第26条第1款(即以欺诈、胁迫的手段或者乘人之危,使对方在违背真实意思的情况下订立或者变更劳动合同的)规定的情形致使劳动合同无效的;

⑥法律、行政法规规定劳动者可以解除劳动合同的其他情形。

用人单位以暴力、威胁或者非法限制人身自由的手段强迫劳动者劳动的,或者用人单位违章指挥、强令冒险作业危及劳动者人身安全的,劳动者可以立即解除劳动合同,不需事先告知用人单位。

(2)用人单位可以解除劳动合同的情形

用人单位单方解除劳动合同,应当事先将理由通知工会。用人单位违反法律、行政法规规定或者劳动合同约定的,工会有权要求用人单位纠正。用人单位应当研究工会的意见,并将处理结果书面通知工会。

①随时解除。

劳动者有下列情形之一的,用人单位可以解除劳动合同:

a. 在试用期间被证明不符合录用条件的;
b. 严重违反用人单位的规章制度的;
c. 严重失职、营私舞弊,给用人单位造成重大损害的;
d. 劳动者同时与其他用人单位建立劳动关系,对完成本单位的工作任务造成严重影响,或者经用人单位提出,拒不改正的;
e. 因《中华人民共和国劳动合同法》第 26 条第 1 款第 1 项(即以欺诈、胁迫的手段或者乘人之危,使对方在违背真实意思的情况下订立或者变更劳动合同的)规定的情形致使劳动合同无效的;
f. 被依法追究刑事责任的。

②预告解除。

有下列情形之一的,用人单位提前三十日以书面形式通知劳动者本人或者额外支付劳动者一个月工资后,可以解除劳动合同,用人单位应当向劳动者支付经济补偿:

a. 劳动者患病或者非因工负伤,在规定的医疗期满后不能从事原工作,也不能从事由用人单位另行安排的工作的;
b. 劳动者不能胜任工作,经过培训或者调整工作岗位,仍不能胜任工作的;
c. 劳动合同订立时所依据的客观情况发生重大变化,致使劳动合同无法履行,经用人单位与劳动者协商,未能就变更劳动合同内容达成协议的。

③经济性裁员。

有下列情形之一,需要裁减人员二十人以上或者裁减不足二十人但占企业职工总数百分之十以上的,用人单位提前三十日向工会或者全体职工说明情况,听取工会或者职工的意见后,裁减人员方案经向劳动行政部门报告,可以裁减人员,用人单位应当向劳动者支付经济补偿:

a. 依照企业破产法规定进行重整的;
b. 生产经营发生严重困难的;
c. 企业转产、重大技术革新或者经营方式调整,经变更劳动合同后,仍需裁减人员的;
d. 其他因劳动合同订立时所依据的客观经济情况发生重大变化,致使劳动合同无法履行的。

裁减人员时,应当优先留用下列人员:

a. 与本单位订立较长期限的固定期限劳动合同的;
b. 与本单位订立无固定期限劳动合同的;
c. 家庭无其他就业人员,有需要扶养的老人或者未成年人的。

用人单位依照本条第 1 款规定裁减人员,在六个月内重新招用人员的,应当通知被裁减的人员,并在同等条件下优先招用被裁减的人员。

(3)用人单位不得解除劳动合同的情形

劳动者有下列情形之一的,用人单位不得依照《中华人民共和国劳动合同法》第40条、第41条的规定解除劳动合同:

①从事接触职业病危害作业的劳动者未进行离岗前职业健康检查,或者疑似职业病病人在诊断或者医学观察期间的;

②在本单位患职业病或者因工负伤并被确认丧失或者部分丧失劳动能力的;

③患病或者非因工负伤,在规定的医疗期内的;

④女职工在孕期、产期、哺乳期的;

⑤在本单位连续工作满十五年,且距法定退休年龄不足五年的;

⑥法律、行政法规规定的其他情形。

4. 劳动合同的终止

有下列情形之一的,劳动合同终止。

①劳动合同期满的。除用人单位维持或者提高劳动合同约定条件续订劳动合同,劳动者不同意续订的情形外,依照本项规定终止固定期限劳动合同的,用人单位应当向劳动者支付经济补偿。

②劳动者开始依法享受基本养老保险待遇的。

③劳动者死亡,或者被人民法院宣告死亡或者宣告失踪的。

④用人单位被依法宣告破产的。依照本项规定终止劳动合同的,用人单位应当向劳动者支付经济补偿。

⑤用人单位被吊销营业执照、责令关闭、撤销或者用人单位决定提前解散的。依照本项规定终止劳动合同的,用人单位应当向劳动者支付经济补偿。

⑥法律、行政法规规定的其他情形。

劳动合同期满,有《中华人民共和国劳动合同法》第42条(即用人单位不得解除劳动合同的规定)规定情形之一的,劳动合同应当续延至相应的情形消失时终止。但是,《中华人民共和国劳动合同法》第42条第2项规定丧失或者部分丧失劳动能力劳动者的劳动合同的终止,按照国家有关工伤保险的规定执行。

5. 经济补偿额的计算

经济补偿按劳动者在本单位工作的年限,每满一年支付一个月工资的标准向劳动者支付。六个月以上不满一年的,按一年计算;不满六个月的,向劳动者支付半个月工资的经济补偿。

劳动者月工资高于用人单位所在直辖市、设区的市级人民政府公布的本地区上年度职工月平均工资三倍的,向其支付经济补偿的标准按职工月平均工资三倍的数额支付,向其支付经济补偿的年限最高不超过十二年。

本条所称月工资是指劳动者在劳动合同解除或者终止前十二个月的平均工资。

6. 违约与赔偿

用人单位违反本法规定解除或者终止劳动合同,劳动者要求继续履行劳动合同的,用人单位应当继续履行;劳动者不要求继续履行劳动合同或者劳动合同已经不能继续履行的,用人单位应当依照《中华人民共和国劳动合同法》第 87 条(用人单位违反本法规定解除或者终止劳动合同的,应当依照《中华人民共和国劳动合同法》第 47 条即经济补偿额的计算,规定的经济补偿标准的二倍向劳动者支付赔偿金)规定支付赔偿金。

9.2　劳动保护的规定

1)劳动安全卫生

劳动安全卫生,又称劳动保护,是指直接保护劳动者在劳动中的安全和健康的法律保障。根据《劳动法》的有关规定,用人单位和劳动者应当遵守如下有关劳动安全卫生的法律规定。

①用人单位必须建立、健全劳动安全卫生制度,严格执行国家劳动安全卫生规程和标准,对劳动者进行劳动安全卫生教育,防止劳动过程中的事故,减少职业危害。

②劳动安全卫生设施必须符合国家规定的标准。新建、改建、扩建工程的劳动安全卫生设施必须与主体工程同时设计、同时施工、同时投入生产和使用。

③用人单位必须为劳动者提供符合国家规定的劳动安全卫生条件和必要的劳动防护用品,对从事有职业危害作业的劳动者应当定期进行健康检查。

④从事特种作业的劳动者必须经过专门培训并取得特种作业资格。

⑤劳动者在劳动过程中必须严格遵守安全操作规程。劳动者对用人单位管理人员违章指挥、强令冒险作业,有权拒绝执行;对危害生命安全和身体健康的行为,有权提出批评、检举和控告。

2)女职工和未成年工特殊保护

(1)女职工的特殊保护

根据我国《劳动法》的有关规定,对女职工的特殊保护规定主要包括如下内容。

①禁止安排女职工从事矿山井下、国家规定的第四级体力劳动强度的劳动和其他禁忌从事的劳动。

②不得安排女职工在经期从事高处、低温、冷水作业和国家规定的第三级体力劳动强度的劳动。

③不得安排女职工在怀孕期间从事国家规定的第三级体力劳动强度的劳动和孕期禁忌从事的劳动。对怀孕 7 个月以上的女职工,不得安排其延长工作时间和夜班劳动。

④女职工生育享受不少于 90 天的产假。2012 年国务院制定的《女职工劳动保护特别规定》第 7 条,将此修改为"女职工生育享受 98 天产假"。

⑤不得安排女职工在哺乳未满一周岁的婴儿期间从事国家规定的第三级体力劳动强度的劳动和哺乳期禁忌从事的其他劳动,不得安排其延长工作时间和夜班劳动。

(2) 未成年工特殊保护

所谓未成年工,是指年满16周岁未满18周岁的劳动者。根据我国《劳动法》的有关规定,对未成年工的特殊保护规定主要包括如下内容。

① 不得安排未成年工从事矿山井下、有毒有害、国家规定的第四级体力劳动强度的劳动和其他禁忌从事的劳动。

② 用人单位应当对未成年工定期进行健康检查。

9.3 劳动争议的处理

9.3.1 劳动争议的范围与解决的途径

1. 劳动争议的范围

《中华人民共和国劳动争议调解仲裁法》(以下简称《劳动争议调解仲裁法》)第2条规定,中华人民共和国境内的用人单位与劳动者发生的下列劳动争议,适用本法:

① 因确认劳动关系发生的争议;
② 因订立、履行、变更、解除和终止劳动合同发生的争议;
③ 因除名、辞退和辞职、离职发生的争议;
④ 因工作时间、休息休假、社会保险、福利、培训以及劳动保护发生的争议;
⑤ 因劳动报酬、工伤医疗费、经济补偿或者赔偿金等发生的争议;
⑥ 法律、法规规定的其他劳动争议。

2. 劳动争议的解决途径

《劳动争议调解仲裁法》第5条规定:"发生劳动争议,当事人不愿协商、协商不成或者达成和解协议后不履行的,可以向调解组织申请调解;不愿调解、调解不成或者达成调解协议后不履行的,可以向劳动争议仲裁委员会申请仲裁;对仲裁裁决不服的,除本法另有规定的外,可以向人民法院提起诉讼。"

9.3.2 劳动争议调解

1. 调解组织

依据《劳动争议调解仲裁法》第10条的规定,发生劳动争议,当事人可以到下列调解组织申请调解:

① 企业劳动争议调解委员会;
② 依法设立的基层人民调解组织;
③ 在乡镇、街道设立的具有劳动争议调解职能的组织。

企业劳动争议调解委员会由职工代表和企业代表组成。职工代表由工会成员担任或者由全体职工推举产生,企业代表由企业负责人指定。企业劳动争议调解委员会主任由工会成员或者双方推举的人员担任。

2. 调解协议

依据《劳动争议调解仲裁法》第14~16条的规定，经调解达成协议的，应当制作调解协议书。调解协议书由双方当事人签名或者盖章，经调解员签名并加盖调解组织印章后生效，对双方当事人具有约束力，当事人应当履行。

自劳动争议调解组织收到调解申请之日起十五日内未达成调解协议的，当事人可以依法申请仲裁。达成调解协议后，一方当事人在协议约定期限内不履行调解协议的，另一方当事人可以依法申请仲裁。

因支付拖欠劳动报酬、工伤医疗费、经济补偿或者赔偿金事项达成调解协议，用人单位在协议约定期限内不履行的，劳动者可以持调解协议书依法向人民法院申请支付令。人民法院应当依法发出支付令。

9.3.3 劳动争议仲裁

1. 劳动争议仲裁委员会

依据《劳动争议调解仲裁法》第17、19条的规定，劳动争议仲裁委员会按照统筹规划、合理布局和适应实际需要的原则设立。省、自治区人民政府可以决定在市、县设立；直辖市人民政府可以决定在区、县设立。直辖市、设区的市也可以设立一个或者若干个劳动争议仲裁委员会。劳动争议仲裁委员会不按行政区划层层设立。

劳动争议仲裁委员会由劳动行政部门代表、工会代表和企业方面代表组成。劳动争议仲裁委员会组成人员应当是单数。

劳动争议仲裁委员会依法履行下列职责：

①聘任、解聘专职或者兼职仲裁员；

②受理劳动争议案件；

③讨论重大或者疑难的劳动争议案件；

④对仲裁活动进行监督。

劳动争议仲裁委员会下设办事机构，负责办理劳动争议仲裁委员会的日常工作。《劳动争议调解仲裁法》第21条规定："劳动争议仲裁委员会负责管辖本区域内发生的劳动争议。

劳动争议由劳动合同履行地或者用人单位所在地的劳动争议仲裁委员会管辖。双方当事人分别向劳动合同履行地和用人单位所在地的劳动争议仲裁委员会申请仲裁的，由劳动合同履行地的劳动争议仲裁委员会管辖。"

2. 劳动争议仲裁的和解与调解

依据《劳动争议调解仲裁法》第41、42条的规定，当事人申请劳动争议仲裁后，可以自行和解。达成和解协议的，可以撤回仲裁申请。

仲裁庭在作出裁决前，应当先行调解。调解达成协议的，仲裁庭应当制作调解书。调解书应当写明仲裁请求和当事人协议的结果。调解书由仲裁员签名，加盖劳动争议仲裁委员会印章，送达双方当事人。调解书经双方当事人签收后，发生法律效力。调解不成或者调解书送达前,一方当事人反悔的,仲裁庭应当及时作出裁决。

3. 裁决书

依据《劳动争议调解仲裁法》第45~47条的规定,裁决应当按照多数仲裁员的意见作出,少数仲裁员的不同意见应当记入笔录。仲裁庭不能形成多数意见时,裁决应当按照首席仲裁员的意见作出。

裁决书应当载明仲裁请求、争议事实、裁决理由、裁决结果和裁决日期。裁决书由仲裁员签名,加盖劳动争议仲裁委员会印章。对裁决持不同意见的仲裁员,可以签名,也可以不签名。

下列劳动争议,除本法另有规定的外,仲裁裁决为终局裁决,裁决书自作出之日起发生法律效力。

①追索劳动报酬、工伤医疗费、经济补偿或者赔偿金,不超过当地月最低工资标准十二个月金额的争议。

②因执行国家的劳动标准在工作时间、休息休假、社会保险等方面发生的争议。

《劳动争议调解仲裁法》第50条规定:"当事人对本法第四十七条规定以外的其他劳动争议案件的仲裁裁决不服的,可以自收到仲裁裁决书之日起十五日内向人民法院提起诉讼;期满不起诉的,裁决书发生法律效力。"

4. 仲裁时效

《劳动争议调解仲裁法》第27条规定:"劳动争议申请仲裁的时效期间为一年。仲裁时效期间从当事人知道或者应当知道其权利被侵害之日起计算。

前款规定的仲裁时效,因当事人一方向对方当事人主张权利,或者向有关部门请求权利救济,或者对方当事人同意履行义务而中断。从中断时起,仲裁时效期间重新计算。

因不可抗力或者有其他正当理由,当事人不能在本条第一款规定的仲裁时效期间申请仲裁的,仲裁时效中止。从中止时效的原因消除之日起,仲裁时效期间继续计算。

劳动关系存续期间因拖欠劳动报酬发生争议的,劳动者申请仲裁不受本条第一款规定的仲裁时效期间的限制;但是,劳动关系终止的,应当自劳动关系终止之日起一年内提出。"

9.4 违反《劳动法》的法律责任

1)用人单位的法律责任

(1)劳动规章制度违反法律、法规的法律责任

用人单位制定的劳动规章制度违反法律、法规规定的,由劳动行政部门给予警告,责令改正;对劳动者造成损害的,应当承担赔偿责任。

(2)延长劳动者工作时间的法律责任

用人单位违反本法规定,延长劳动者工作时间的,由劳动行政部门给予警告,责令改正,并可以处以罚款。

(3) 克扣或者无故拖欠劳动者工资的法律责任

用人单位克扣或者无故拖欠劳动者工资的,或拒不支付劳动者延长工作时间工资报酬的,由劳动行政部门责令支付劳动者的工资报酬、经济补偿,并可以责令支付赔偿金。

(4) 劳动安全设施和劳动卫生条件不符合规定的法律责任

用人单位的劳动安全设施和劳动卫生条件不符合国家规定或者未向劳动者提供必要的劳动防护用品和劳动保护设施的,由劳动行政部门或者有关部门责令改正,可以处以罚款;情节严重的,提请县级以上人民政府决定责令停产整顿;对事故隐患不采取措施,致使发生重大事故,造成劳动者生命和财产损失的,对责任人员比照《中华人民共和国刑法》第187条的规定追究刑事责任。

(5) 强令违章作业的法律责任

用人单位强令劳动者违章冒险作业,发生重大伤亡事故,造成严重后果的,对责任人员依法追究刑事责任。

(6) 雇用童工的法律责任

用人单位非法招用未满16周岁的未成年人的,由劳动行政部门责令改正,处以罚款;情节严重的,由工商行政管理部门吊销营业执照。

(7) 订立无效合同的法律责任

由于用人单位的原因订立的无效合同,对劳动者造成损害的,应当承担赔偿责任。

(8) 违法解除合同或者故意拖延不订立合同的法律责任

用人单位违反本法规定的条件解除劳动合同或者故意拖延不订立劳动合同的,由劳动行政部门责令改正;对劳动者造成损害的,应当承担赔偿责任。

(9) 招用尚未解除劳动合同的劳动者的法律责任

用人单位招用尚未解除劳动合同的劳动者,对原用人单位造成经济损失的,该用人单位应当依法承担连带赔偿责任。用人单位无故不缴纳社会保险费的,由劳动行政部门责令其限期缴纳;逾期不缴的,可以加收滞纳金。用人单位无理阻挠劳动行政部门、有关部门及其工作人员行使监督检查权,打击报复举报人员的,由劳动行政部门或者有关部门处以罚款;构成犯罪的,对责任人员依法追究刑事责任。

2) 劳动者的法律责任

劳动者违反规定的条件解除劳动合同或者违反劳动合同中约定的保密事项,对用人单位造成经济损失的,应当依法承担赔偿责任。

3) 主管部门工作人员的法律责任

劳动行政部门或者有关部门的工作人员滥用职权、玩忽职守、徇私舞弊,构成犯罪的,依法追究刑事责任。不构成犯罪的,给予行政处分。

【本章小结】

本章以《劳动法》为基础,结合《劳动合同法》进行论述。主要论述的内容包括劳动合同的订立、履行、变更、解除、终止以及劳动安全卫生的知识。

【思考与练习】

9-1 劳动合同的类型有哪几种?

9-2 劳动合同解除的原因有哪些分类?

9-3 对女职工和未成年工有哪些特殊保护的规定?

9-4 什么是劳动仲裁?

第 10 章　城乡规划法

10.1　城乡规划管理的原则

1. 城乡规划与规划区的含义与作用
1) 城乡规划与规划区的含义
(1) 城乡规划的含义

城乡规划,包括城镇体系规划、城市规划、镇规划、乡规划和村庄规划。城市规划、镇规划分为总体规划和详细规划。详细规划分为控制性详细规划和修建性详细规划。

(2) 规划区的含义

规划区,是指城市、镇和村庄的建成区以及因城乡建设和发展需要,必须实行规划控制的区域。规划区的具体范围由有关人民政府在组织编制的城市总体规划、镇总体规划、乡规划和村庄规划中,根据城乡经济社会发展水平和统筹城乡发展的需要划定。

2) 城乡规划与规划区的作用
(1) 确定城乡的发展蓝图

首都的总体规划、详细规划应当统筹考虑中央国家机关用地布局和空间安排的需要。

县级以上地方人民政府应当根据当地经济社会发展的实际,在城市总体规划、镇总体规划中合理确定城市、镇的发展规模、步骤和建设标准。

经依法批准的城乡规划是城乡建设和规划管理的依据,未经法定程序不得修改。各级人民政府应当将城乡规划的编制和管理经费纳入本级财政预算。

(2) 规范建设活动

城市和镇应当依照本法制定城市规划和镇规划。城市、镇规划区内的建设活动应当符合规划要求。

县级以上地方人民政府根据本地农村经济社会发展水平,按照因地制宜、切实可行的原则,确定应当制定乡规划、村庄规划的区域。在确定区域内的乡、村庄,应当依照本法制定规划,规划区内的乡、村庄建设应当符合规划要求。

县级以上地方人民政府鼓励、指导前款规定以外的区域的乡、村庄制定和实施乡规划、村庄规划。

2. 制定和实施城乡规划的原则

国家鼓励采用先进的科学技术,增强城乡规划的科学性,提高城乡规划实施及监督管理的效能。

制定和实施城乡规划,应当遵循城乡统筹、合理布局、节约土地、集约发展和先规划后建设的原则,改善生态环境,促进资源、能源节约和综合利用,保护耕地等自然资源和历史文化遗产,保持地方特色、民族特色和传统风貌,防止污染和其他公害,并符合区域人口发展、国防建设、防灾减灾和公共卫生、公共安全的需要。

城市总体规划、镇总体规划以及乡规划和村庄规划的编制,应当依据国民经济和社会发展规划,并与土地利用总体规划相衔接。

3. 城乡规划的监督

(1)城乡规划的信息公开

城乡规划组织编制机关应当及时公布经依法批准的城乡规划。但是,法律、行政法规规定不得公开的内容除外。任何单位和个人都应当遵守经依法批准并公布的城乡规划,服从规划管理,并有权就涉及其利害关系的建设活动是否符合规划的要求向城乡规划主管部门查询。

(2)城乡规划的群众监督

任何单位和个人都有权向城乡规划主管部门或者其他有关部门举报或者控告违反城乡规划的行为。城乡规划主管部门或者其他有关部门对举报或者控告,应当及时受理并组织核查、处理。

10.2 城乡规划的制定

1. 总体规划

1)总体规划的编制

(1)全国城镇体系的编制

国务院城乡规划主管部门会同国务院有关部门组织编制全国城镇体系规划,用于指导省域城镇体系规划、城市总体规划的编制。

全国城镇体系规划由国务院城乡规划主管部门报国务院审批。

(2)省域城镇体系的编制

省、自治区人民政府组织编制省域城镇体系规划,报国务院审批。

省域城镇体系规划的内容应当包括:城镇空间布局和规模控制,重大基础设施的布局,为保护生态环境、资源等需要严格控制的区域。

(3)城市总体规划的编制

城市人民政府组织编制城市总体规划。

直辖市的城市总体规划由直辖市人民政府报国务院审批。省、自治区人民政府所在地的城市以及国务院确定的城市的总体规划,由省、自治区人民政府审查同意后,报国务院审批。其他城市的总体规划,由城市人民政府报省、自治区人民政府审批。

(4)镇总体规划的编制

县人民政府组织编制县人民政府所在地镇的总体规划,报上一级人民政府审批。其他镇的总体规划由镇人民政府组织编制,报上一级人民政府审批。

2)总体规划的报审

(1)报审

省、自治区人民政府组织编制的省域城镇体系规划,城市、县人民政府组织编制的总体规划,在报上一级人民政府审批前,应当先经本级人民代表大会常务委员会审议,常务委员会组成人员的审议意见交由本级人民政府研究处理。

镇人民政府组织编制的镇总体规划,在报上一级人民政府审批前,应当先经镇人民代表大会审议,代表的审议意见交由本级人民政府研究处理。

规划的组织编制机关报送审批省域城镇体系规划、城市总体规划或者镇总体规划,应当将本级人民代表大会常务委员会组成人员或者镇人民代表大会代表的审议意见和根据审议意见修改规划的情况一并报送。

乡、镇人民政府组织编制乡规划、村庄规划,报上一级人民政府审批。村庄规划在报送审批前,应当经村民会议或者村民代表会议讨论同意。

(2)审查

省域城镇体系规划、城市总体规划、镇总体规划批准前,审批机关应当组织专家和有关部门进行审查。

3)总体规划的内容

(1)城镇总体规划的内容

城市总体规划、镇总体规划的内容应当包括:城市、镇的发展布局,功能分区,用地布局,综合交通体系,禁止、限制和适宜建设的地域范围,各类专项规划等。

规划区范围、规划区内建设用地规模、基础设施和公共服务设施用地、水源地和水系、基本农田和绿化用地、环境保护、自然与历史文化遗产保护以及防灾减灾等内容,应当作为城市总体规划、镇总体规划的强制性内容。

城市总体规划、镇总体规划的规划期限一般为二十年。城市总体规划还应当对城市更长远的发展作出预测性安排。

(2)乡村总体规划的内容

乡规划、村庄规划应当从农村实际出发,尊重村民意愿,体现地方和农村特色。

乡规划、村庄规划应当包括以下内容:规划区范围,住宅、道路、供水、排水、供电、垃圾收集、畜禽养殖场所等农村生产、生活服务设施、公益事业等各项建设的用地布局、建设要求,以及对耕地等自然资源和历史文化遗产保护、防灾减灾等的具体安排。乡规划还应当包括本行政区域内的村庄发展布局。

2. 详细规划

(1)控制性详细规划

城市人民政府城乡规划主管部门根据城市总体规划的要求,组织编制城市的控制性详细规划,经本级人民政府批准后,报本级人民代表大会常务委员会和上一级人民政府备案。

镇人民政府根据镇总体规划的要求,组织编制镇的控制性详细规划,报上一级人民政府审批。县人民政府所在地镇的控制性详细规划,由县人民政府城乡规划主管部门根据镇总体规划的要求组织编制,经县人民政府批准后,报本级人民代表大会常务委员会和上一级人民政府备案。

(2)修建性详细规划

城市、县人民政府城乡规划主管部门和镇人民政府可以组织编制重要地块的修建性详细规划。修建性详细规划应当符合控制性详细规划。

3. 城乡规划具体编制工作

(1)具体编制单位

城乡规划组织编制机关应当委托具有相应资质等级的单位承担城乡规划的具体编制工作。

从事城乡规划编制工作应当具备下列条件,并经国务院城乡规划主管部门或者省、自治区、直辖市人民政府城乡规划主管部门依法审查合格,取得相应等级的资质证书后,方可在资质等级许可的范围内从事城乡规划编制工作:

①有法人资格;

②有规定数量的经相关行业协会注册的规划师;

③有相应的技术装备;

④有健全的技术、质量、财务管理制度。

规划师执业资格管理办法,由国务院城乡规划主管部门会同国务院人事行政部门制定。编制城乡规划必须遵守国家有关标准。

(2)基础资料的获得

编制城乡规划,应当具备国家规定的勘察、测绘、气象、地震、水文、环境等基础资料。

县级以上地方人民政府有关主管部门应当根据编制城乡规划的需要,及时提供有关基础资料。

(3)听取意见和建议

城乡规划报送审批前,组织编制机关应当依法将城乡规划草案予以公告,并采取论证会、听证会或者其他方式征求专家和公众的意见。公告的时间不得少于三十日。

组织编制机关应当充分考虑专家和公众的意见,并在报送审批的材料中附具意见采纳情况及理由。

10.3 城乡规划的实施

1. 城乡规划实施的原则

(1) 城市建设和发展的原则

城市的建设和发展，应当优先安排基础设施以及公共服务设施的建设，妥善处理新区开发与旧区改建的关系，统筹兼顾进城务工人员生活和周边农村经济社会发展、村民生产与生活的需要。

(2) 镇建设和发展的原则

镇的建设和发展，应当结合农村经济社会发展和产业结构调整，优先安排供水、排水、供电、供气、道路、通信、广播电视等基础设施和学校、卫生院、文化站、幼儿园、福利院等公共服务设施的建设，为周边农村提供服务。

(3) 乡村建设和发展的原则

乡、村庄的建设和发展，应当因地制宜、节约用地，发挥村民自治组织的作用，引导村民合理进行建设，改善农村生产、生活条件。

2. 新区开发与旧城区改建

(1) 新区开发

城市新区的开发和建设，应当合理确定建设规模和时序，充分利用现有市政基础设施和公共服务设施，严格保护自然资源和生态环境，体现地方特色。

在城市总体规划、镇总体规划确定的建设用地范围以外，不得设立各类开发区和城市新区。

(2) 旧城区改建

旧城区的改建，应当保护历史文化遗产和传统风貌，合理确定拆迁和建设规模，有计划地对危房集中、基础设施落后等地段进行改建。

历史文化名城、名镇、名村的保护以及受保护建筑物的维护和使用，应当遵守有关法律、行政法规和国务院的规定。

3. 近期建设规划与保护

1) 近期建设规划

城市、县、镇人民政府应当根据城市总体规划、镇总体规划、土地利用总体规划和年度计划以及国民经济和社会发展规划，制定近期建设规划，报总体规划审批机关备案。

近期建设规划应当以重要基础设施、公共服务设施和中低收入居民住房建设以及生态环境保护为重点内容，明确近期建设的时序、发展方向和空间布局。近期建设规划的规划期限为五年。

2) 具体保护对象

(1) 风景名胜区保护

城乡建设和发展，应当依法保护和合理利用风景名胜资源，统筹安排风景名胜区及周边乡、镇、村庄的建设。

风景名胜区的规划、建设和管理,应当遵守有关法律、行政法规和国务院的规定。

(2)公共服务设施用地保护

城乡规划确定的铁路、公路、港口、机场、道路、绿地、输配电设施及输电线路走廊、通信设施、广播电视设施、管道设施、河道、水库、水源地、自然保护区、防汛通道、消防通道、核电站、垃圾填埋场及焚烧厂、污水处理厂和公共服务设施的用地以及其他需要依法保护的用地,禁止擅自改变用途。

4. 规划许可

城乡规划主管部门不得在城乡规划确定的建设用地范围以外作出规划许可。

1)以划拨方式提供国有土地使用权的建设项目的规划许可

按照国家规定需要有关部门批准或者核准的建设项目,以划拨方式提供国有土地使用权的,建设单位在报送有关部门批准或者核准前,应当向城乡规划主管部门申请核发选址意见书。其他的建设项目不需要申请选址意见书。

在城市、镇规划区内以划拨方式提供国有土地使用权的建设项目,经有关部门批准、核准、备案后,建设单位应当向城市、县人民政府城乡规划主管部门提出建设用地规划许可申请,由城市、县人民政府城乡规划主管部门依据控制性详细规划核定建设用地的位置、面积、允许建设的范围,核发建设用地规划许可证。

建设单位在取得建设用地规划许可证后,方可向县级以上地方人民政府土地主管部门申请用地,经县级以上人民政府审批后,由土地主管部门划拨土地。

2)以出让方式提供国有土地使用权的建设项目的规划许可

在城市、镇规划区内以出让方式提供国有土地使用权的,在国有土地使用权出让前,城市、县人民政府城乡规划主管部门应当依据控制性详细规划,提出出让地块的位置、使用性质、开发强度等规划条件,作为国有土地使用权出让合同的组成部分。未确定规划条件的地块,不得出让国有土地使用权。

以出让方式取得国有土地使用权的建设项目,建设单位在取得建设项目的批准、核准、备案文件和签订国有土地使用权出让合同后,向城市、县人民政府城乡规划主管部门领取建设用地规划许可证。

城市、县人民政府城乡规划主管部门不得在建设用地规划许可证中擅自改变作为国有土地使用权出让合同组成部分的规划条件。

规划条件未纳入国有土地使用权出让合同的,该国有土地使用权出让合同无效;对未取得建设用地规划许可证的建设单位批准用地的,由县级以上人民政府撤销有关批准文件;占用土地的,应当及时退回;给当事人造成损失的,应当依法给予赔偿。

3)建设规划许可

县级以上地方人民政府城乡规划主管部门按照国务院规定对建设工程是否符合规划条件予以核实。未经核实或者经核实不符合规划条件的,建设单位不得组织竣工验收。

建设单位应当在竣工验收后六个月内向城乡规划主管部门报送有关竣工验收资料。

(1) 城乡建设规划许可

① 城镇规划区内的建设规划许可。

在城市、镇规划区内进行建筑物、构筑物、道路、管线和其他工程建设的,建设单位或者个人应当向城市、县人民政府城乡规划主管部门或者省、自治区、直辖市人民政府确定的镇人民政府申请办理建设工程规划许可证。

申请办理建设工程规划许可证,应当提交使用土地的有关证明文件、建设工程设计方案等材料。需要建设单位编制修建性详细规划的建设项目,还应当提交修建性详细规划。对符合控制性详细规划和规划条件的,由城市、县人民政府城乡规划主管部门或者省、自治区、直辖市人民政府确定的镇人民政府核发建设工程规划许可证。

城市、县人民政府城乡规划主管部门或者省、自治区、直辖市人民政府确定的镇人民政府应当依法将经审定的修建性详细规划、建设工程设计方案的总平面图予以公布。

② 乡村规划区内的建设规划许可。

在乡、村庄规划区内进行乡镇企业、乡村公共设施和公益事业建设的,建设单位或者个人应当向乡、镇人民政府提出申请,由乡、镇人民政府报城市、县人民政府城乡规划主管部门核发乡村建设规划许可证。

在乡、村庄规划区内使用原有宅基地进行农村村民住宅建设的规划管理办法,由省、自治区、直辖市制定。

在乡、村庄规划区内进行乡镇企业、乡村公共设施和公益事业建设以及农村村民住宅建设,不得占用农用地;确需占用农用地的,应当依照《中华人民共和国土地管理法》有关规定办理农用地转用审批手续后,由城市、县人民政府城乡规划主管部门核发乡村建设规划许可证。

建设单位或者个人在取得乡村建设规划许可证后,方可办理用地审批手续。

(2) 设计变更与临时建设的规划许可

① 设计变更的规划许可。

建设单位应当按照规划条件进行建设;确需变更的,必须向城市、县人民政府城乡规划主管部门提出申请。变更内容不符合控制性详细规划的,城乡规划主管部门不得批准。城市、县人民政府城乡规划主管部门应当及时将依法变更后的规划条件通报同级土地主管部门并公示。

建设单位应当及时将依法变更后的规划条件报有关人民政府土地主管部门备案。

② 临时建设的规划许可。

在城市、镇规划区内进行临时建设的,应当经城市、县人民政府城乡规划主管部门批准。临时建设影响近期建设规划或者控制性详细规划的实施以及交通、市容、安全等的,不得批准。

临时建设应当在批准的使用期限内自行拆除。临时建设和临时用地规划管理的具体办法,由省、自治区、直辖市人民政府制定。

10.4 城乡规划的修改

1. 城乡规划修改的条件

省域城镇体系规划、城市总体规划、镇总体规划的组织编制机关,应当组织有关部门和专家定期对规划实施情况进行评估,并采取论证会、听证会或者其他方式征求公众意见。组织编制机关应当向本级人民代表大会常务委员会、镇人民代表大会和原审批机关提出评估报告并附具征求意见的情况。

有下列情形之一的,组织编制机关方可按照规定的权限和程序修改省域城镇体系规划、城市总体规划、镇总体规划:

①上级人民政府制定的城乡规划发生变更,提出修改规划要求的;
②行政区划调整确需修改规划的;
③因国务院批准重大建设工程确需修改规划的;
④经评估确需修改规划的;
⑤城乡规划的审批机关认为应当修改规划的其他情形。

2. 城乡规划修改的程序

(1)省域城镇体系规划、城市总体规划、镇总体规划的程序

修改省域城镇体系规划、城市总体规划、镇总体规划前,组织编制机关应当对原规划的实施情况进行总结,并向原审批机关报告;修改涉及城市总体规划、镇总体规划强制性内容的,应当先向原审批机关提出专题报告,经同意后,方可编制修改方案。

修改后的省域城镇体系规划、城市总体规划、镇总体规划,应当依照本法的审批程序报批。

(2)修改控制性详细规划的程序

修改控制性详细规划的,组织编制机关应当对修改的必要性进行论证,征求规划地段内利害关系人的意见,并向原审批机关提出专题报告,经原审批机关同意后,方可编制修改方案。修改后的控制性详细规划,应当依照《中华人民共和国城乡规划法》第 19 条、第 20 条规定的审批程序报批。控制性详细规划修改涉及城市总体规划、镇总体规划的强制性内容的,应当先修改总体规划。

修改乡规划、村庄规划的,应当依照本法规定的审批程序报批。

(3)修改近期建设规划的程序

城市、县、镇人民政府修改近期建设规划的,应当将修改后的近期建设规划报总

体规划审批机关备案。

3. 城乡规划修改的后果

在选址意见书、建设用地规划许可证、建设工程规划许可证或者乡村建设规划许可证发放后,因依法修改城乡规划给被许可人合法权益造成损失的,应当依法给予补偿。

经依法审定的修建性详细规划、建设工程设计方案的总平面图不得随意修改;确需修改的,城乡规划主管部门应当采取听证会等形式,听取利害关系人的意见;因修改给利害关系人合法权益造成损失的,应当依法给予补偿。

【本章小结】

本章主要就城乡规划的制定、实施、修改进行论述,指出了制定、实施、修改的条件、主体和程序的相关规定。

【思考与练习】

10-1　城乡规划的作用是什么?

10-2　城乡规划的内容有哪些?

第11章 其他相关法律

11.1 消防法

11.1.1 消防设计文件的审核与消防验收

1. 消防设计文件的审核

建设工程的消防设计、施工必须符合国家工程建设消防技术标准。建设、设计、施工、工程监理等单位依法对建设工程的消防设计、施工质量负责。

对按照国家工程建设消防技术标准需要进行消防设计的建设工程,实行建设工程消防设计审查验收制度。

国务院住房和城乡建设主管部门规定的特殊建设工程,建设单位应当将消防设计文件报送住房和城乡建设主管部门审查,住房和城乡建设主管部门依法对审查的结果负责。前款规定以外的其他建设工程,建设单位申请领取施工许可证或者申请批准开工报告时应当提供满足施工需要的消防设计图纸及技术资料。

特殊建设工程未经消防设计审查或者审查不合格的,建设单位、施工单位不得施工;其他建设工程,建设单位未提供满足施工需要的消防设计图纸及技术资料的,有关部门不得发放施工许可证或者批准开工报告。

2. 消防验收

国务院住房和城乡建设主管部门规定应当申请消防验收的建设工程竣工,建设单位应当向住房和城乡建设主管部门申请消防验收。

前款规定以外的其他建设工程,建设单位在验收后应当报住房和城乡建设主管部门备案,住房和城乡建设主管部门应当进行抽查。

依法应当进行消防验收的建设工程,未经消防验收或者消防验收不合格的,禁止投入使用;其他建设工程经依法抽查不合格的,应当停止使用。

11.1.2 建设工程投入使用前的消防安全检查

公众聚集场所在投入使用、营业前,建设单位或者使用单位应当向场所所在地的县级以上地方人民政府消防救援机构申请消防安全检查。

消防救援机构应当自受理申请之日起十个工作日内,根据消防技术标准和管理规定,对该场所进行消防安全检查。未经消防安全检查或者经检查不符合消防安全要求的,不得投入使用、营业。

11.1.3 单位的消防安全职责

机关、团体、企业、事业等单位应当履行下列消防安全职责：

①落实消防安全责任制，制定本单位的消防安全制度、消防安全操作规程，制定灭火和应急疏散预案；

②按照国家标准、行业标准配置消防设施、器材，设置消防安全标志，并定期组织检验、维修，确保完好有效；

③对建筑消防设施每年至少进行一次全面检测，确保完好有效，检测记录应当完整准确，存档备查；

④保障疏散通道、安全出口、消防车通道畅通，保证防火防烟分区、防火间距符合消防技术标准；

⑤组织防火检查，及时消除火灾隐患；

⑥组织进行有针对性的消防演练；

⑦法律、法规规定的其他消防安全职责。

单位的主要负责人是本单位的消防安全责任人。

11.1.4 与工程建设相关的规定

《中华人民共和国消防法》第19条规定，生产、储存、经营易燃易爆危险品的场所不得与居住场所设置在同一建筑物内，并应当与居住场所保持安全距离。生产、储存、经营其他物品的场所与居住场所设置在同一建筑物内的，应当符合国家工程建设消防技术标准。

《中华人民共和国消防法》第21条规定，禁止在具有火灾、爆炸危险的场所吸烟、使用明火。因施工等特殊情况需要使用明火作业的，应当按照规定事先办理审批手续，采取相应的消防安全措施；作业人员应当遵守消防安全规定。进行电焊、气焊等具有火灾危险作业的人员和自动消防系统的操作人员，必须持证上岗，并遵守消防安全操作规程。

《中华人民共和国消防法》第22条规定，生产、储存、装卸易燃易爆危险品的工厂、仓库和专用车站、码头的设置，应当符合消防技术标准。易燃易爆气体和液体的充装站、供应站、调压站，应当设置在符合消防安全要求的位置，并符合防火防爆要求。

已经设置的生产、储存、装卸易燃易爆危险品的工厂、仓库和专用车站、码头，易燃易爆气体和液体的充装站、供应站、调压站，不再符合前款规定的，地方人民政府应当组织、协调有关部门、单位限期解决，消除安全隐患。

《中华人民共和国消防法》第23条规定，生产、储存、运输、销售、使用、销毁易燃易爆危险品，必须执行消防技术标准和管理规定。进入生产、储存易燃易爆危险品的场所，必须执行消防安全规定。禁止非法携带易燃易爆危险品进入公共场所或者乘坐公共交通工具。储存可燃物资仓库的管理,必须执行消防技术标准和管理规定。

《中华人民共和国消防法》第 26 条规定,建筑构件、建筑材料和室内装修、装饰材料的防火性能必须符合国家标准;没有国家标准的,必须符合行业标准。人员密集场所室内装修、装饰,应当按照消防技术标准的要求,使用不燃、难燃材料。

《中华人民共和国消防法》第 28 条规定,任何单位、个人不得损坏、挪用或者擅自拆除、停用消防设施、器材,不得埋压、圈占、遮挡消火栓或者占用防火间距,不得占用、堵塞、封闭疏散通道、安全出口、消防车通道。人员密集场所的门窗不得设置影响逃生和灭火救援的障碍物。

《中华人民共和国消防法》第 29 条规定,负责公共消防设施维护管理的单位,应当保持消防供水、消防通信、消防车通道等公共消防设施的完好有效。在修建道路以及停电、停水、截断通信线路时有可能影响消防队灭火救援的,有关单位必须事先通知当地消防救援机构。

11.2 反不正当竞争法

1993 年 9 月 2 日第八届全国人民代表大会常务委员会第三次会议通过《中华人民共和国反不正当竞争法》,自 1993 年 12 月 1 日起施行,2017 年 11 月 4 日修订。

11.2.1 反不正当竞争法概述

为促进社会主义市场经济健康发展,鼓励和保护公平竞争,制止不正当竞争行为,保护经营者和消费者的合法权益,制定《中华人民共和国反不正当竞争法》(以下简称《反不正当竞争法》)。

经营者在市场交易中,应当遵循自愿、平等、公平、诚信的原则,遵守法律和商业道德。不正当竞争行为是指经营者在生产经营活动中,违反《反不正当竞争法》规定,扰乱市场竞争秩序,损害其他经营者或者消费者的合法权益的行为。经营者是指从事商品生产、经营或者提供服务(以下所称商品包括服务)的自然人、法人和非法人组织。

各级人民政府应当采取措施,制止不正当竞争行为,为公平竞争创造良好的环境和条件。县级以上人民政府履行工商行政管理职责的部门对不正当竞争行为进行查处;法律、行政法规规定由其他部门查处的,依照其规定。

国家鼓励、支持和保护一切组织和个人对不正当竞争行为进行社会监督。国家机关及其工作人员不得支持、包庇不正当竞争行为。

行业组织应当加强行业自律,引导、规范会员依法竞争,维护市场竞争秩序。

11.2.2 不正当竞争行为

1. 不正当竞争行为的内容

经营者不得实施下列混淆行为,引人误认为是他人商品或者与他人存在特定联系：

①擅自使用与他人有一定影响的商品名称、包装、装潢等相同或者近似的标识；

②擅自使用他人有一定影响的企业名称（包括简称、字号等）、社会组织名称（包括简称等）、姓名（包括笔名、艺名、译名等）；

③擅自使用他人有一定影响的域名主体部分、网站名称、网页等；

④其他足以引人误认为是他人商品或者与他人存在特定联系的混淆行为。

经营者不得采用财物或者其他手段贿赂下列单位或者个人，以谋取交易机会或者竞争优势：

①交易相对方的工作人员；

②受交易相对方委托办理相关事务的单位或者个人；

③利用职权或者影响力影响交易的单位或者个人。

经营者在交易活动中，可以以明示方式向交易相对方支付折扣，或者向中间人支付佣金。经营者向交易相对方支付折扣、向中间人支付佣金的，应当如实入账。接受折扣、佣金的经营者也应当如实入账。

经营者的工作人员进行贿赂的，应当认定为经营者的行为；但是，经营者有证据证明该工作人员的行为与为经营者谋取交易机会或者竞争优势无关的除外。

经营者不得对其商品的性能、功能、质量、销售状况、用户评价、曾获荣誉等作虚假或者引人误解的商业宣传，欺骗、误导消费者。

经营者不得通过组织虚假交易等方式，帮助其他经营者进行虚假或者引人误解的商业宣传。

经营者不得编造、传播虚假信息或者误导性信息，损害竞争对手的商业信誉、商品声誉。

2. 经营者侵犯商业秘密的行为

经营者不得实施下列侵犯商业秘密的行为：

①以盗窃、贿赂、欺诈、胁迫、电子侵入或者其他不正当手段获取权利人的商业秘密；

②披露、使用或者允许他人使用以前项手段获取的权利人的商业秘密；

③违反保密义务或者违反权利人有关保守商业秘密的要求，披露、使用或者允许他人使用其所掌握的商业秘密；

④教唆、引诱、帮助他人违反保密义务或者违反权利人有关保守商业秘密的要求，获取、披露、使用或者允许他人使用权利人的商业秘密。

经营者以外的其他自然人、法人和非法人组织实施前款所列违法行为的，视为侵犯商业秘密。

第三人明知或者应知商业秘密权利人的员工、前员工或者其他单位、个人实施本条第一款所列违法行为，仍获取、披露、使用或者允许他人使用该商业秘密的，视为侵犯商业秘密。

本法所称的商业秘密,是指不为公众所知悉、具有商业价值并经权利人采取相应保密措施的技术信息、经营信息等商业信息。

3. 经营者不得从事的有奖销售

经营者进行有奖销售不得存在下列情形:

①所设奖的种类、兑奖条件、资金金额或者奖品等有奖销售信息不明确,影响兑奖;

②采用谎称有奖或者故意让内定人员中奖的欺骗方式进行有奖销售;

③抽奖式的有奖销售,最高奖的金额超过五万元。

4. 经营者利用网络从事生产经营活动实施的不正当行为

经营者利用网络从事生产经营活动,应当遵守本法的各项规定。

经营者不得利用技术手段,通过影响用户选择或者其他方式,实施下列妨碍、破坏其他经营者合法提供的网络产品或者服务正常运行的行业:

①未经其他经营者同意,在其合法提供的网络产品或者服务中,插入链接、强制进行目标跳转;

②误导、欺骗、强迫用户修改、关闭、卸载其他经营者合法提供的网络产品或者服务;

③恶意对其他经营者合法提供的网络产品或者服务实施不兼容;

④其他妨碍、破坏其他经营者合法提供的网络产品或者服务正常运行的行为。

11.2.3 监督检查

监督检查部门调查涉嫌不正当竞争行为,可以采取下列措施:

①进入涉嫌不正当竞争行为的经营者所进行检查;

②询问被调查的经营者、利害关系人及其他有关单位、个人,要求其说明有关情况或者提供与被调查行为有关的其他资料;

③查询、复制与涉嫌不正当竞争行为有关的协议、账簿、单据、文件、记录、业务函电和其他资料;

④查封、扣押与涉嫌不正当竞争行为有关的财物;

⑤查询涉嫌不正当竞争行为的经营者的银行账户。

采取前款规定的措施,应当向监督检查部门主要负责人书面报告,并经批准。采取前款第四项、第五项规定的措施,应当向设区的市级以上人民政府监督检查部门主要负责人书面报告,并经批准。

监督检查部门调查涉嫌不正当竞争行为,应当遵守《中华人民共和国行政强制法》和其他有关法律、行政法规的规定,并应当将查处结果及时向社会公开。

监督检查部门调查涉嫌不正当竞争行为,被调查的经营者、利害关系人及其他有关单位、个人应当如实提供有关资料或者情况。

监督检查部门及其工作人员对调查过程中知悉的商业秘密负有保密义务。

对涉嫌不正当竞争行为,任何单位和个人有权向监督检查部门举部,监督检查部门接到举报后应当依法及时处理。

监督检查部门应当向社会公开受理举报的电话、信箱或者电子邮件地址,并为举报人保密。对实名举报并提供相关事实和证据的,监督检查部门应当将处理结果告知举报人。

11.3 土地管理法

11.3.1 土地的所有权和使用权

1. 土地的所有权

城市市区的土地属于国家所有。农村和城市郊区的土地,除由法律规定属于国家所有的以外,属于农民集体所有;宅基地和自留地、自留山,属于农民集体所有。

2. 土地的使用权

国有土地和农民集体所有的土地,可以依法确定给单位或者个人使用。使用土地的单位和个人,有保护、管理和合理利用土地的义务。

3. 土地的所有权和使用权登记

土地的所有权和使用权的登记,依照有关不动产登记的法律、行政法规执行。依法登记的土地的所有权和使用权受法律保护,任何单位和个人不得侵犯。

11.3.2 土地利用总体规划

1. 编制原则

土地利用总体规划按照下列原则编制:

①落实国土空间开发保护要求,严格土地用途管制;

②严格保护永久基本农田,严格控制非农业建设占用农用地;

③提高土地节约集约利用水平;

④统筹安排城乡生产、生活、生态用地,满足乡村产业和基础设施用地合理需求,促进城乡融合发展;

⑤保护和改善生态环境,保障土地的可持续利用;

⑥占用耕地与开发复垦耕地数量平衡、质量相当。

2. 建设用地总量控制

各级人民政府应当加强土地利用计划管理,实行建设用地总量控制。

土地利用年度计划,根据国民经济和社会发展计划、国家产业政策、土地利用总体规划以及建设用地和土地利用的实际状况编制。土地利用年度计划应当对本法第六十三条规定的集体经营性建设用地作出合理安排。土地利用年度计划的编制审批程序与土地利用总体规划的编制审批程序相同,一经审批下达,必须严格执行。

11.3.3 建设用地

1. 转用审批

建设占用土地,涉及农用地转为建设用地的,应当办理农用地转用审批手续。

①永久基本农田转为建设用地的,由国务院批准。

②在土地利用总体规划确定的城市和村庄、集镇建设用地规模范围内,为实施该规划而将永久基本农田以外的农用地转为建设用地的,按土地利用年度计划分批次按照国务院规定由原批准土地利用总体规划的机关或者其授权的机关批准。在已批准的农用地转用范围内,具体建设项目用地可以由市、县人民政府批准。

③在土地利用总体规划确定的城市和村庄、集镇建设用地规模范围外,将永久基本农田以外的农用地转为建设用地的,由国务院或者国务院授权的省、自治区、直辖市人民政府批准。

2. 征地补偿

征收土地应当给予公平、合理的补偿,保障被征地农民原有生活水平不降低、长远生计有保障。

征收土地应当依法及时足额支付土地补偿费、安置补助费以及农村村民住宅、其他地上附着物和青苗等的补偿费用,并安排被征地农民的社会保障费用。

征收农用地的土地补偿费、安置补助费标准由省、自治区、直辖市通过制定公布区片综合地价确定。制定区片综合地价应当综合考虑土地原用途、土地资源条件、土地产值、土地区位、土地供求关系、人口以及经济社会发展水平等因素,并至少每三年调整或者重新公布一次。

征收农用地以外的其他土地、地上附着物和青苗等的补偿标准,由省、自治区、直辖市制定。对其中的农村村民住宅,应当按照先补偿后搬迁、居住条件有改善的原则,尊重农村村民意愿,采取重新安排宅基地建房、提供安置房或者货币补偿等方式给予公平、合理的补偿,并对因征收造成的搬迁、临时安置等费用予以补偿,保障农村村民居住的权利和合法的住房财产权益。

县级以上地方人民政府应当将被征地农民纳入相应的养老等社会保障体系。被征地农民的社会保障费用主要用于符合条件的被征地农民的养老保险等社会保险缴费补贴。被征地农民社会保障费用的筹集、管理和使用办法,由省、自治区、直辖市制定。

3. 建设用地的取得方式

建设单位使用国有土地,应当以出让等有偿使用方式取得;但是,下列建设用地,经县级以上人民政府依法批准,可以以划拨方式取得:

①国家机关用地和军事用地;

②城市基础设施用地和公益事业用地;

③国家重点扶持的能源、交通、水利等基础设施用地;

④法律、行政法规规定的其他用地。

以出让等有偿使用方式取得国有土地使用权的建设单位,按照国务院规定的标准和办法,缴纳土地使用权出让金等土地有偿使用费和其他费用后,方可使用土地。

自本法施行之日起,新增建设用地的土地有偿使用费,百分之三十上缴中央财政,百分之七十留给有关地方人民政府。具体使用管理办法由国务院财政部门会同有关部门制定,并报国务院批准。

4. 临时用地

建设项目施工和地质勘查需要临时使用国有土地或者农民集体所有的土地的,由县级以上人民政府自然资源主管部门批准。其中,在城市规划区内的临时用地,在报批前,应当先经有关城市规划行政主管部门同意。土地使用者应当根据土地权属,与有关自然资源主管部门或者农村集体经济组织、村民委员会签订临时使用土地合同,并按照合同的约定支付临时使用土地补偿费。

临时使用土地的使用者应当按照临时使用土地合同约定的用途使用土地,并不得修建永久性建筑物。

临时使用土地期限一般不超过两年。

11.4 法律责任

11.4.1 违反《消防法》的法律责任

1. 与消防设计审核验收有关的法律责任

违反本法规定,有下列行为之一的,由住房和城乡建设主管部门、消防救援机构按照各自职权责令停止施工、停止使用或者停产停业,并处三万元以上三十万元以下罚款:

①依法应当进行消防设计审查的建设工程,未经依法审查或者审查不合格,擅自施工的;

②依法应当进行消防验收的建设工程,未经消防验收或者消防验收不合格,擅自投入使用的;

③本法第十三条规定的其他建设工程验收后经依法抽查不合格,不停止使用的;

④公众聚集场所未经消防安全检查或者经检查不符合消防安全要求,擅自投入使用、营业的。

建设单位未依照本法规定在验收后报住房和城乡建设主管部门备案的,由住房和城乡建设主管部门责令改正,处五千元以下罚款。

2. 擅自降低消防技术标准的法律责任

违反本法规定,有下列行为之一的,由住房和城乡建设主管部门责令改正或者停止施工,并处一万元以上十万元以下罚款:

①建设单位要求建筑设计单位或者建筑施工企业降低消防技术标准设计、施工的；

②建筑设计单位不按照消防技术标准强制性要求进行消防设计的；

③建筑施工企业不按照消防设计文件和消防技术标准施工，降低消防施工质量的；

④工程监理单位与建设单位或者建筑施工企业串通，弄虚作假，降低消防施工质量的。

3. 涉及易燃易爆危险物品的法律责任

生产、储存、经营易燃易爆危险品的场所与居住场所设置在同一建筑物内，或者未与居住场所保持安全距离的，责令停产停业，并处五千元以上五万元以下罚款。

生产、储存、经营其他物品的场所与居住场所设置在同一建筑物内，不符合消防技术标准的，依照前款规定处罚。

11.4.2 违反《反不正当竞争法》的法律责任

1. 实施混淆行为的法律责任

经营者违反本法第六条规定实施混淆行为的，由监督检查部门责令停止违法行为，没收违法商品。违法经营额五万元以上的，可以并处违法经营额五倍以下的罚款；没有违法经营额或者违法经营额不足五万元的，可以并处二十五万元以下的罚款。情节严重的，吊销营业执照。经营者登记的企业名称违反本法第六条规定的，应当及时办理名称变更登记；名称变更前，由原企业登记机关以统一社会信用代码代替其名称。

2. 贿赂他人的法律责任

经营者违反本法第七条规定贿赂他人的，由监督检查部门没收违法所得，处十万元以上三百万元以下的罚款。情节严重的，吊销营业执照。

3. 虚假或者引人误解的商业宣传的法律责任

经营者违反本法第八条规定对其商品作虚假或者引人误解的商业宣传，或者通过组织虚假交易等方式帮助其他经营者进行虚假或者引人误解的商业宣传的，由监督检查部门责令停止违法行为，处二十万元以上一百万元以下的罚款；情节严重的，处一百万元以上二百万元以下的罚款，可以吊销营业执照。经营者违反本法第八条规定，属于发布虚假广告的，依照《中华人民共和国广告法》的规定处罚。

4. 侵犯商业秘密的法律责任

经营者以及其他自然人、法人和非法人组织违反本法第九条规定侵犯商业秘密的，由监督检查部门责令停止违法行为，没收违法所得，处十万元以上一百万元以下的罚款；情节严重的，处五十万元以上五百万元以下的罚款。

5. 违法有奖销售的法律责任

经营者违反本法第十条规定进行有奖销售的，由监督检查部门责令停止违法行为,处五万元以上五十万元以下的罚款。

6. 损害竞争对手商业信誉、商品声誉的法律责任

经营者违反本法第十一条规定损害竞争对手商业信誉、商品声誉的,由监督检查部门责令停止违法行为、消除影响,处十万元以上五十万元以下的罚款;情节严重的,处五十万元以上三百万元以下的罚款。

7. 妨碍、破坏其他经营者合法提供的网络产品或者服务正常运行的法律责任

经营者违反本法第十二条规定妨碍、破坏其他经营者合法提供的网络产品或者服务正常运行的,由监督检查部门责令停止违法行为,处十万元以上五十万元以下的罚款;情节严重的,处五十万元以上三百万元以下的罚款。

11.4.3 违反《土地管理法》的法律责任

1. 非法转让土地的法律责任

买卖或者以其他形式非法转让土地的,由县级以上人民政府自然资源主管部门没收违法所得;对违反土地利用总体规划擅自将农用地改为建设用地的,限期拆除在非法转让的土地上新建的建筑物和其他设施,恢复土地原状,对符合土地利用总体规划的,没收在非法转让的土地上新建的建筑物和其他设施;可以并处罚款;对直接负责的主管人员和其他直接责任人员,依法给予处分;构成犯罪的,依法追究刑事责任。

2. 非法占用土地的法律责任

未经批准或者采取欺骗手段骗取批准,非法占用土地的,由县级以上人民政府自然资源主管部门责令退还非法占用的土地,对违反土地利用总体规划擅自将农用地改为建设用地的,限期拆除在非法占用的土地上新建的建筑物和其他设施,恢复土地原状,对符合土地利用总体规划的,没收在非法占用的土地上新建的建筑物和其他设施,可以并处罚款;对非法占用土地单位的直接负责的主管人员和其他直接责任人员,依法给予处分;构成犯罪的,依法追究刑事责任。

超过批准的数量占用土地,多占的土地以非法占用土地论处。

3. 不对非法占用的土地上建筑物进行拆除的法律责任

依照本法规定,责令限期拆除在非法占用的土地上新建的建筑物和其他设施的,建设单位或者个人必须立即停止施工,自行拆除;对继续施工的,作出处罚决定的机关有权制止。建设单位或者个人对责令限期拆除的行政处罚决定不服的,可以在接到责令限期拆除决定之日起十五日内,向人民法院起诉;期满不起诉又不自行拆除的,由作出处罚决定的机关依法申请人民法院强制执行,费用由违法者承担。

【本章小结】

本章主要介绍与工程有关的其他相关法律,主要包括劳动法、税法、消防法、反不正当竞争法、土地管理法、城市规划法以及违反相关法律、法规应承担的法律责任。

【思考与练习】

11-1　我国制定劳动法的意义是什么?

11-2　城市维护建设税实行地区差别比例税率是如何规定的?

11-3　我国对建设项目消防设计及消防验收有何规定?

11-4　不正当竞争行为的内容有哪些?

11-5　加强土地管理有何意义?

11-6　城市规划实行分级审批是如何规定的?

第 12 章　相关司法解释

12.1　相关司法解释概述

在工程法律体系建设中,与工程建设最密切相关的司法解释曾有四个,截至 2021 年 1 月 1 日,其中的三个司法解释已经废止。

本书按照时间顺序概括介绍一下这几个司法解释。

1. 第一个司法解释

第一个司法解释是《最高人民法院关于建设工程价款优先受偿权问题的批复》【以下简称《批复》】,此司法解释自 2002 年 6 月 27 日施行,主要是为了解决《合同法》第 286 条规定的工程款优先受偿权与抵押权及其他债权相冲突时能否依然优先受偿的问题。由于此司法解释中引用的条款是《合同法》中的条款,而《合同法》已经因《民法典》施行而废止,所以继续适用此司法解释已不合适,在 2020 年 12 月 29 日,最高人民法院发布了《最高人民法院关于废止部分司法解释及相关规范性文件的决定》,将此司法解释废止。

此司法解释虽已废止,但其部分条文被吸纳到 2021 年 1 月 1 日施行的《最高人民法院关于审理建设工程施工合同纠纷案件适用法律问题的解释(一)》【以下简称《解释(一)》】中,在解决承包人能否优先受偿问题上还将继续发挥作用。

2. 第二个司法解释

第二个司法解释是《最高人民法院关于审理建设工程施工合同纠纷案件适用法律问题的解释》【以下简称《解释》】,《解释》自 2005 年 1 月 1 日施行,主要是解决建设工程施工合同纠纷中出现的一些特殊情况。此司法解释在十余年时间内是工程法律体系中最重要的司法解释,对于解决建设工程施工合同纠纷发挥了非常大的作用。由于此司法解释立法较早,站在现在的角度看,有很多需要进一步完善的地方。于是,最高人民法院在此基础上又颁布了另一个司法解释《最高人民法院关于审理建设工程施工合同纠纷案件适用法律问题的解释(二)》【以下简称《解释(二)》】,《解释(二)》自 2019 年 2 月 1 日施行,其最后一句法律条文是"最高人民法院以前发布的司法解释与本解释不一致的,不再适用",这就使得《解释》部分规定被废止。直至 2020 年 12 月 29 日,最高人民法院发布了《最高人民法院关于废止部分司法解释及相关规范性文件的决定》,明确将《解释》废止。

此司法解释虽已废止,但其部分条文被吸纳到《解释(一)》中,在解决建设工程施工合同纠纷问题上还将继续发挥作用。

3. 第三个司法解释

第三个司法解释是《解释（二）》，《解释（二）》自 2019 年 2 月 1 日施行，主要是对《解释》做了细化和补充，同时也吸纳了《批复》的部分条款并予以了补充。《解释（二）》仅仅施行一年有余，就在 2020 年 12 月 29 日，最高人民法院发布的《最高人民法院关于废止部分司法解释及相关规范性文件的决定》中被废止。

此司法解释虽已废止，但因其内容相对《批复》和《解释》已经很完善，所以，其绝大部分条文都被吸纳到《解释（一）》中，成为《解释（一）》的主要内容。

4. 第四个司法解释

第四个司法解释是《解释（一）》，《解释（一）》自 2021 年 1 月 1 日施行，主要是对前三个解释进行了归纳和修订，是替代了上述三个司法解释的现行司法解释。

12.2 最高人民法院关于审理建设工程施工合同纠纷案件适用法律问题的解释（一）

12.2.1 因合同效力问题引发的争议

1. 认定为无效合同的情形

1）承揽业务存在瑕疵

《解释（一）》第 1 条规定："建设工程施工合同具有下列情形之一的，应当依据民法典第一百五十三条第一款的规定，认定无效：

（一）承包人未取得建筑业企业资质或者超越资质等级的；

（二）没有资质的实际施工人借用有资质的建筑施工企业名义的；

（三）建设工程必须进行招标而未招标或者中标无效的。

承包人因转包、违法分包建设工程与他人签订的建设工程施工合同，应当依据民法典第一百五十三条第一款及第七百九十一条第二款、第三款的规定，认定无效。"

上述五大类被认定为无效合同的情形都是因为违反了法律的强制性规定。《民法典》第 153 条规定："违反法律、行政法规的强制性规定的民事法律行为无效。"

考虑到一旦合同被确认为无效将带来很多相应的负面后果，《解释（一）》对于超越资质等级签订建设工程施工合同的情形给出了一段改正的时间。《解释（一）》第四条规定："承包人超越资质等级许可的业务范围签订建设工程施工合同，在建设工程竣工前取得相应资质等级，当事人请求按照无效合同处理的，人民法院不予支持。"

我国法律并没有限定总承包单位或专业分包单位将劳务作业分包，所以总承包单位或专业分包单位若将其劳务作业分包不应被视为转包。基于此，《解释（一）》第 5 条规定："具有劳务作业法定资质的承包人与总承包人、分包人签订的劳务分包合同，当事人请求确认无效的，人民法院依法不予支持。"

2）审批手续存在瑕疵

《解释（一）》第 3 条规定："当事人以发包人未取得建设工程规划许可证等规划审

批手续为由,请求确认建设工程施工合同无效的,人民法院应予支持,但发包人在起诉前取得建设工程规划许可证等规划审批手续的除外。发包人能够办理审批手续而未办理,并以未办理审批手续为由请求确认建设工程施工合同无效的,人民法院不予支持。"

3)签订合同存在瑕疵

《招标投标法》第 46 条规定:"招标人和中标人应当自中标通知书发出之日起三十日内,按照招标文件和中标人的投标文件订立书面合同。招标人和中标人不得再行订立背离合同实质性内容的其他协议。"

在实践中,对于"实质性内容"的理解经常存在歧义,这就使得确认合同效力变得很困难,对于哪些内容属于实质性内容,《解释(一)》不仅给出了明确的范围,而且将可能出现的变相背离实质性内容的范围也做了界定。《解释(一)》第 2 条规定:"招标人和中标人另行签订的建设工程施工合同约定的工程范围、建设工期、工程质量、工程价款等实质性内容,与中标合同不一致,一方当事人请求按照中标合同确定权利义务的,人民法院应予支持。招标人和中标人在中标合同之外就明显高于市场价格购买承建房产、无偿建设住房配套设施、让利、向建设单位捐赠财物等另行签订合同,变相降低工程价款,一方当事人以该合同背离中标合同实质性内容为由请求确认无效的,人民法院应予支持。"

2. 无效合同的法律后果

1)损失赔偿

《解释(一)》第 6 条规定:"建设工程施工合同无效,一方当事人请求对方赔偿损失的,应当就对方过错、损失大小、过错与损失之间的因果关系承担举证责任。损失大小无法确定,一方当事人请求参照合同约定的质量标准、建设工期、工程价款支付时间等内容确定损失大小的,人民法院可以结合双方过错程度、过错与损失之间的因果关系等因素作出裁判。"

2)责任承担

《解释(一)》第 7 条规定:"缺乏资质的单位或者个人借用有资质的建筑施工企业名义签订建设工程施工合同,发包人请求出借方与借用方对建设工程质量不合格等因出借资质造成的损失承担连带赔偿责任的,人民法院应予支持。"

12.2.2 因时间问题引起的争议

1. 因开工日期引起的争议

《解释(一)》第 8 条规定:"当事人对建设工程开工日期有争议的,人民法院应当分别按照以下情形予以认定:

(一)开工日期为发包人或者监理人发出的开工通知载明的开工日期;开工通知发出后,尚不具备开工条件的,以开工条件具备的时间为开工日期;因承包人原因导致开工时间推迟的,以开工通知载明的时间为开工日期。

(二)承包人经发包人同意已经实际进场施工的,以实际进场施工时间为开工日期。

(三)发包人或者监理人未发出开工通知,亦无相关证据证明实际开工日期的,应当综合考虑开工报告、合同、施工许可证、竣工验收报告或者竣工验收备案表等载明的时间,并结合是否具备开工条件的事实,认定开工日期。"

2. 因竣工日期引起的争议

《解释(一)》第 9 条规定:"当事人对建设工程实际竣工日期有争议的,人民法院应当分别按照以下情形予以认定:

(一)建设工程经竣工验收合格的,以竣工验收合格之日为竣工日期;

(二)承包人已经提交竣工验收报告,发包人拖延验收的,以承包人提交验收报告之日为竣工日期;

(三)建设工程未经竣工验收,发包人擅自使用的,以转移占有建设工程之日为竣工日期。"

3. 因顺延工期引起的争议

《解释(一)》第 10 条规定:"当事人约定顺延工期应当经发包人或者监理人签证等方式确认,承包人虽未取得工期顺延的确认,但能够证明在合同约定的期限内向发包人或者监理人申请过工期顺延且顺延事由符合合同约定,承包人以此为由主张工期顺延的,人民法院应予支持。

当事人约定承包人未在约定期限内提出工期顺延申请视为工期不顺延的,按照约定处理,但发包人在约定期限后同意工期顺延或者承包人提出合理抗辩的除外。"

《解释(一)》第 11 条规定:"建设工程竣工前,当事人对工程质量发生争议,工程质量经鉴定合格的,鉴定期间为顺延工期期间。"

点评:《解释(一)》第 11 条的规定是有瑕疵的,"竣工前"的含义是非常宽泛的,理论上,从开工到竣工期间都属于"竣工前",在此期间,若某项工作因鉴定而延误未必就一定会影响到工期,因为任何一项工作都有总时差,若总时差不小于延误的时间,则并不会对工期有影响,无需顺延工期。此处,我们只能理解为是竣工验收时产生的争议,因此项工作是最后的工作,若延误则会影响到工期。

12.2.3 因质量问题引起的争议

1. 因承包人原因引起的质量问题

《解释(一)》第 12 条规定:"因承包人的原因造成建设工程质量不符合约定,承包人拒绝修理、返工或者改建,发包人请求减少支付工程价款的,人民法院应予支持。"

2. 因发包人原因引起的质量问题

《解释(一)》第 13 条规定:"发包人具有下列情形之一,造成建设工程质量缺陷,应当承担过错责任:

(一)提供的设计有缺陷;

(二)提供或者指定购买的建筑材料、建筑构配件、设备不符合强制性标准;

(三)直接指定分包人分包专业工程。

承包人有过错的,也应当承担相应的过错责任。"

实践中,经常出现尚未竣工验收,发包人就使用工程的情况。由于没有经过竣工验收,就留下了质量隐患,此时的质量问题虽然可能是承包人的原因造成的,但基于尽量避免建设工程未经竣工验收就使用考虑,《解释(一)》第14条规定:"建设工程未经竣工验收,发包人擅自使用后,又以使用部分质量不符合约定为由主张权利的,人民法院不予支持;但是承包人应当在建设工程的合理使用寿命内对地基基础工程和主体结构质量承担民事责任。"

3. 因质量问题的诉讼与反诉

《解释(一)》第15条规定:"因建设工程质量发生争议的,发包人可以以总承包人、分包人和实际施工人为共同被告提起诉讼。"

《解释(一)》第16条规定:"发包人在承包人提起的建设工程施工合同纠纷案件中,以建设工程质量不符合合同约定或者法律规定为由,就承包人支付违约金或者赔偿修理、返工、改建的合理费用等损失提出反诉的,人民法院可以合并审理。"

12.2.4 因保修问题引起的争议

1. 质量保证金问题

《解释(一)》第17条规定:"有下列情形之一,承包人请求发包人返还工程质量保证金的,人民法院应予支持:

(一)当事人约定的工程质量保证金返还期限届满;

(二)当事人未约定工程质量保证金返还期限的,自建设工程通过竣工验收之日起满二年;

(三)因发包人原因建设工程未按约定期限进行竣工验收的,自承包人提交工程竣工验收报告九十日后当事人约定的工程质量保证金返还期限届满;当事人未约定工程质量保证金返还期限的,自承包人提交工程竣工验收报告九十日后起满二年。

发包人返还工程质量保证金后,不影响承包人根据合同约定或者法律规定履行工程保修义务。"

2. 保修责任问题

《解释(一)》第18条规定:"因保修人未及时履行保修义务,导致建筑物毁损或者造成人身损害、财产损失的,保修人应当承担赔偿责任。

保修人与建筑物所有人或者发包人对建筑物毁损均有过错的,各自承担相应的责任。"

12.2.5 因结算问题引起的争议

1. 计价标准问题

《解释(一)》第19条规定:"当事人对建设工程的计价标准或者计价方法有约定的,按照约定结算工程价款。因设计变更导致建设工程的工程量或者质量标准发生变化,当事人对该部分工程价款不能协商一致的,可以参照签订建设工程施工合同时当地建设行政主管部门发布的计价方法或者计价标准结算工程价款。建设工程施工合同有效,但建设工程经竣工验收不合格的,依照民法典第五百七十七条规定处理。"此条款中的"当地"指的是施工项目所在地。

注:《民法典》第577条规定,当事人一方不履行合同义务或者履行合同义务不符合约定的,应当承担继续履行、采取补救措施或者赔偿损失等违约责任。

2. 工程量问题

《解释(一)》第20条规定:"当事人对工程量有争议的,按照施工过程中形成的签证等书面文件确认。承包人能够证明发包人同意其施工,但未能提供签证文件证明工程量发生的,可以按照当事人提供的其他证据确认实际发生的工程量。"

《解释(一)》第21条规定:"当事人约定,发包人收到竣工结算文件后,在约定期限内不予答复,视为认可竣工结算文件的,按照约定处理。承包人请求按照竣工结算文件结算工程价款的,人民法院应予支持。"

3. 结算依据问题

《招标投标法》第46条规定:"招标人和中标人应当自中标通知书发出之日起三十日内,按照招标文件和中标人的投标文件订立书面合同。招标人和中标人不得再行订立背离合同实质性内容的其他协议。"这是为防止招标人强迫中标人签订阴阳合同的法律条文,此条文适用的前提下是需要存在中标合同,但有时候,招标人要求中标人不签订中标合同这一"阳合同",而直接签订了背离"阳合同"实质性内容的"阴合同",为了包括中标人利益,《解释(一)》第22条规定:"当事人签订的建设工程施工合同与招标文件、投标文件、中标通知书载明的工程范围、建设工期、工程质量、工程价款不一致,一方当事人请求将招标文件、投标文件、中标通知书作为结算工程价款的依据的,人民法院应予支持。"

《解释(一)》第23条规定:"发包人将依法不属于必须招标的建设工程进行招标后,与承包人另行订立的建设工程施工合同背离中标合同的实质性内容,当事人请求以中标合同作为结算建设工程价款依据的,人民法院应予支持,但发包人与承包人因客观情况发生了在招标投标时难以预见的变化而另行订立建设工程施工合同的除外。"

在实践中还存在一种情况,即招标人与中标人订立了数份建设工程合同但每个合同都是无效的,例如招标人在招标前就与某投标人协商签订了一份合同,而后双方采用不当手段使此投标人中标。中标后,双方又虚假订立了另一份合同用于备案。前一份合同由于违反《招标投标法》的强制性规定而无效,后一份合同因是当事人虚假意思表示而无效。针对这种情况,《解释(一)》第24条规定:"当事人就同一建设工程订立的数份建设工程施工合同均无效,但建设工程质量合格,一方当事人请求参照实际履行的合同关于工程价款的约定折价补偿承包人的,人民法院应予支持。实际履行的合同难以确定,当事人请求参照最后签订的合同关于工程价款的约定折价补偿承包人的,人民法院应予支持。"

12.2.6 因利息问题引起的争议

1. 垫资利息

《解释(一)》第25条规定:"当事人对垫资和垫资利息有约定,承包人请求按照约定返还垫资及其利息的,人民法院应予支持,但是约定的利息计算标准高于垫资时的同类贷款利率或者同期贷款市场报价利率的部分除外。当事人对垫资没有约定的,按照工程欠款处理。当事人对垫资利息没有约定,承包人请求支付利息的,人民法院不予支持。"

点评:中国人民银行已经不再发布贷款基准利率,最高人民法院要求采用贷款市场报价利率(loan prime rate,LPR)暂代替贷款基准率。

中国人民银行公告[2019]第15号全文如下:

为深化利率市场化改革,提高利率传导效率,推动降低实体经济融资成本,中国人民银行决定改革完善贷款市场报价利率(LPR)形成机制,现就有关事宜公告如下:

一、自2019年8月20日起,中国人民银行授权全国银行间同业拆借中心于每月20日(遇节假日顺延)9时30分公布贷款市场报价利率,公众可在全国银行间同业拆借中心和中国人民银行网站查询。

二、贷款市场报价利率报价行应于每月20日(遇节假日顺延)9时前,按公开市场操作利率(主要指中期借贷便利利率MLF)加点形成的方式,向全国银行间同业拆借中心报价。全国银行间同业拆借中心按去掉最高和最低报价后算术平均的方式计算得出贷款市场报价利率。

三、为提高贷款市场报价利率的代表性,贷款市场报价利率报价行类型在原有的全国性银行基础上增加城市商业银行、农村商业银行、外资银行和民营银行,此次由10家扩大至18家,今后定期评估调整。

四、将贷款市场报价利率由原有1年期一个期限品种扩大至1年期和5年期以上两个期限品种。银行的1年期和5年期以上贷款参照相应期限的贷款市场报价利率定价,1年期以内、1年至5年期贷款利率由银行自主选择参考的期限品种定价。

五、自即日起,各银行应在新发放的贷款中主要参考贷款市场报价利率定价,并在浮动利率贷款合同中采用贷款市场报价利率作为定价基准。存量贷款的利率仍按原合同约定执行。各银行不得通过协同行为以任何形式设定贷款利率定价的隐性下限。

六、中国人民银行将指导市场利率定价自律机制加强对贷款市场报价利率的监督管理,对报价行的报价质量进行考核,督促各银行运用贷款市场报价利率定价,严肃处理银行协同设定贷款利率隐性下限等扰乱市场秩序的违规行为。中国人民银行将银行的贷款市场报价利率应用情况及贷款利率竞争行为纳入宏观审慎评估(MPA)。

2. 欠付工程价款利息

《解释(一)》第 26 条规定:"当事人对欠付工程价款利息计付标准有约定的,按照约定处理。没有约定的,按照同期同类贷款利率或者同期贷款市场报价利率计息。"

《解释(一)》第 27 条规定:"利息从应付工程价款之日开始计付。当事人对付款时间没有约定或者约定不明的,下列时间视为应付款时间:

(一)建设工程已实际交付的,为交付之日;

(二)建设工程没有交付的,为提交竣工结算文件之日;

(三)建设工程未交付,工程价款也未结算的,为当事人起诉之日。"

12.2.7 因鉴定问题引起的争议

1. 不予支持的鉴定

计价方式中,固定价分为固定单价和固定总价。若合同计价采用固定单价,则意味着单价的数额已无争议;若合同价采用固定总价,则意味着总价的数额也没有争议。对于没有争议的问题自然无需鉴定。《解释(一)》第 28 条规定:"当事人约定按照固定价结算工程价款,一方当事人请求对建设工程造价进行鉴定的,人民法院不予支持。"

点评:此条款中的"固定价"并未言明是固定单价还是固定总价,我们只能理解为若约定的是固定单价,则不支持对单价进行鉴定。但由于工程价款不仅涉及单价因素,还涉及工程量因素,此时当事人若申请对总价进行鉴定,还是应当支持的。但若约定的是固定总价,则不支持对总价进行鉴定。

《解释(一)》第 29 条规定:"当事人在诉讼前已经对建设工程价款结算达成协议,诉讼中一方当事人申请对工程造价进行鉴定的,人民法院不予准许。"

2. 予以支持的鉴定

《解释(一)》第 30 条规定:"当事人在诉讼前共同委托有关机构、人员对建设工程造价出具咨询意见,诉讼中一方当事人不认可该咨询意见申请鉴定的,人民法院应予准许,但双方当事人明确表示受该咨询意见约束的除外。"

3. 鉴定范围

《解释(一)》第 31 条规定:"当事人对部分案件事实有争议的,仅对有争议的事实进行鉴定,但争议事实范围不能确定,或者双方当事人请求对全部事实鉴定的除外。"

4. 举证不能

《解释(一)》第 32 条规定:"当事人对工程造价、质量、修复费用等专门性问题有争议,人民法院认为需要鉴定的,应当向负有举证责任的当事人释明。当事人经释明未申请鉴定,虽申请鉴定但未支付鉴定费用或者拒不提供相关材料的,应当承担举证不能的法律后果。

一审诉讼中负有举证责任的当事人未申请鉴定,虽申请鉴定但未支付鉴定费用或者拒不提供相关材料,二审诉讼中申请鉴定,人民法院认为确有必要的,应当依照民事诉讼法第一百七十条第一款第三项的规定处理。"

注:《中华人民共和国民事诉讼法》第一百七十条第一款第三项规定,原判决认定基本事实不清的,裁定撤销原判决,发回原审人民法院重审,或者查清事实后改判。

5. 对鉴定材料的质证

《解释(一)》第33条规定:"人民法院准许当事人的鉴定申请后,应当根据当事人申请及查明案件事实的需要,确定委托鉴定的事项、范围、鉴定期限等,并组织当事人对争议的鉴定材料进行质证。"

《解释(一)》第34条规定:"人民法院应当组织当事人对鉴定意见进行质证。鉴定人将当事人有争议且未经质证的材料作为鉴定依据的,人民法院应当组织当事人就该部分材料进行质证。经质证认为不能作为鉴定依据的,根据该材料作出的鉴定意见不得作为认定案件事实的依据。"

12.2.8 因优先受偿权问题引起的争议

1. 优先受偿权的含义

《民法典》第807条规定:"发包人未按照约定支付价款的,承包人可以催告发包人在合理期限内支付价款。发包人逾期不支付的,除根据建设工程的性质不宜折价、拍卖外,承包人可以与发包人协议将该工程折价,也可以请求人民法院将该工程依法拍卖。建设工程的价款就该工程折价或者拍卖的价款优先受偿。"同时,《民法典》第394条规定:"为担保债务的履行,债务人或者第三人不转移财产的占有,将该财产抵押给债权人的,债务人不履行到期债务或者发生当事人约定的实现抵押权的情形,债权人有权就该财产优先受偿。"如果发生发包人将在建工程抵押的情形,就必然涉及工程款优先受偿权和抵押权到底哪个更优先受偿的问题。

《解释(一)》第35条规定:"与发包人订立建设工程施工合同的承包人,依据民法典第八百零七条的规定请求其承建工程的价款就工程折价或者拍卖的价款优先受偿的,人民法院应予支持。"

《解释(一)》第36条规定:"承包人根据民法典第八百零七条规定享有的建设工程价款优先受偿权优于抵押权和其他债权。"

2. 装饰装修工程的优先受偿权

《解释(一)》第37条规定:"装饰装修工程具备折价或者拍卖条件,装饰装修工程的承包人请求工程价款就该装饰装修工程折价或者拍卖的价款优先受偿的,人民法院应予支持。"

3. 可以行使优先受偿权的工程范围

《解释(一)》第38条规定:"建设工程质量合格,承包人请求其承建工程的价款就工程折价或者拍卖的价款优先受偿的,人民法院应予支持。"

《解释(一)》第39条规定:"未竣工的建设工程质量合格,承包人请求其承建工程的价款就其承建工程部分折价或者拍卖的价款优先受偿的,人民法院应予支持。"

4. 可以行使优先受偿权的工程价款范围

《解释(一)》第 40 条规定:"承包人建设工程价款优先受偿的范围依照国务院有关行政主管部门关于建设工程价款范围的规定确定。承包人就逾期支付建设工程价款的利息、违约金、损害赔偿金等主张优先受偿的,人民法院不予支持。"

5. 行使优先受偿权的期限

《解释(一)》第 41 条规定:"承包人应当在合理期限内行使建设工程价款优先受偿权,但最长不得超过十八个月,自发包人应当给付建设工程价款之日起算。"

6. 优先受偿权的放弃

《解释(一)》第 42 条规定:"发包人与承包人约定放弃或者限制建设工程价款优先受偿权,损害建筑工人利益,发包人根据该约定主张承包人不享有建设工程价款优先受偿权的,人民法院不予支持。"

12.2.9 因诉讼参加人问题引起的纠纷

1. 诉讼参加人

《解释(一)》第 43 条规定:"实际施工人以转包人、违法分包人为被告起诉的,人民法院应当依法受理。实际施工人以发包人为被告主张权利的,人民法院应当追加转包人或者违法分包人为本案第三人,在查明发包人欠付转包人或者违法分包人建设工程价款的数额后,判决发包人在欠付建设工程价款范围内对实际施工人承担责任。"

2. 代位权的行使

代位权是指债权人为了保障其债权不受损害,而以自己的名义代替债务人行使债权的权利。

《解释(一)》第 44 条规定:"实际施工人依据民法典第五百三十五条规定,以转包人或者违法分包人怠于向发包人行使到期债权或者与该债权有关的从权利,影响其到期债权实现,提起代位权诉讼的,人民法院应当支持。"

【本章小结】

本章首先讲解了与工程建设最密切相关的四个司法解释之间的关系,而后重点讲解了这四个司法解释中现行的司法解释。

【思考与练习】

12-1 承包人超越资质等级许可的业务范围签订建设工程施工合同是否确定无效?

12-2 建设工程未经竣工验收,发包人擅自使用后,又以使用部分质量不符合约定为由主张权利的,人民法院是否支持?为什么?

12-3 什么是贷款市场报价利率?

12-4 什么是工程款优先受偿权?

本书引用法律、法规

[1] 全国人民代表大会. 中华人民共和国立法法[R/OL]. (2015-03-18)[2021-06-11]. http://www.npc.gov.cn/zgrdw/npc/dbdhhy/12_3/2015-03/18/content_1930713.htm.

[2] 全国人民代表大会. 中华人民共和国民法典[R/OL]. (2020-06-02)[2021-06-11]. http://www.npc.gov.cn/npc/c30834/202006/75ba6483b8344591abd07917e1d25cc8.shtm.

[3] 全国人民代表大会. 中华人民共和国著作权法[R/OL]. (2020-11-19)[2021-06-11]. http://www.npc.gov.cn/npc/c30834/202011/848e73f58d4e4c5b82f69d25d46048c6.shtml.

[4] 全国人民代表大会. 中华人民共和国专利法[R/OL]. (2020-11-19)[2021-06-11]. http://www.npc.gov.cn/npc/c30834/202011/82354d98e70947c09dbc5e4eeb78bdf3.shtml.

[5] 全国人民代表大会. 中华人民共和国商标法[R/OL]. (2019-05-07)[2021-06-11]. http://www.npc.gov.cn/npc/c30834/201905/dacf65eec798444e821a1e06a347f3ee.shtml.

[6] 全国人民代表大会. 中华人民共和国民事诉讼法[R/OL]. (2017-06-29)[2021-06-11]. http://www.npc.gov.cn/npc/c30834/201706/71680113fdf741608c23bc87f3c71398.shtml.

[7] 全国人民代表大会. 中华人民共和国仲裁法[R/OL]. (2017-09-12)[2021-06-11]. http://www.npc.gov.cn/npc/c30834/201709/c8ca14070ead4c6d904610eea0f535fb.shtml.

[8] 全国人民代表大会. 中华人民共和国行政处罚法[R/OL]. (2021-01-22)[2021-06-11]. http://www.npc.gov.cn/npc/c30834/202101/49b50d96743946bda545ef0c333830b4.shtml.

[9] 全国人民代表大会. 中华人民共和国公务员法[R/OL]. (2018-12-29)[2021-06-11]. http://www.npc.gov.cn/npc/c12488/201812/7a8739d2c6e146ddb3acf29b27336562.shtml.

[10] 全国人民代表大会. 中华人民共和国刑法修正案(十一)[R/OL]. (2020-12-26)[2021-06-11]. http://www.npc.gov.cn/npc/c30834/202012/850abff47854495e9871997bf64803b6.shtml.

[11] 全国人民代表大会. 中华人民共和国建筑法[R/OL]. (2019-05-07)[2021-06-

11]. http://www.npc.gov.cn/npc/c30834/201905/0b21ae7bd82343dead2-c5cdb2b65ea4f.shtml.

[12] 中华人民共和国住房和城乡建设部. 住房和城乡建设部关于修改《建筑工程施工许可管理办法》等三部规章的决定[R/OL].（2021-03-30)[2021-06-11]. http://www.mohurd.gov.cn/fgjs/jsbgz/202104/t20210409_249738.html.

[13] 中华人民共和国住房和城乡建设部. 住房城乡建设部关于修改《建筑业企业资质管理规定》等部门规章的决定[R/OL].（2018-12-22)[2021-06-11]. http://www.mohurd.gov.cn/fgjs/jsbgz/201812/t20181229_239042.html.

[14] 中华人民共和国住房和城乡建设部. 住房和城乡建设部关于修改部分部门规章的决定[R/OL].（2019-03-13)[2021-06-11]. http://www.mohurd.gov.cn/fgjs/jsbgz/201903/t20190327_239936.html.

[15] 中华人民共和国建设部. 建设工程监理范围和规模标准规定[R/OL].（2001-01-17）[2021-06-11]. http://www.mohurd.gov.cn/fgjs/jsbgz/200611/t20061101_159024.html.

[16] 全国人民代表大会. 中华人民共和国招标投标法[R/OL].（2018-01-04）[2021-06-11]. http://www.npc.gov.cn/npc/c30834/201801/01c573f-6c46340edb0bc0cc0ca97d6a5.shtml.

[17] 中华人民共和国国家发展和改革委员会. 必须招标的工程项目规定[R/OL].（2018-03-30）[2021-06-11]. https://www.ndrc.gov.cn/xxgk/zcfb/fzggwl/201803/t20180330_960858.html.

[18] 中华人民共和国国家发展和改革委员会. 必须招标的基础设施和公用事业项目范围规定[R/OL].（2018-06-11）[2021-06-11]. https://www.ndrc.gov.cn/xxgk/zcfb/ghxwj/201806/t20180611_960949.html.

[19] 国务院. 国务院关于修改部分行政法规的决定[R/OL].（2019-04-29）[2021-06-11]. http://www.gov.cn/zhengce/content/2019-04/29/content_5387404.htm.

[20] 国家发展和改革委员会、工业和信息化部、财政部、住房和城乡建设部、交通运输部、铁道部、水利部、国家广播电影电视总局、中国民用航空局. 关于废止和修改部分招标投标规章和规范性文件的决定[R/OL].（2013-03-11）[2021-06-11]. http://www.gov.cn/zhengce/2013-03/26/content_2603498.htm.

[21] 国务院. 国务院关于修改《建设工程勘察设计管理条例》的决定[R/OL].（2015-06-23）[2021-06-11]. http://www.gov.cn/zhengce/content/2015-06/23/content_9967.htm.

[22] 中华人民共和国住房和城乡建设部. 住房和城乡建设部关于修改《建设工程勘察质量管理办法》的决定[R/OL].（2021-04-01）[2021-06-11]. http://www.mohurd.gov.cn/fgjs/jsbgz/202104/t20210409_249737.html.

[23] 中华人民共和国住房和城乡建设部,中华人民共和国财政部.住房城乡建设部财政部关于印发建设工程质量保证金管理办法的通知[R/OL].(2017-06-20)[2021-06-11].http://www.mohurd.gov.cn/wjfb/201707/t20170704_232511.html.

[24] 全国人民代表大会.全国人民代表大会常务委员会关于修改《中华人民共和国安全生产法》的决定[R/OL].(2021-06-11)[2021-06-15].http://www.npc.gov.cn/npc/c30834/202106/70607d335a464c4fa053d0d514392254.shtml.

[25] 国务院.建设工程安全生产管理条例[R/OL].(2004-02-01)[2021-06-11].http://www.mohurd.gov.cn/fgjs/xzfg/200611/t20061101_158967.html.

[26] 中华人民共和国住房和城乡建设部.住房和城乡建设部关于修改《市政公用设施抗灾设防管理规定》等部门规章的决定[R/OL].(2015-01-22)[2021-06-11].http://www.mohurd.gov.cn/fgjs/jsbgz/201502/t20150210_220290.html.

[27] 国务院.生产安全事故报告和调查处理条例[R/OL].(2007-04-09)[2021-06-11].http://www.gov.cn/flfg/2007-04/19/content_589264.htm.

[28] 全国人民代表大会.中华人民共和国环境保护法[R/OL].(2014-04-24)[2021-06-11].http://www.npc.gov.cn/npc/c10134/201404/6c982d10b95a47bbb9ccc7a321bdec0f.shtml.

[29] 国务院.国务院关于修改《建设项目环境保护管理条例》的决定[R/OL].(2017-07-16)[2021-06-11].http://www.gov.cn/gongbao/content/2017/content_5217733.htm.

[30] 全国人民代表大会.中华人民共和国固体废物污染环境防治法[R/OL].(2020-04-30)[2021-06-11].http://www.npc.gov.cn/npc/c30834/202004/b6cf2e57b63b47818a275a37819c6b02.shtml.

[31] 全国人民代表大会.中华人民共和国水污染防治法[R/OL].(2017-06-29)[2021-06-11].http://www.npc.gov.cn/npc/c30834/201706/689960d6e5f-34d1c8512c024d27d0de5.shtml.

[32] 全国人民代表大会.中华人民共和国大气污染防治法[R/OL].(2018-11-05)[2021-06-11].http://www.npc.gov.cn/npc/c12435/201811/c1b136abc-5744e92b4377fa50d45d629.shtml.

[33] 全国人民代表大会.中华人民共和国环境影响评价法[R/OL].(2019-01-07)[2021-06-11].http://www.npc.gov.cn/npc/c30834/201901/9692c9d1-b559456ab0eda0d2969f1d0d.shtml.

[34] 全国人民代表大会.中华人民共和国环境噪声污染防治法[R/OL].(2019-01-07)[2021-06-11].http://www.npc.gov.cn/npc/c30834/201901/5968a8b-4073b457eb4f307e6b24a5d2b.shtml.

[35] 中华人民共和国建设部. 民用建筑节能管理规定[R/OL].（2006-01-01）[2021-06-11]. http://www.mohurd.gov.cn/fgjs/jsbgz/200611/t20061101_159082.html.

[36] 全国人民代表大会. 中华人民共和国劳动法[R/OL].（2019-01-07）[2021-06-11]. http://www.npc.gov.cn/npc/c30834/201901/ffad2d4ae4da4585a041abf66e74753c.shtml.

[37] 全国人民代表大会常务委员会. 全国人民代表大会常务委员会关于修改《中华人民共和国劳动合同法》的决定[R/OL].（2012-12-28）[2021-06-11]. http://www.gov.cn/flfg/2012-12/28/content_2305571.htm.

[38] 全国人民代表大会. 中华人民共和国劳动争议调解仲裁法[R/OL].（2007-12-29）[2021-06-11]. http://www.npc.gov.cn/npc/c198/200712/756d4eceb95e420a87c97545a58d931c.shtml.

[39] 全国人民代表大会. 中华人民共和国城乡规划法[R/OL].（2019-05-07）[2021-06-11]. http://www.npc.gov.cn/npc/c30834/201905/9567599b5c-69447190da84e2ccac245a.shtml.

[40] 全国人民代表大会. 中华人民共和国消防法[R/OL].（2019-05-07）[2021-06-11]. http://www.npc.gov.cn/npc/c30834/201905/1ebd9cdcfdf14a3998ec964-be71bdaf1.shtml.

[41] 全国人民代表大会. 中华人民共和国反不正当竞争法[R/OL].（2019-05-07）[2021-06-11]. http://www.npc.gov.cn/npc/c30834/201905/9a37c6ff150-c4be6a549d526fd586122.shtml.

[42] 全国人民代表大会. 中华人民共和国土地管理法[R/OL].（2019-09-05）[2021-06-11]. http://www.npc.gov.cn/npc/c30834/201909/d1e6c1a-1eec345eba23796c6e8473347.shtml.

[43] 最高人民法院. 最高人民法院关于审理建设工程施工合同纠纷案件适用法律问题的解释（一）[R/OL].（2020-12-30）[2021-06-11]. http://www.court.gov.cn/fabu-xiangqing-282111.html.

参 考 文 献

[1] 全国一级建造师执业资格考试用书编写委员会.建设工程法规及相关知识[M].北京:中国建筑工业出版社,2007.
[2] 何佰洲.工程建设法规与案例[M].北京:中国建筑工业出版社,2003.
[3] 国家司法考试辅导用书编辑委员会.国家司法考试辅导用书[M].北京:法律出版社,2006.
[4] 全国一级建造师资格考试用书编写委员会.建设工程法规及相关知识[M].北京:中国建筑工业出版社,2004.
[5] 刘文锋.建设法规概论[M].北京:高等教育出版社,2003.
[6] 武家国,徐国忠.工程建设法规概论[M].上海:同济大学出版社,2005.
[7] 臧漫丹.工程合同法律制度[M].上海:同济大学出版社,2005.
[8] 李辉.建筑工程法规[M].上海:同济大学出版社,2006.
[9] 知识产权出版社.建设工程安全生产管理条例及相关法律文件(修订本)[M].北京:知识产权出版社,2004.
[10] 方自虎.建设工程合同管理实务[M].北京:中国水利水电出版社,2005.
[11] 陈宪,解素慧.建筑工程法规及相关知识[M].北京:化学工业出版社,2005.
[12] 胡向真.建设法规[M].北京:北京大学出版社,2006.
[13] 王召东.建设法规[M].武汉:武汉理工大学出版社,2005.
[14] 顾永才,田元福.招投标与合同管理[M].北京:科学出版社,2006.